百姓工作生活实用法律问答

李晓玲　张茗馨　编著

金盾出版社

内容提要

作者把普通百姓工作生活中经常遇到的棘手涉法问题，整理归纳为 328 问，并按不同的问题归类，分为民事行政、物权房产、婚姻家庭、财产继承、劳动保障、日常消费、损害赔偿 7 篇，每个问题以提出问题设题，以列举典型案例、律师说法、法律依据解答，读者既可以把自己遇到的问题对号入座，找到解决问题的答案，又可依据本书所用的相关法律条款为线索进行查询，以求得更为满意的结果。

图书在版编目(CIP)数据

百姓工作生活实用法律问答/李晓玲，张茗馨编著 .—北京：金盾出版社，2013. 3(2017. 1 重印)

ISBN 978-7-5082-8048-6

Ⅰ. ①百… Ⅱ. ①李…②张… Ⅲ. ①法律—中国—问题解答 Ⅳ. ①D920. 5

中国版本图书馆 CIP 数据核字(2016)第 305316 号

金盾出版社出版、总发行

北京太平路 5 号(地铁万寿路站往南)

邮政编码：100036 电话：68214039 83219215

传真：68276683 网址：www. jdcbs. cn

封面印刷：北京印刷一厂

正文印刷：双峰印刷装订有限公司

装订：双峰印刷装订有限公司

各地新华书店经销

开本：880×1230 1/32 印张：10.5 字数：287 千字

2017 年 1 月第 1 版第 3 次印刷

印数：9 001～14 000 册 定价：24. 00 元

前言

在法治社会的今天，法律常识已成为居民日常生活的“必需品”，法律已经渗透到我们日常生活的各个角落：衣食住行、理财消费、生老病死、教育就业、创业投资、借贷租赁、写作发明、邻里关系等等，无不处在法律的规范之下；男女老少、官商工农、开车族、蜗居族，每个人的言行都受到法律的约束和保护。懂法，便心明眼亮，能洞察社会上的大事。如今，“有理走遍天下”的说法已经行不通了，只有懂法才能走遍天下。

在日常生活中，谁没有遇到过权利受侵害、利益遭损失的事呢？在维护自己权利的时候，您是否感到过束手无策，应对无门？此时此刻，最希望的就是有人能为咱提供方便。但现实生活中，权益受损而得不到及时、公正处理，或投诉无门，或投诉后石沉大海，其中一个重要的原因就是咱们百姓法制观念淡薄，维权知识贫乏，不懂得用法律保护自己。随着社会经济的发展，人们维权的需要日渐强烈和迫切，范围越来越广泛，内容越来越复杂，数量也越来越多。让百姓打得起官司，能够为百姓迅速及时地讨回公道，才不至于让某些利益集团“中饱”百姓应该享有的利益和权力，社会和谐的目标才有希望真正得以实现。

为此，我们以“维护百姓权益，化解社会矛盾”为宗旨，编写了这本《百姓工作生活实用法律问答》，旨在帮助百姓及时掌握国家法律和政策，提高依法维权意识和维权能力，使更多的百姓知法、懂法、守法，不侵犯别人的权利，不给自己添麻烦，同时在自己的权益受到伤害时，能够拿起法律武器，依法维权、理性维权。

为了帮助读者轻松掌握日常必知必备的法律常识，本书汇总了与我们生活息息相关的320多个法律常识，通过典型案例、律师说法、法律依据3个板块，对我们在婚姻家庭、遗产继承、合同纠纷、物业纠纷、房屋买卖租赁、交通事故、医疗事故、工伤赔偿、消费理财、劳动保障等方面经常遇到的法律问题进行解答，使我们快速便捷地找到用法律的解决办法，成功运用法律这一武器维护我们的合法权益。

《百姓工作生活实用法律问答》的编辑出版，得到了北京律师协会会员、资深律师吴春苗女士的鼎力相助，在此，谨致谢忱！

编　者

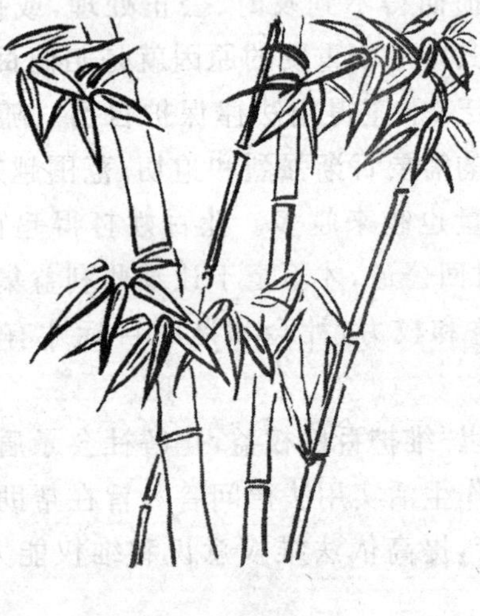

CONTENTS 目录

物权房产篇

财产继承篇 …………………………………………………… (143)

日常消费篇

民事行政篇

◎ 孩子具有民事权利吗?

【典型案例】

惠惠的爷爷是一位房地产大亨。在惠惠 6 岁生日时,爷爷以惠惠的名义购买了一套商品房作为生日礼物。请问,惠惠能作为买卖合同的当事人购买商品房吗?

【律师说法】

惠惠可以成为买卖合同的当事人。因为能否成为合同的当事人,涉及的是权利能力的法律范畴,而不是行为能力的法律关系。我国法律规定公民从出生到生命终止都具有民事权利能力,依法享有民事权利。因此,6 岁的惠惠具有民事权利能力,也依法享有民事权利。法律还规定公民的民事权利一律平等。也就是说,公民的民事权利不因年龄大小而发生改变。在本案中,不管惠惠是 6 岁还是 80 岁,他都享有民事权利能力,可以依法行使自己的民事权利。

【法律依据】

《中华人民共和国民法通则》(以下简称《民法通则》)第九条　公民从出生时起到死亡时止,具有民事权利能力,依法享有民事权利,承担民事义务。

第十条　公民的民事权利能力一律平等。

◎ 儿子的债务是否应由父亲偿还?

【典型案例】

小浩和小李在同一个公司上班。一天,小浩看上一款名表,当时因身上没带钱,便向同行的小李借了3600元,并写下借条。后来,小浩因在一次交通事故中伤身。小李遂拿着小浩写的借条向其父亲讨债。请问,小浩父亲是否应替儿子偿还债务呢?

【律师说法】

小浩父亲可以不替儿子还债。我国法律规定:18岁以上的公民是成年人,可以独立进行民事活动,是完全民事行为能力人。完全民事行为能力人可以以自己的行为依法确定、变更和废止民事法律关系,并承担其后果。本案中,小浩是具有完全民事行为能力的人,并且其所借款项的用途与其父无关,那么,他与小李的借贷民事法律关系仅对他们两人有约束力。也就是说,只有借债的人,才有还债的法定义务,与其他人无关,所以小浩的父亲可以不替儿子偿还债务。

【法律依据】

《民法通则》第十一条第一款　十八周岁以上的公民是成年人,具有完全民事行为能力,可以独立进行民事活动,是完全民事行为能力人。

第八十四条　债是按照合同的约定或者依照法律的规定,在当事人之间产生的特定的权利和义务关系,享有权利的人是债权人,负有义务的人是债务人。

债权人有权要求债务人按照合同的约定或者依照法律的规定履行义务。

◎ 未满18周岁打伤人就不承担责任吗？

【典型案例】

大力因父母离异，16岁就辍学打工了。一天，大力与同事洪暖发生口角，因洪暖辱骂大力是没娘的孩子没有教养，大力气愤之下将洪暖打成重伤。洪暖为此花费医疗费用3万余元。洪暖出院后能否向大力要求赔偿自己的医疗费用？

【律师说法】

洪暖可以向大力要求其赔偿自己的损失。《民法通则》规定完全民事行为能力人侵权应承担民事责任。完全民事行为能力人的构成要件之一是能以自己的劳动收入为主要生活来源。本案中大力不但能以自己的劳动收入为主要生活来源，应视为完全民事行为能力人。完全民事行为能力人给他人造成侵害的，应当承担民事责任。所以大力应承担洪暖的赔偿责任。

【法律依据】

《民法通则》第十一条第二款　十六周岁以上不满十八周岁的公民，以自己的劳动收入为主要生活来源的，视为完全民事行为能力人。

◎ 单亲父母无力抚养孩子，能将孩子送人吗？

【典型案例】

丽丽的父亲因病早逝，母亲身体状况也很差，根本没有能力抚养丽丽。丽丽的母亲只好将其送给一家家境殷实且无子女的远房亲戚收养，很快到民政部门办了收养手续。丽丽的爷爷知道后非常生气，认为自家的孙女未经其允许就给了别人，于是向法院起诉丽丽的母亲，称自己也是丽丽的监护人，其母办的收养手续无效，请求依法取回自己对丽丽的监护权。那么，丽丽爷爷的请求会得到法院的支持吗？

【律师说法】

丽丽爷爷的请求无法得到法院的支持。根据我国有关法律规定，夫妻一方死亡后，另一方如果没有能力抚养子女将其送给他人收养，而收养方对子女的健康成长无不利的，并且办了合法的收养手续，其收养关系就已成立。其他有监护资格的人不得以收养未经其同意主张收养关系无效。本案中，丽丽的父亲早逝，母亲又无能力抚养丽丽才将其送给他人收养，且收养的家庭没有对其健康成长不利，又办了合法的收养手续。因此，丽丽的母亲将丽丽送给他人收养的行为有效，丽丽的爷爷无权干涉。

【法律依据】

《最高人民法院关于执行〈民法通则〉的若干意见》（以下简称《民法通则意见》）第二十三条　夫妻一方死亡后，另一方将子女送给他人收养，如收养对子女的健康成长并无不利，又办了合法收养手续的，认定收养关系成立；其他有监护资格的人不得以收养未经其同意而主张收养关系无效。

◎ 亲生父亲能被剥夺监护权吗？

【典型案例】

年轻贤惠的妻子去世后，任民伤痛不已，很长一段时间无法正常生活，不得已将女儿凤凤送到岳母家。一年后，任民的心情渐渐恢复了，也鼓起了生活的勇气。他决定将女儿凤凤接回抚养。但当他去岳母家接凤凤回家时，岳母却称自己也是凤凤的监护人，也有能力抚养凤凤，让任民以后不要再管了。任民岳母的做法合法吗？

【律师说法】

任民岳母的行为侵犯了任民的权利，需要承担相应的民事责任。我国法律规定未成年人的父母是未成年人的监护人。只有出现监护权被剥夺、移转或者消灭，监护权才终止。但剥夺监护权只能由人民法院依法律程序进行，监护权的移转也需要监护人将监护权交他人行使，监护权的消灭只有未成年子女成年或死亡才能成立。本案中任民是小凤的法定监护人，且充分履行了监护人的职责，不存在法律规定的任何除外情形，所以其岳母无权不让任民抚养自己的女儿。

【法律依据】

《民法通则》第十六条第一款　未成年人的父母是未成年人的监护人。

第十八条第二款　监护人依法履行监护的权利，受法律保护。

◎ 父母离婚后如何行使对孩子的监护权？

【典型案例】

小王和圆圆因感情不和经常吵架，最终导致离婚。离婚后，圆圆搬回了原来的生活住处，也没有通知小王。法院判定，4 岁的女儿芳芳跟母亲生活，小王按时给芳芳生活费。小王思女心切，几经打听终于找到了她们母女，但圆圆拒绝让小王见女儿，还声称如果再骚扰她们，她会报警。小王很是苦恼，他能否见到自己的女儿？

【律师说法】

小王可以见到自己的女儿。我国法律规定，父母是未成年人的法定监护人，依法享有监护权。父母分居或离异，其监护人的资格不受影响。也就是说，与子女共同生活的一方无权取消对方对子女的监护权。除非一方对子女有犯罪行为、虐待行为或者对子女有明显不利的，可以由人民法院取消其监护权。本案中，小王是芳芳的监护人之一，依法享有监护权，他没有虐待孩子或者明显对其不利的行为，所以，圆圆无权拒绝小王探视女儿。

【法律依据】

《民法通则》第十六条第一款　未成年人的父母是未成年人的监护人。

《民法通则意见》第二十一条　夫妻离婚后，与子女共同生活的一方无权取消对方对该子女的监护权，但是，未与该子女共同生活的一方，对该子女有犯罪行为、虐待行为或者对该子女明显不利的，人民法院认为可以取消的除外。

《中华人民共和国婚姻法》（以下简称《婚姻法》）第三十八条第一款　离婚后，不直接抚养子女的父或母，有探望子女的权利，另一方有协助的义务。

◎ 妻子应替失踪的丈夫偿还债务吗?

【典型案例】

小李于 2 年前失踪，其妻子小赵在向人民法院申请宣告丈夫失踪后，成为其财产的代管人。小李失踪前欠下银行一笔债务，银行向小赵催缴债务，遭到其拒绝。请问，小赵有义务向银行偿还丈夫的债务吗?

【律师说法】

银行可以向小赵讨要欠款，小赵有义务偿还。我国法律规定，失踪人的财产代管人拒绝支付失踪人所欠的税款、债务和其他费用，债权人提起诉讼的，人民法院应将代管人列为被告。本案中，小赵依法成为小李的财产代管人也应依法承担与之相适应的权利和义务。所以她拒绝清偿小李失踪前欠银行的债务的行为是违法的，银行可以将小赵作为被告，向法院提起诉讼依法向其讨要欠款。

【法律依据】

《民法通则意见》第三十二条　失踪人的财产代管人拒绝支付失踪人所欠的税款、债务和其他费用，债权人提起诉讼的，人民法院应当将代管人列为被告。

失踪人的财产代管人向失踪人的债务人要求偿还债务的，可以作为原告提起诉讼。

◎ 代管人可以自行处理失踪人的财产吗？

【典型案例】

王金在一次外出旅游后一去不归。两年后，王金的弟弟向法院申请宣告王金为失踪人，依法代管了王金的财产，王金7岁的儿子也由其抚养。后来，王金的弟弟由于无力负担王金儿子的生活、教育费用，便将王金的房子卖掉，用来维持王金儿子的生活、教育费用及一家人的生活开销。对此，王金的亲属意见很大，认为王金的弟弟侵犯了王金的财产权。那么，王金的弟弟能否变卖王金的房产以用于日常开销呢？

【律师说法】

王金的弟弟为王金儿子的生活和教育费用变卖其财产是合法的，但是不应将其作为一家人的生活开销。我国法律规定：失踪人所欠税款、债务和应付的其他费用，由代理人从失踪人财产中支付。其他费用是指赡养费、抚养费、抚育费和因代管财产所需的管理费等必要的费用。本案中，王金的弟弟因无力负担王金儿子的生活、教育费用变卖其房产的行为是合法的，但将钱作为一家人的生活开销则不合法。

【法律依据】

《民法通则》第二十一条　失踪人的财产由他的配偶、父母、成年子女或者关系密切的其他亲属、朋友代管。代管有争议的，没有以上规定的人或者以上规定的人无能力代管的，由人民法院指定的人代管。

失踪人所欠税款、债务和应付的其他费用，由代管人从失踪人的财产中支付。

《民法通则意见》第三十一条　民法通则第二十一条第二款中的“其他费用”，包括赡养费、扶养费、抚育费和因代管财产所需的管理费等必要的费用。

◎ 如何理解法人和法人代表？

【典型案例】

洪暖是某乡镇企业的法人代表，洪暖在以该企业法人的名义与朋友高强合作经营的过程中，由于自身原因给高强造成了经济上的损失，高强要求洪暖承担民事责任，洪暖却以自己不是法人为由拒绝。到底谁应为高强的损失承担责任呢？

【律师说法】

作为法人的洪暖所在企业应当承担责任。法人是具有民事权利能力和民事行为能力，依法独立享有民事权利和承担民事义务的组织，而法人代表则是依照法律或者法人组织章程规定，代表法人行使职权的负责人。由此可见，法人是一种组织，而法人代表则是代表这种组织行使职权的自然人。也就是说，有法人才会有法人代表，当然，没有法人代表的法人也是不存在的。按照我国《民法通则》的规定，企业法人应当对它的法定代表人的经营活动承担民事责任。所以，本案中，洪暖在经营中给高强造成的损失，应由该法人即该案例中的乡镇企业承担民事责任。

【法律依据】

《民法通则》第三十六条　法人是具有民事权利能力和民事行为能力，依法独立享有民事权利和承担民事义务的组织。

法人的民事权利能力和民事行为能力，从法人成立时产生，到法人终止时消灭。

第三十八条　依照法律或者法人组织章程规定，代表法人行使职权的负责人，是法人的法定代表人。

第四十三条　企业法人对它的法定代表人和其他工作人员的经营活动，承担民事责任。

◎ 妻子应当承担与亡夫合伙经营的债务吗？

【典型案例】

王波与妻子承包了一个小型林场，其妻小丽除家庭生活开支外，其余都存了起来。不幸，王波在一次林场火灾中意外身亡。王波生前为经营林场曾向朋友冯某借款20万元。现在王波已经死亡，冯某要求小丽偿还债务，但遭到小丽拒绝。请问，小丽是否应替夫还债呢？

【律师说法】

小丽应该偿还欠款。本案中，王波与其妻小丽共同经营林场，收益用于家庭生活，其债务依法也应以家庭财产承担。我国法律规定，以家庭共有财产承担责任的，应保留家庭成员的生活必需品和必要生产工具。所以，小丽应在保留家庭成员的生活必需品和必要的生产工具后，依法承担债务，偿还丈夫王波的欠款。

【法律依据】

《民法通则》第二十九条　个体工商户、农村承包经营户的债务，个人经营的，以个人财产承担；家庭经营的，以家庭财产承担。

《民法通则意见》第四十四条　个体工商户、农村承包经营户的债务，如以其家庭共有财产承担责任时，应当保留家庭成员的生活必需品和必要的生产工具。

◎ 什么条件下约定无效

【典型案例】

王老汉今年80岁，有两个儿子。兄弟两人曾私下做出约定：老人死后所留下的房产归哥哥所有，其他财产不论多少都归弟弟所有。请问，兄弟俩做的约定有效吗？其所附加的是条件还是期限？

【律师说法】

兄弟俩的约定无效，无论是条件还是期限。附条件的民事法律行为，是指在民事法律行为中规定一定条件，并且把该条件是否成立作为确定行为人的民事权利和民事义务生效或者失效的根据的民事法律行为。构成附条件的民事法律行为的要件之一应是合法的事实。附期限是指在民事法律行为中约定一定期限，并把该期限的到来作为行为人的民事权利和民事义务发生、变更、消灭的前提的民事法律行为。本案中，两兄弟约定“父母死后”属于确定会到来的事实，而两人约定的内容确定是处分他人的财产，属于违法行为，所以两人的约定不具有法律效力。

【法律依据】

《民法通则》第六十二条　民事法律行为可以附条件，附条件的民事法律行为在符合所附条件时生效。

《民法通则意见》第七十五条　附条件的民事行为，如果所附的条件是违背法律规定或者不可能发生的，应当认定该民事行为无效。

《民法通则意见》第七十六条　附期限的民事法律行为，在所附期限到来时生效或者解除。

◎ 买了假文物,钱能否退回?

【典型案例】

王冠妻子病重急需用钱,便将其收藏的一幅名家字画卖给冯某。后冯某请专家对画进行鉴定,鉴定结果为这幅字画乃是仿制品。冯某于是找到王冠,要求退回画款。王冠不同意,称这幅画是自己祖上传下来的,很多同行也都认为它是真迹。双方争执不下。无奈,冯某只好请求人民法院判定买卖行为无效。请问,冯某这一请求合理吗?

【律师说法】

冯某这一请求合理。本案涉及的法律内容属重大误解。重大误解是行为人对自己所进行的民事活动的重要内容产生误解。因为只是认识上的错误而作出的民事行为,这种行为不存在严重违反法律和损害对方利益的主观故意。所以《民法通则》规定行为人对行为内容有重大误解的,一方有权请求人民法院或者仲裁机关予以变更或者撤消,被撤消的民事行为从行为开始起无效。民事行为被确认无效或者被撤消后,当事人因该行为取得财产,应当返还给受损失的一方。所以,本案中王冠与冯某的买卖行为,其本身都不存在主观上的故意,只是认识上的错误而作出的民事行为,应当依照法律规定撤消买卖合同,王冠应当返还冯某的买画款。

【法律依据】

《民法通则》第五十九条　下列民事行为,一方有权请求人民法院或者仲裁机关予以变更或者撤消:

(一)行为人对行为内容有重大误解的;

(二)显失公平的。

被撤消的民事行为从行为开始起无效。

第六十一条第一款　民事行为被确认为无效或者被撤消后,

当事人因该行为取得的财产,应当返还给受损失的一方。有过错的一方应当赔偿对方因此所受的损失,对方都有过错的,应当各自承担相应的责任。

◎ 私下订立的虚假协议有效吗?

【典型案例】

张军决定将自己的一处房产卖掉,后经人联系与胡某达成买房协议。两人经商议,以100万元的价格成交。同时,张军为了少缴纳买卖房屋的相关契税,与胡某约定:在合同上注明房产价格为60万元,另外的40万元胡某以现金方式支付给张军。请问,张军与胡某的协议有效吗?

【律师说法】

张军与胡某之间的协议无效。我国《民法通则》规定了民事行为无效的构成要件是恶意串通,损害国家、集体或者第三人利益以及以合法形式掩盖非法目的的民事行为,统归于无效。本案中张军与胡某的协议是当事人意思的真实表示,但是,其目的却是恶意串通,为了逃避国家税收。这一行为影响了国家的税收管理制度,损害了国家的利益,明显属于违法行为,所以其双方订立的协议无效。对此,《合同法》也有相应的规定。

【法律依据】

《民法通则》第五十八条　下列民事行为无效:

(一)无民事行为能力人实施的;

(二)限制民事行为能力人依法不能独立实施的;

(三)一方以欺诈、胁迫的手段或者乘人之危,使对方在违背真实意思的情况下所为的;

(四)恶意串通,损害国家、集体或者第三人利益的;

(五)违反法律或者社会公共利益的;

(六)经济合同违反国家指令性计划的;

(七)以合法形式掩盖非法目的的。

无效的民事行为,从行为开始起就没有法律约束力。

《合同法》第五十二条　有下列情形之一的,合同无效:

(一)一方以欺诈、胁迫的手段订立合同,损害国家利益;

(二)恶意串通,损害国家、集体或者第三人利益;

(三)以合法形式掩盖非法目的;

(四)损害社会公共利益;

(五)违反法律、行政法规的强制性规定。

◎ 离婚手续能让别人代办吗?

【典型案例】

平川与妻子小花协议离婚。小花认为离婚是很没有面子的事情,不愿意亲自办理离婚手续,便委托她的朋友到婚姻登记机关替她办理离婚手续。那么,小花的朋友能否替她办理离婚手续呢?

【律师说法】

小花的朋友不能代她办理离婚手续。因为依照法律规定或者按照双方当事人的约定,应当由本人实施的民事法律行为,不得代理。办理离婚登记手续是具有人身性质的,法律规定必须由本人亲自实施的民事法律行为,不能适用代理制度。因此,平川的离婚登记手续必须由小花自己去办理,不得由其他人代办。

【法律依据】

《民法通则》第六十三条　公民、法人可以通过代理人实施民事法律行为。

代理人在代理权限内,以被代理人的名义实施民事法律行为。被代理人对代理人的代理行为,承担民事责任。

依照法律规定或者按照双方当事人约定,应当由本人实施的民事法律行为，不得代理。

◎ 捡钱不还又弄丢，失主能向拾得者索赔吗？

【典型案例】

李强和王浩在放学回家的路上，捡到一个黑色皮包，二人打开发现里面是一沓百元钞票。二人躲至僻静处，仔细清点，一共有1万元。二人商量决定，先各拿1000元零花，剩下的8000元藏起来，以后慢慢花。不料，两天后，二人去藏钱处取钱时，却发现钱不翼而飞。一个月后，失主牛某得知此事，于是找到李强和王浩的父母，追要丢失的1万元现金。协商无果，牛某只好诉至法院。法院经审理，判令李强和王浩的父母在判决生效后10日内赔偿牛某1万元。

【律师说法】

我国《民法通则》第七十九条第二款规定："拾得遗失物、漂流物或者失散的饲养动物，应当归还失主，因此而支出的费用由失主偿还。"如果李强和王浩捡到钱后，寻找失主或上交学校及有关部门，由此所支出的费用应当由失主牛某来承担，即使途中现金被盗或又丢失，二人也不负返还义务。但是本案中，二人并没有寻找失主，也没有上交学校或有关部门，而是打算将钱分掉，主观上有非法占有该款的恶意，客观上实施了私分以及隐藏行为，因此，对于后来钱又丢失，二人应全部赔付给失主。由于李强和王浩是限制民事行为能力的未成年人，所以由其监护人对此承担赔偿责任。

【法律依据】

《民法通则》第七十九条　所有人不明的埋藏物、隐藏物，归国家所有。接收单位应当对上缴的单位或者个人，给予表扬或者物质奖励。

拾得遗失物、漂流物或者失散的饲养动物，应当归还失主，因此而支出的费用由失主偿还。

《中华人民共和国刑法》(以下简称《刑法》)第二百七十条　将代为保管的他人财物非法占为己有，数额较大，拒不退还的，处二年以下有期徒刑、拘役或者罚金；数额巨大或者有其他严重情节的，处二年以上五年以下有期徒刑，并处罚金。

将他人的遗忘物或者埋藏物非法占为己有，数额较大，拒不交出的，依照前款的规定处罚。

◎ 拾得者趁机要挟怎么办？

【典型案例】

大林不慎在工作途中将公文包丢失，内有身份证、文件外，还有1000美元和一个5万元人民币的存折。不久，张某将包送上门来，要求大林支付500美元酬谢。大林把价砍到200美元，张某不乐意，威胁不给钱就不还包。这种情况下，大林该怎么办？

【律师说法】

本案中，拾得人张某索要的报酬明显超出合理必要的范围，并在商谈未果的情况下，拒绝返还拾得物，已经构成非法侵占。因此失主大林完全可以通过法律手段为自己讨回公道，并且可以拒绝向其支付任何费用。

【法律依据】

《民法通则》第七十九条第二款　拾得遗失物、漂流物或者失散的饲养动物，应当归还失主，因此而支出的费用由失主偿还。

《中华人民共和国物权法》(以下简称《物权法》)第一百零九条　拾得遗失物，应当返还权利人。拾得人应当及时通知权利人领取，或者送交公安等有关部门。

第一百一十二条　权利人领取遗失物时，应当向拾得人或者有关部门支付保管遗失物等支出的必要费用。

权利人悬赏寻找遗失物的，领取遗失物时应当按照承诺履行义务。

拾得人侵占遗失物的，无权请求保管遗失物等支出的费用，也无权请求权利人按照承诺履行义务。

◎ 宠物走失后又被别人购买，失主怎么办？

【典型案例】

李女士的一只名贵宠物狗于几日前走失，后被马三拾得。邻居王某见到此狗非常喜爱，也没问马三狗是哪儿来的，当即决定购买。一天王某牵狗出门遛弯儿时被李女士认出，遂要求王某还狗。王某称此狗为自己花钱购买，不同意还给李女士。李女士该如何是好呢？

【律师说法】

王某应将狗还给李女士，至于他的损失可以向马三讨还。我国《物权法》规定，物品遗失，原所有权人有权讨回。如果该物被转让，则原所有权人可以向无处分权人请求赔偿，也可以在规定的时间内向受让人请求返还原物。

【法律依据】

《民法通则》第七十九条第二款　拾得遗失物、漂流物或者失散的饲养动物，应当归还失主，因此而支出的费用由失主偿还。

《物权法》第一百零七条　所有权人或者其他权利人有权追回遗失物。该遗失物通过转让被他人占有的，权利人有权向无处分权人请求损害赔偿，或者自知道或者应当知道受让人之日起二年内向受让人请求返还原物，但受让人通过拍卖或者向具有经营资格的经营者购得该遗失物的，权利人请求返还原物时应当支付受让人所付的费用。权利人向受让人支付所付费用后，有权向无处分权人追偿。

◎ 购买的赃物能取得所有权吗?

【典型案例】

在一次拍卖会上,王生以不菲的价格购买了一幅名人山水画,可是不久便证实这幅山水画竟然是一件被盗卖的赃物。有关部门找到王生,要求他物归原主。王生想不通,自己花了那么多钱,通过正规渠道获得的山水画,怎么能就这样简简单单地退回去呢?

【律师说法】

王生拍卖取得的山水画由于是被盗赃物,根据有关规定,不能适用善意取得,因此王生不能取得该山水画的所有权,必须物归原主。王生为此支付的价款,可以请求出卖人偿还。

【法律依据】

《民法通则》第七十二条　财产所有权的取得,不得违反法律规定。

按照合同或者其他合法方式取得财产的,财产所有权从财产交付时起转移,法律另有规定或者当事人另有约定的除外。

《物权法》第一百零七条　所有权人或者其他权利人有权追回遗失物。该遗失物通过转让被他人占有的,权利人有权向无处分权人请求损害赔偿,或者自知道或者应当知道受让人之日起二年内向受让人请求返还原物,但受让人通过拍卖或者向具有经营资格的经营者购得该遗失物的,权利人请求返还原物时应当支付受让人所付的费用。权利人向受让人支付所付费用后,有权向无处分权人追偿。

◎ 挖出的财物，所有权归谁？

【典型案例】

刘某在自家挖地基时挖出一个瓦罐，内有5000块银元及一张棉布，棉布上写：李胜，1940年8月10日。李胜是同村李民的祖父。李民后来得知此事，于是向刘某索回。刘某认为银元是从自家的地基中挖出，应该归己所有，而李民则认为银元是自己祖父的，现在祖父不在，应该归自己所有，两人因此发生争执。那么，这些银元到底应归谁所有？

【律师说法】

银元应该归李民所有。《民法通则》规定，所有人不明的埋藏物、隐藏物，归国家所有。而本案中的银元明确标有所有人的姓名、日期，因此该银元不应归国家所有。《民法通则意见》还规定：公民、法人对于挖掘、发现的埋藏物、隐藏物，如果能够证明属其所有，而且根据现行的法律、政策又可以归其所有的，应当予以保护。本案中银元为李胜所埋，能够证明归其所有。而李民是李胜的孙子，依法享有继承权。

【法律依据】

《民法通则》第七十九条　所有人不明的埋藏物、隐藏物，归国家所有。接收单位应当对上缴的单位或者个人，给予表扬或者物质奖励。

拾得遗失物、漂流物或者失散的饲养动物，应当归还失主，因此而支出的费用由失主偿还。

《民法通则意见》第九十三条　公民、法人对于挖掘、发现的埋藏物、隐藏物，如果能够证明属其所有，而且根据现行的法律、政策又可以归其所有的，应当予以保护。

◎ 两人共同出资购房，共有权如何区分？

【典型案例】

贾林与马友是好朋友，经协商决定，两人利用在北京打工多年积攒的钱，共同出资买房。两人签订了相关合同，共同出资购买了一套两室一厅的房子。当贾林往新房搬东西时发现，马友的东西放满了客厅。贾林认为自己与马友是平均出资，两人应平均分配屋内面积，但是马友却认为自己没有独占客厅，客厅的其他空间大家还可以使用。贾林怎么办呢？

【律师说法】

马友的行为侵犯了贾林的房屋共有权。《民法通则》第七十八条规定，财产可以由两个以上的公民、法人共有。按份共有人按照各自的份额，对共有财产分享权利，分担义务。本案中，贾林与马友平均出资共同购房，两人对房屋按份共有。马友在客厅放满了自己的东西，使贾林无法在客厅摆放其他东西，显然有故意占用客厅的意思，侵犯了贾林的房屋共有权。

【法律依据】

《民法通则》第七十八条　财产可以由两个以上的公民、法人共有。

共有分为按份共有和共同共有。按份共有人按照各自的份额，对共有财产分享权利，分担义务。共同共有人对共有财产享有权利，承担义务。

按份共有财产的每个共有人有权要求将自己的份额分出或者转让。但在出售时，其他共有人在同等条件下，有优先购买的权利。

◎ 夫妻共同拥有的房屋，一方能否擅自买卖？

【典型案例】

钱多多和黄金结婚不久就购买了一套房子。由于黄金长期在外地工作，夫妻感情没有以前那么亲密。钱多多不想再同黄金生活下去，于是，钱多多找到街道办事处出具了黄金的死亡证明，然后将房屋卖给了王某，并办理了房屋产权变更登记手续。王某入住大半年之后，黄金从外地工作回来，发现房屋已被卖掉，而且找不到其妻钱多多。于是，黄金向王某要房，王某不答应。请问，黄金该怎么办？

【律师说法】

本案中，钱多多与黄金是夫妻，该房屋属于二者共同共有，原则上钱多多处分该房屋的行为应为无效。但是，由于黄金在外地工作，钱多多又出具了黄金已死亡的证明，房屋的受让人王某无法知道钱多多无权处分该房屋，因此，应当认定王某已经尽了合理的注意义务，主观上是善意的。根据《民法通则意见》的规定，钱多多将房屋转让给王某的行为是有效的。同时，由于钱多多和王某已经办理了房屋产权变更登记手续，房屋的所有权应当属于王某。

【法律依据】

《民法通则意见》第八十九条　共同共有人对共有财产享有共同的权利，承担共同的义务。在共同共有关系存续期间，部分共有人擅自处分共有财产的，一般认定无效。但第三人善意、有偿取得该财产的，应当维护第三人的合法权益；对其他共有人的损失，由擅自处分共有财产的人赔偿。

◎ 儿子为侵占住房，将父亲赶出家门，应负什么责任？

【典型案例】

小涛刚结婚，70 岁的老父亲任民自然很高兴，表示儿子、儿媳可以与自己一起同住在单位分给自己的一套三居室里。可儿媳并不愿意，小涛于是以房子要装修为由，让任民去养老院住一阵，装修好后再接他回来。可此后任民也不见儿子来接自己回家，只好自行回家，没想到儿子已将门锁换掉，小涛还明确告知任民，让其以后在养老院生活。任民非常伤心，自己有房子却被赶出家门。请问，小涛是否侵犯了任民的权利呢？

【律师说法】

小涛侵犯了任民的财产权。财产所有权是指所有人依法对自己的财产享有占有、使用、收益和处分的权利。作为房屋的产权人，任民有权居住和使用自己的房屋，任何人不得侵犯其权利。但是，当任民从养老院回家时，发现儿子将门锁换掉，直接让其以后在养老院生活，小涛的行为足以表现出占有任民房屋的意思。根据“侵占国家的、集体的财产或者他人财产的，应当返还财产，不能返还财产的，应当折价赔偿”这一法律规定，任民有权让儿子返还自己的房子。

【法律依据】

《民法通则》第七十一条　财产所有权是指所有人依法对自己的财产享有占有、使用、收益和处分的权利。

第七十五条　公民的个人财产，包括公民的合法收入、房屋、储蓄、生活用品、文物、图书资料、林木、牲畜和法律允许公民所有的生产资料以及其他合法财产。

公民的合法财产受法律保护，禁止任何组织或者个人侵占、哄抢、破坏或者非法查封、扣押、冻结、没收。

第一百一十七条第一款　侵占国家的、集体的财产或者他人财产的，应当返还财产，不能返还财产的，应当折价赔偿。

◎ 债务人失踪了怎么办？

【典型案例】

马科长外出旅游半年没有回家。妻子等亲朋好友通过公安、媒体等手段寻找未果。马旅游前曾向朋友柳三借款2万元，约定半年后归还。于是，柳三要求马的妻子偿还这笔债务。但是马的妻子认为马下落不明，钱也不是自己借的，因此拒绝了柳三的要求。请问，柳三该怎么办呢？

【律师说法】

我国《民法通则》规定，公民下落不明满两年的，利害关系人可以向人民法院申请宣告他为失踪人，失踪人的财产由他的配偶、父母、成年子女或者关系密切的其他亲属、朋友代管，失踪人所欠税款、债务和应付的其他费用，由代管人从失踪人的财产中支付。由此可见，宣告失踪后将产生两种后果，一是确定对失踪人财产的代管关系；二是解决对失踪人所欠债务的清偿问题。本案中，柳三可以根据《民法通则》规定向当地人民法院提出申请，要求宣告马失踪。人民法院宣告马失踪之后，马的财产将由其妻子代管，马欠柳三的2万元，可以用马的妻子所代管的马的个人财产偿还。

【法律依据】

《民法通则》第二十条　公民下落不明满二年的，利害关系人可以向人民法院申请宣告他为失踪人。

战争期间下落不明的，下落不明的时间从战争结束之日起计算。

第二十一条　失踪人的财产由他的配偶、父母、成年子女或者关系密切的其他亲属、朋友代管。代管有争议的，没有以上规定的人或者以上规定的人无能力代管的，由人民法院指定的人代管。

失踪人所欠税款、债务和应付的其他费用，由代管人从失踪人的财产中支付。

◎ 第三者也有隐私权吗？

【典型案例】

一个偶然的机会，丽丽发现丈夫在外面有了另一个女人婧婧。丽丽不想与丈夫离婚，因此就想法逼婧婧离开自己的丈夫。丽丽通过跟踪丈夫知道了婧婧的住所。后来丽丽找私家侦探拍下了一些丈夫与婧婧在一起的照片，将其在网络上公开传播。婧婧得知后，将丽丽告上法院，称其侵犯了她的隐私权。丽丽需要为自己的行为负法律责任吗？

【律师说法】

丽丽应当为自己的不理智行为负法律责任。我国法律规定：公民的人格尊严受法律保护，任何以侮辱、诽谤等方式损害公民人格尊严的行为都要负法律责任。丽丽本来作为一个受害者是受法律保护的，但她采取的方式已经超出了法律允许的范围，已经构成了对他人隐私权的侵犯。隐私权是指自然人依法享有的个人生活秘密不受他人侵害的权利。因此，虽然婧婧是第三者，仍然享有民事权利，任何人不能随意侵害她的民事权利。丽丽不能以婧婧是第三者为由就随意侵犯她的隐私权。

【法律依据】

《民法通则》第一百零一条　公民、法人享有名誉权，公民的人格尊严受法律保护，禁止用侮辱、诽谤等方式损害公民、法人的名誉。

《民法通则意见》第一百四十条　以书面、口头等形式宣扬他人的隐私，或者捏造事实公然丑化他人人格，以及用侮辱、诽谤等方式损害他人名誉，造成一定影响的，应当认定为侵害公民名誉权的行为。

以书面、口头等形式诋毁、诽谤法人名誉，给法人造成损害的，应当认定为侵害法人名誉权的行为。

◎ 人死后，就没有名誉权吗？

【典型案例】

韩才的父亲曾是中共地下党员，参加过抗日战争和解放战争，多次荣立战功。新中国成立后因伤病缠身，在“文革”期间去世。2002年，洪暖在某报发表文章，捏造事实称韩才的父亲在抗日战争时曾叛变投敌，在“文革”期间畏罪自杀。该文发表后，给韩才家人的生活带来极大影响，韩才母亲因不堪承受打击导致精神错乱，使本来平静的家庭生活变得一塌糊涂。对于此事韩才应该怎么办？

【律师说法】

洪暖的行为侵害了耿某父亲的名誉权。韩才及其家人，作为其近亲属，可以向法院提起诉讼，要求洪暖承担相应的民事责任。根据我国有关法律，公民、法人享有名誉权，公民的人格尊严受法律保护，禁止用侮辱、诽谤等方式损害公民、法人的名誉。本案中的洪暖，故意捏造事实，给韩才及其家人生活上带来重大影响，其行为属于以诽谤方式损害韩才父亲的名誉，同时间接损害了韩才及其家人的名誉。虽然我国法律规定民事权利始于公民出生，终于死亡，但名誉作为社会对某一主体的评价，不会因主体死亡而消灭，其名誉依然受法律保护。所以洪暖侵犯韩才父亲名誉的行为，应依法承担相应的民事责任。

【法律依据】

《民法通则》第一百零一条　公民、法人享有名誉权，公民的人格尊严受法律保护，禁止用侮辱、诽谤等方式损害公民、法人的名誉。

《最高人民法院关于确定民事侵权精神损害赔偿责任若干问题的解释》(以下简称《精神损害赔偿解释》)第三条　自然人死亡后，其近亲属因下列侵权行为遭受精神痛苦，向人民法院起诉请求赔偿精神损害的，人民法院应当依法予以受理：

(一)以侮辱、诽谤、贬损、丑化或者违反社会公共利益、社会公德的其他方式，侵害死者姓名、肖像、名誉、荣誉；

(二)非法披露、利用死者隐私，或者以违反社会公共利益、社会公德的其他方式侵害死者隐私；

(三)非法利用、损害遗体、遗骨，或者以违反社会公共利益、社会公德的其他方式侵害遗体、遗骨。

◎ 保安可以随便对人进行搜身吗？

【典型案例】

阿华在某超市购物时被超市保安怀疑偷了东西。在未经查实的情况下，保安一边高喊抓小偷，一边将阿华拦住，强行将其随身的背包当众翻查，后证实阿华未偷任何东西。保安可以搜身吗？阿华该怎么办？

【律师说法】

保安的做法不合法，侵犯了阿华的人格尊严和名誉权。我国法律明确规定：公民、法人享有名誉权，公民的人格尊严受法律保护，禁止用侮辱、诽谤等方式损害公民、法人的名誉。人格权是指民事主体依法对其特定的人格利益享有的权利。名誉权是指民事主体对自己在社会生活中所获社会评价享有不可侵犯的权利。本案中保安在未经查实的情况下，就高喊抓小偷，认定阿华偷了东西，侵犯了阿华的人格尊严，在公众场合强行翻其背包更是侵犯了阿华的名誉权，阿华可以依法向人民法院提起诉讼。

【法律依据】

《民法通则》第一百零一条　公民、法人享有名誉权，公民的人格尊严受法律保护，禁止用侮辱、诽谤等方式损害公民、法人的名誉。

◎ 再婚后，抚养孩子的一方有权给孩子改姓吗？

【典型案例】

刘丽与飞鸿因夫妻感情不和而离婚。法院判定幼小的女儿由妈妈刘丽抚养。刘丽后来认识郭某，并与郭某结婚。婚后，刘丽将女儿的姓改为郭，飞鸿得知后向刘丽提出抗议。刘丽称女儿由其抚养照料，自己有权决定她的姓氏。那么，刘丽的做法合法吗？

【律师说法】

刘丽的做法不合法。我国法律规定，公民享有姓名权，有权决定、使用和依照规定改变自己的姓名，禁止他人干涉、盗用、假冒。因此，就姓名权人可以决定自己的姓名而言，自然人出生时无行为能力，由父母或监护人为其取名。未成年人姓父姓还是母姓，由其父母协商。本案中，由于刘丽的女儿是未成年人，不能决定自己的姓名。对于她应从谁姓，应由刘丽与孩子生父飞鸿协商决定。因此，如果刘丽想让女儿姓继父的姓，应与其法定监护人飞鸿协商决定。本案中刘丽未经飞鸿的同意，就私自改变女儿的姓名显然侵犯了飞鸿的姓名权，应当承担相应的民事责任。

【法律依据】

《民法通则》第九十九条第一款　公民享有姓名权，有权决定、使用和依照规定改变自己的姓名，禁止他人干涉、盗用、假冒。

◎ 警察可以收缴罚款吗?

【典型案例】

高警官发现小宇参与赌博,但情节较轻,所以决定对其作出100元的治安管理罚款处罚。在小宇没有异议的情况下,当场对其收缴了罚款。请问,警察可以当场收缴罚款吗?

【律师说法】

不能。根据我国法律的规定,受到罚款处罚的人应该在法定的期限内向指定的银行缴纳罚款。50元以下的罚款,被处罚人对罚款无异议的情况下,人民警察方可当场进行收缴。

【法律依据】

《中华人民共和国治安管理处罚法》(以下简称《治安管理处罚法》)第一百零四条　受到罚款处罚的人应当自收到处罚决定书之日起十五日内,到指定的银行缴纳罚款。但是,有下列情形之一的,人民警察可以当场收缴罚款:

(一)被处五十元以下罚款,被处罚人对罚款无异议的;

(二)在边远、水上、交通不便地区,公安机关及其人民警察依照本法的规定作出罚款决定后,被处罚人向指定的银行缴纳罚款确有困难,经被处罚人提出的;

(三)被处罚人在当地没有固定住所,不当场收缴事后难以执行的。

◎ 公安机关能否扣押物品?

【典型案例】

出租车驾驶员冯某认为老三用自用的摩托车送朋友到车站抢了客源,遂对老三进行殴打。公安机关作出行政处罚决定:对违法行为人冯某给予行政拘留 5 日，同时认为冯某持有的一辆吉利牌微型车与殴打他人案件有关，需要作为证据，对该车予以扣押。

【律师说法】

公安机关不应该扣押冯某的车。冯某持有的吉利牌微型车与本案所认定的打架斗殴行为没有直接的利害关系，也不是本案的证据，所以不应该扣押。

【法律依据】

《治安管理处罚法》第八十九条　公安机关办理治安案件，对与案件有关的需要作为证据的物品，可以扣押；对被侵害人或者善意第三人合法占有的财产，不得扣押，应当予以登记。对与案件无关的物品，不得扣押。

对扣押的物品，应当会同在场见证人和被扣押物品持有人查点清楚，当场开列清单一式二份，由调查人员、见证人和持有人签名或者盖章，一份交给持有人，另一份附卷备查。

对扣押的物品，应当妥善保管，不得挪作他用；对不宜长期保存的物品，按照有关规定处理。经查明与案件无关的，应当及时退还；经核实属于他人合法财产的，应当登记后立即退还；满六个月无人对该财产主张权利或者无法查清权利人的，应当公开拍卖或者按照国家有关规定处理，所得款项上缴国库。

◎ 公安局能吊销营业执照吗？

【典型案例】

某市公安局在对全市足疗店、娱乐场所突击检查中，发现有一家足疗店和一家娱乐场所存在卖淫行为，于是做出决定：对老板处以 15 日拘留，罚款 3000 元，吊销其营业执照。老板对前两项处罚都没有异议，但对第三项，认为公安局无权吊销其营业执照。请问，公安局是否有权吊销足疗店的营业执照？

【律师说法】

无权吊销营业执照。公安机关只能吊销由公安机关发放的许可证，而营业执照是工商行政部门发放的，公安机关无权吊销。

【法律依据】

《治安管理处罚法》第六十七条　引诱、容留、介绍他人卖淫的，处十日以上十五日以下拘留，可以并处五千元以下罚款；情节较轻的，处五日以下拘留或者五百元以下罚款。

◎ 警察可以做出行政处罚吗？

【典型案例】

范某因装修扰民被邻居举报。赶来的警察依照《治安管理处罚法》作出相应的处罚。请问，公安人员可以当场做出行政处罚吗？

【律师说法】

可以当场做出行政处罚。该问题主要涉及了行政处罚的简易程序的问题。即具有法定依据；违法事实确凿；较小数额罚款或者警告的行政处罚。此处，较小的罚款是指对公民处以 50 元以下，对法人或其他组织处以 1000 元以下的罚款。

【法律依据】

《治安管理处罚法》第一百条　违反治安管理行为事实清楚，证据确凿，处警告或者二百元以下罚款的，可以当场作出治安管理处罚决定。

◎ 民警能否作出拘留处罚？

【典型案例】

某街道派出所怀疑妃妃美容院内有暗娼。遂将老板叶妃强行带到派出所进行严格的审讯。在近一天的非法讯问后出具了一份《治安管理处罚决定》,以暗娼为由拘留叶妃15天。请问,派出所民警的行为是合法的吗?

【律师说法】

不合法。公安派出所是公安机关的派出机构,被派出机构不是独立的行政主体。除非法律的授权,否则不能以自己的名义对其行为负责。根据法律规定,派出所尽管也可以做出行政处罚,但是只能是警告,或者是500元以下的罚款的行政处罚。本案中,拘留15天的行政处罚显然已经超出了派出所的职权范围,是无效的、不合法的。

【法律依据】

《治安管理处罚法》第九十一条　治安管理处罚由县级以上人民政府公安机关决定;其中警告、五百元以下的罚款可以由公安派出所决定。

◎ 警察可以随便对人进行搜身吗?

【典型案例】

"有小偷!"正在某饭店吃饭的一位小姐惊呼。此时,一个年轻男子突然喊话,声称自己是警察,并出示了警官证,同时要求每一位顾客不能离开饭店。随后,这名警察逐一搜查了饭店所有顾客。请问,警察的做法合法吗?

【律师说法】

应视具体情况而定。警察搜身,是一个十分敏感的问题,法律上确实规定了警察不能非法搜查他人的身体、物品、住所或者场所。一般认为对现行犯和犯罪嫌疑人才可以采取搜身。但是,从程序上说,一般女性由女性警察搜身的规定是可以肯定的。本案中,如果饭店有女性就餐,则这名男性警察不能对其搜身,否则就是非法的。

【法律依据】

《治安管理处罚法》第八十七条　公安机关对与违反治安管理行为有关的场所、物品、人身可以进行检查。检查时，人民警察不得少于二人，并应当出示工作证件和县级以上人民政府公安机关开具的检查证明文件。对确有必要立即进行检查的，人民警察经出示工作证件，可以当场检查，但检查公民住所应当出示县级以上人民政府公安机关开具的检查证明文件。

检查妇女的身体，应当由女性工作人员进行。

◎ 工商行政管理人员有拘留权吗？

【典型案例】

工商工作人员到老范的小超市检查，认为超市所售的产品有质量问题，双方发生争吵。工商工作人员随即将老范扭送到市场管理办公室，并用手铐将老范铐在办公室窗户的铁栏杆上长达4个小时。请问，工商局工作人员的行为合法吗？

【律师说法】

不合法。根据《治安管理处罚法》的规定，只有公安机关才有剥夺或限制他人的人身自由的处罚权和强制权，除公安机关外，其他任何机关组织和个人都无权限制和剥夺公民的人身自由。本案中，工商局工作人员的行为是严重侵犯公民人身权利的行为，应当马上撤消，并就其造成的损害给予相应的赔偿。

【法律依据】

《治安管理处罚法》第十条　治安管理处罚的种类分为：

（一）警告；

（二）罚款；

（三）行政拘留；

（四）吊销公安机关发放的许可证。

对违反治安管理的外国人，可以附加适用限期出境或者驱逐出境。

◎ 私刻公章会受到什么处罚？

【典型案例】

小朱刚开了一家饭店，生意还算红火。但有许多顾客要小朱开具正式发票，为了不影响生意，小朱找人帮忙刻了一枚公章。请问，小朱的行为合法吗？

【律师说法】

不合法。我国法律对国家机关、企业、事业单位、公司、人民团体或者其他组织的公章刻制有严格的规定，必须取得工商登记后到公安机关备案，在合法的刻章单位刻制公章。本案中，小朱私自找人刻制公章是违法行为，应当受到法律的制裁。

【法律依据】

《治安管理处罚法》第五十二条　有下列行为之一的，处十日以上十五日以下拘留，可以并处一千元以下罚款；情节较轻的，处五日以上十日以下拘留，可以并处五百元以下罚款：

（一）伪造、变造或者买卖国家机关、人民团体、企业、事业单位或者其他组织的公文、证件、证明文件、印章的；

（二）买卖或者使用伪造、变造的国家机关、人民团体、企业、事业单位或者其他组织的公文、证件、证明文件的；

（三）伪造、变造、倒卖车票、船票、航空客票、文艺演出票、体育比赛入场券或者其他有价票证、凭证的；

（四）伪造、变造船舶户牌，买卖或者使用伪造、变造的船舶户牌，或者涂改船舶发动机号码的。

◎ 可以私自买卖外汇吗？

【典型案例】

杨女士准备办理一项涉外业务，于是到银行兑换了部分美元。但由于涉外业务取消，杨女士将美元在黑市上进行了交易，赚了12000元。请问，杨女士私自买卖外汇合法吗？

【律师说法】

不合法。我国实行严格的外汇管制，法律禁止在银行和指定的外汇调剂市场以外从事私下外汇交易。对于申购的外汇如果暂时不用，可以存入银行或者卖给外汇指定银行。但是杨女士擅自到黑市上抛售，扰乱了全融管理秩序，应当予以处罚。

【法律依据】

《中华人民共和国外汇管理条例》(以下简称《外汇管理条例》)第四十五条　私自买卖外汇、变相买卖外汇、倒买倒卖外汇或者非法介绍买卖外汇数额较大的，由外汇管理机关给予警告，没收违法所得，处违法金额30%以下的罚款；情节严重的，处违法金额30%以上的罚款；构成犯罪的，依法追究刑事责任。

◎ 卫生部门可以没收营业收入吗？

【典型案例】

老马在车站附近刚开了一家快餐厅，在没有办理任何许可证的情况下开始营业。没过几天，被卫生监督部门查获，没收其营业收入2万余元。请问，卫生部门的做法合法吗？

【律师说法】

合法。食品生产经营企业和食品摊贩，必须先取得卫生行政部门发放的卫生许可证方可向工商行政管理部门申请登记。未取得卫生许可证的，不得从事食品生产经营活动。因此，卫生部门的做法符合法律规定。

【法律依据】

《中华人民共和国食品卫生法》（以下简称《食品卫生法》）第四十条　违反本法规定，未取得卫生许可证或者伪造卫生许可证从事食品生产经营活动的，予以取缔，没收违法所得，并处以违法所得一倍以上五倍以下的罚款；没有违法所得的，处以五百元以上三万元以下的罚款。

◎“偷一罚十”的规定合法吗？

【典型案例】

某大型超市刚开业，在入口的明显位置，立有一个《顾客须知》的警示牌，其中有一条赫然写着“偷一罚十”的警示。请问，超市“偷一罚十”的规定合法吗？

【律师说法】

不合法。超市无权规定“偷一罚十”。我国法律明确规定，行政处罚的主体是行政主体，主要的行政主体是指国家行政机关，当然，还有其他的行政主体，比如行业协会等。也就是说，有权做出行政处罚的只有行政主体，而超市不在此列。本案中，超市无权做出“偷一罚十”的行政处罚，其处罚行为是无效的。

【法律依据】

《中华人民共和国行政处罚法》（以下简称《行政处罚法》）第十五条　行政处罚由具有行政处罚权的行政机关在法定职权范围内实施。

◎ 罚款要当场收缴吗？

【典型案例】

老李刚从一卷烟市场买回50条进口卷烟，就被烟草专卖局委托的执法人员查获。执法人员不但没收了老李的50条卷烟，还做出了罚款2000元的行政处罚，并当场要求老李缴纳。请问，执法人员的行为合法吗？

【律师说法】

不合法。根据我国法律的相关规定，作出罚款决定的机构和收缴罚款的机构是相分离的，这是行政处罚中“职能分离”的原则。本案中，老李被处以罚款的情况不符合当场收缴罚款的条件，老李应到指定银行交款。

【法律依据】

《行政处罚法》第四十六条　作出罚款决定的行政机关应当与收缴罚款的机构分离。

除依照本法第四十七条、第四十八条的规定当场收缴的罚款外，作出行政处罚决定的行政机关及其执法人员不得自行收缴罚款。

当事人应当自收到行政处罚决定书之日起15日内，到指定的银行缴纳罚款。银行应当收受罚款，并将罚款直接上缴国库。

◎ 同一违法行为，能否多次处罚？

【典型案例】

口福超市经常使用高音喇叭招揽顾客，造成噪音污染，严重影响了周围居民的日常生活。接到群众的举报，执法人员调查取证后，责令口福超市在两天内整改，并处罚款。两天后执法人员再次检查时，发现口福超市根本没改。请问，执法人员可以再次对其处罚吗？

【律师说法】

不可以。罚款是行政处罚中财产处罚的一种形式。行政处罚，是指有处分权的行政机关组织，对违反行政法律、法规的行政相对人给予行政制裁的具体行政行为。本案中，执法人员对口福超市的行为已经罚过款了，按照“一事不再罚”的原则，就不能再罚了。

【法律依据】

《行政处罚法》第二十四条　对当事人的同一个违法行为，不得给予两次以上罚款的行政处罚。

◎ 罚款也可以打“白条”吗？

【典型案例】

小赵因违反交通规则，被交警处以 100 元的罚款，并当场收缴。但交警没有开具正式的收据，只是随便写了一张白纸交给了小赵。请问，罚款也能打“白条”吗？

【律师说法】

不能。通常情况下，行政处罚机关应当与收缴罚款的机关分离，这是为了避免出现执法人员违法执法的行为。但是，也会有当场收缴罚款的情况，作出行政处罚并当场收缴罚款的行政执法人员必须出具统一的收据，否则，当事人有权拒绝缴纳罚款。统一的收据是具有权限的执法人员依法执法的凭证，没有收据，就难以证明执法的合法性，很可能会造成混乱。本案中，交警没有出具统一的收据，而是随便写了张纸条。小赵可以拒绝缴纳罚款。

【法律依据】

《行政处罚法》第四十九条　行政机关及其执法人员当场收缴

罚款的，必须向当事人出具省、自治区、直辖市财政部门统一制发的罚款收据；不出具财政部门统一制发的罚款收据的，当事人有权拒绝缴纳罚款。

◎ 如何申请国家赔偿？

【典型案例】

老范被人诬陷为私藏枪支，在关押3个月后，检察机关向法院提起公诉，法院以事实不清，证据不足为由判决老范无罪。请问，老范是否能得到赔偿？

【律师说法】

能够得到国家赔偿。根据相关法律规定，行使侦查、检察、审判、监狱管理职权的机关及其工作人员在行使职权时对没有犯罪事实的人错误逮捕的，受害人有取得赔偿的权利。本案中，作出逮捕决定的机关为赔偿义务机关。按照国家赔偿标准，每错关1天，按全国上年度职工日平均工资给予赔偿。

【法律依据】

《中华人民共和国国家赔偿法》（以下简称《国家赔偿法》）第十七条　行使侦查、检察、审判职权的机关以及看守所、监狱管理机关及其工作人员在行使职权时有下列侵犯人身权情形之一的，受害人有取得赔偿的权利：

（一）违反刑事诉讼法的规定对公民采取拘留措施的，或者依照刑事诉讼法规定的条件和程序对公民采取拘留措施，但是拘留时间超过刑事诉讼法规定的时限，其后决定撤消案件、不起诉或者判决宣告无罪终止追究刑事责任的；

（二）对公民采取逮捕措施后，决定撤消案件、不起诉或者判决宣告无罪终止追究刑事责任的；

（三）依照审判监督程序再审改判无罪，原判刑罚已经执行的；

（四）刑讯逼供或者以殴打、虐待等行为或者唆使、放纵他人以殴打、虐待等行为造成公民身体伤害或者死亡的；

（五）违法使用武器、警械造成公民身体伤害或者死亡的。

◎ 对法院的裁定能申请国家赔偿吗？

【典型案例】

去年，秦先生与某银行发生一起借款纠纷，双方已得到调解。而法院在没有通知秦先生的情况下，将秦先生一处300平方米、价值240万元的商居楼和房内所有物品，仅以80万元变卖。请问，秦先生能否申请国家赔偿？

【律师说法】

可以申请国家赔偿。法院在执行过程中变卖被执行人的财产应作出裁定，法院的执行未经法定程序，但其执行裁定，不属于《民事诉讼法》中当事人可以提起再审的情况。根据《国家赔偿法》的规定，人民法院强制书执行错误，造成损害的，赔偿请求人要求的赔偿。因此，秦先生可以申请国家赔偿。

【法律依据】

《国家赔偿法》第三十八条　人民法院在民事诉讼、行政诉讼过程中，违法采取对妨害诉讼的强制措施、保全措施或者对判决、裁定及其他生效法律文书执行错误，造成损害的，赔偿请求人要求赔偿的程序，适用本法刑事赔偿程序的规定。

◎ 国家赔偿诉讼时效有什么规定？

【典型案例】

某工商局工作人员在执法中将个体户樊红打伤，工商局支付了第一次手术费，但不肯付第二次手术费。一年后，樊红向工商局邮寄国家赔偿申请书没有回音后，便向法院起诉，而法院却以樊红起诉超过诉讼时效为由裁定不予受理。请问，樊红的诉讼请求超过时效了吗？

【律师说法】

没有超过诉讼时效。根据《国家赔偿法》的规定，工商局工作人员在行使行政职权时造成樊红身体伤害，工商局应依法确认该违法行为并给予赔偿。樊红应当先向工商局提出，也可以在申请行政复议和提起行政诉讼中一并提出，请求赔偿的时效为2年，而樊红的请求并未超过此时效。因此，法院应该受理樊红的赔偿请求。

【法律依据】

《国家赔偿法》第三十九条第一款　赔偿请求人请求国家赔偿的时效为两年，自其知道或者应当知道国家机关及其工作人员行使职权时的行为侵犯其人身权、财产权之日起计算，但被羁押等限制人身自由期间不计算在内。在申请行政复议或者提起行政诉讼时一并提出赔偿请求的，适用行政复议法、行政诉讼法有关时效的规定。

◎ 公民享有哪些信访权利？

【典型案例】

小寰的户口被人先办了二代身份证，在多次申请派出所解决无果的情况下，遂决定向上级公安机关信访。

【律师说法】

根据《信访条例》的规定，信访人应当如实反映情况，不得捏造、歪曲事实，不得诬告、陷害他人。信访人主要有七种权利和五种义务。

权利有：一是信访事项提出权（信访权）；二是不受报复权（要

求保密权)；三是请求复查权；四是了解权(要求答复权)；五是申诉权(对处理不服的可以向法院提起行政诉讼)；六是反映重大、紧急信访事项权；七是受奖励权。

义务有：一是遵守提出程序的义务；二是如实反映情况的义务；三是遵守禁止性行为的义务；四是遵守上访程序的义务；五是执行行政机关处理决定的义务。

本案中，小寰进行信访是当事人享有的信访权利中的信访事项提出权。

【法律依据】

《中华人民共和国信访条例》(以下简称《信访条例》)第十四条 信访人对下列组织、人员的职务行为反映情况，提出建议、意见，或者不服下列组织、人员的职务行为，可以向有关行政机关提出信访事项：

(一)行政机关及其工作人员；

(二)法律、法规授权的具有管理公共事务职能的组织及其工作人员；

(三)提供公共服务的企业、事业单位及其工作人员；

(四)社会团体或者其他企业、事业单位中由国家行政机关任命、派出的人员；

(五)村民委员会、居民委员会及其成员。

对依法应当通过诉讼、仲裁、行政复议等法定途径解决的投诉请求，信访人应当依照有关法律、行政法规规定的程序向有关机关提出。

◎ 信访应遵守哪些规定？

【典型案例】

王大海等十多户村民就修公路占用耕地补偿款不满，集体到镇政府进行上访。镇主要领导迅速组织工作组现场调查摸底，经过1个月的深入细致工作，促使有关部门与村民双方达成了协议。

【律师说法】

我国实行的是逐级上访和分级受理制度。信访工作坚持的是“分级负责、归口办理”和“谁主管、谁负责”的原则。因此，农民的信访活动应先到接待处理信访问题的起点单位反映，即先到乡镇党委政府、街道办事处或所在的工作单位反映。能在乡里解决的就不到县，能在县解决的就不要到市，能在市解决的就不要到省。另一方面，可以通过诉讼仲裁程序和行政复议程序解决。本案中，村民对耕地征收补偿款不满，到镇政府上访是符合法定程序要求的，镇政府也及时解决了这一问题。

【法律依据】

《信访条例》第二十条　信访人在信访过程中应当遵守法律、法规，不得损害国家、社会、集体的利益和其他公民的合法权利，自觉维护社会公共秩序和信访秩序，不得有下列行为：

（一）在国家机关办公场所周围、公共场所非法聚集，围堵、冲击国家机关，拦截公务车辆，或者堵塞、阻断交通的；

（二）携带危险物品、管制器具的；

（三）侮辱、殴打、威胁国家机关工作人员，或者非法限制他人人身自由的；

（四）在信访接待场所滞留、滋事，或者将生活不能自理的人弃留在信访接待场所的；

（五）煽动、串联、胁迫、以财物诱使、幕后操纵他人信访或者以信访为名借机敛财的；

（六）扰乱公共秩序、妨害国家和公共安全的其他行为。

◎ 如何提出信访事项？

【典型案例】

某开发商因占用耕地与村民产生矛盾纠纷，100 多户群众欲集体上访，但不知道应该如何提出信访事项。

【律师说法】

信访人的信访事项应当向依法有权作出处理决定的机关或者单位提出。信访人提出信访事项，一般应当采用书信、电子邮件、传真等书面形式；信访人提出投诉请求的，还应当载明信访人的姓名(名称)、住址和请求、事实、理由。多人采用走访形式提出共同的信访事项的，应当推选代表，代表人数不得超过 5 人。走访要到有关部门指定的接待场所，要如实反映情况。本案中，因为涉及多人利益，所以可以推选代表，上访的形式可以采取书信、电子邮件等形式，也可以采取走访的形式。因为是具体的行政行为，所以应当向乡政府的法制部门提出。

【法律依据】

《信访条例》第十五条　信访人对各级人民代表大会以及县级以上各级人民代表大会常务委员会、人民法院、人民检察院职权范围内的信访事项，应当分别向有关的人民代表大会及其常务委员会、人民法院、人民检察院提出，并遵守本条例第十六条、第十七条、第十八条、第十九条、第二十条的规定。

◎ 信访可以通过哪些渠道进行？

【典型案例】

某开发商非法占用耕地 120 多亩，老赵曾多次到省、市国土局反映无人理睬。后到全国人大上访，信访局致函省有关部门，回报称:非法占用120亩耕地反映属实。政府部门对占地问题处理意见如下:一是立即停工,对毁坏的耕地,限期恢复耕种;二是对该违法占地行为按照《土地管理法》的规定依法处理;三是对该违法占地事件由市国土资源局进行调查处理。

【律师说法】

国务院要求各地各单位要高度重视信访工作,切实将信访工作列入重要议事日程,纳入工作全局进行重点部署,定期听取信访工作汇报,研究涉及稳定问题的会议请信访部门参加。各级人民政府、县级以上人民政府工作部门应当在其信访接待场所或者网站公布与信访工作有关的法律、法规、规章,信访事项的处理程序,以及其他为信访人提供便利的相关事项。

【法律依据】

《信访条例》第十条　设区的市级、县级人民政府及其工作部门,乡、镇人民政府应当建立行政机关负责人信访接待日制度,由行政机关负责人协调处理信访事项。信访人可以在公布的接待日和接待地点向有关行政机关负责人当面反映信访事项。

县级以上人民政府及其工作部门负责人或者其指定的人员,可以就信访人反映突出的问题到信访人居住地与信访人面谈沟通。

◎ 信访人违法应该如何处理?

【典型案例】

牛力向县人民检察院举报,称某行行长刘某涉嫌贪污问题。县人民检察院经过调查后,认为刘某存在违反财经纪律的问题,并不涉嫌贪污犯罪,遂移送纪检机关处理。纪检机关对刘某作出留党察看一年的处分。牛力对检察机关的不立案决定不服。市人民检察院、省人民检察院先后认真复查,最高人民检察院也做了审查，均认为这个决定是正确的。但牛力多年来不断到省城、北京上访，甚至到政府门口静坐，无理取闹。请问，牛力这样做对吗？

【律师说法】

不对。信访人进行信访时，也要注意遵守国务院《信访条例》和各省有关信访的法规。要依照法律规定，正当地行使信访的权利，不能无理取闹，扰乱社会公共秩序。违法信访会给信访人带来治安管理处罚等惩罚，严重的还有可能导致刑事犯罪。本案中，牛力在有关机关已经对其信访请求作出处理的情况下，仍旧纠缠不休，到机关门口静坐，影响公共秩序，已经违反了《信访条例》的规定，应当依法作出治安管理处罚的决定。

【法律依据】

《信访条例》第四十七条　违反本条例第十八条、第二十条规定的，有关国家机关工作人员应当对信访人进行劝阻、批评或者教育。

经劝阻、批评和教育无效的，由公安机关予以警告、训诫或者制止；违反集会游行示威的法律、行政法规，或者构成违反治安管理行为的，由公安机关依法采取必要的现场处置措施、给予治安管理处罚；构成犯罪的，依法追究刑事责任。

◎ 依法信访如何维权？

【典型案例】

孙才就劳动争议的不合法，一直依照法定程序上访。当地居委会和派出所对孙才家进行监控达 2 个多月，严重影响了孙才的生活和名誉。请问，孙才该如何是好？

【律师说法】

信访者应依法进行信访，维护社会公共秩序和信访秩序。《信访条例》规定，打击报复信访人，构成犯罪的，依法追究刑事责任；

尚不构成犯罪的，依法给予行政处分或者纪律处分。因此，孙才可向有关上级部门申诉。

【法律依据】

《信访条例》第三条　各级人民政府、县级以上人民政府工作部门应当做好信访工作，认真处理来信、接待来访，倾听人民群众的意见、建议和要求，接受人民群众的监督，努力为人民群众服务。

各级人民政府、县级以上人民政府工作部门应当畅通信访渠道，为信访人采用本条例规定的形式反映情况，提出建议、意见或者投诉请求提供便利条件。

任何组织和个人不得打击报复信访人。

◎ 生育第二胎究竟要罚多少款？

【典型案例】

赵丽和柳氏有儿子后，又生了一个女儿。不久，夫妻俩收到了人口和计划生育局征收社会扶养费 30 万元的决定书。震惊之余，两人不服，遂将人口和计划生育局告上法庭。但法院的判决丝毫没有改变社会抚养费的数额。请问，社会抚养费的征收标准究竟是多少呢？

【律师说法】

按照法律规定，社会抚养费的征收标准，分别以当地城镇居民年人均可支配收入和农村居民年人均纯收入为计征的参考基本标准，具体征收标准由各省、自治区、直辖市规定。本案中，赵丽和柳氏夫妇多生了一个孩子，按照计划生育的相关规定，应该交纳社会抚养费。至于交多少，要根据该地区自行订立的标准。同时，对于每多生一胎，有的地区会按照几倍的数额征收。按照这样的计算方法，征收 30 万的社会抚养费就不奇怪了。

【法条链接】

《社会抚养费征收管理办法》第三条　不符合人口与计划生育法第十八条的规定生育子女的公民，应当依照本办法的规定缴纳社会抚养费。社会抚养费的征收标准，分别以当地城镇居民年人均可支配收入和农村居民年人均纯收入为计征的参考基本标准，结合当事人的实际收入水平和不符合法律、法规规定生育子女的情节，确定征收数额。社会抚养费的具体征收标准由省、自治区、直辖市规定。任何单位和个人不得违反法律、法规的规定擅自增设与计划生育有关的收费项目，提高社会抚养费征收标准。

◎ 征收土地有哪些补偿标准？

【典型案例】

某政府为了在郊区建设一处主题生态公园，征用了大量的耕地。涉及的农民得到的补偿费寥寥无几。农民没有了土地，就失去了生活来源，而政府给付的补偿杯水车薪。请问，农民该怎么办呢？

【律师说法】

农民可以向上级反映，或者向法院提起诉讼。本案中，针对该政府侵害农民群众的行政行为，就此产生的纠纷，农民群众可以与政府协商解决，如果协商不成，可以依法向法院提起诉讼。

【法律依据】

《中华人民共和国土地管理法 》(以下简称《土地管理法》)第四十七条　征用土地的，按照被征用土地的原用途给予补偿。

征用耕地的补偿费用包括土地补偿费、安置补助费以及地上附着物和青苗的补偿费。征用耕地的土地补偿费，为该耕地被征用前三年平均年产值的六至十倍。征用耕地的安置补助费，按照需要安置的农业人口数计算。需要安置的农业人口数，按照被征用的耕地数量除以征地前被征用单位平均每人占有耕地的数量计算。每一个需要安置的农业人口的安置补助费标准，为该耕地被征用前三年平均年产值的四至六倍。但是，每公顷被征用耕地的安置补助费，最高不得超过被征用前三年平均年产值的十五倍。

征用其他土地的土地补偿费和安置补助费标准，由省、自治区、直辖市参照征用耕地的土地补偿费和安置补助费的标准规定。

被征用土地上的附着物和青苗的补偿标准，由省、自治区、直辖市规定。

征用城市郊区的菜地，用地单位应当按照国家有关规定缴纳新菜地开发建设基金。

依照本条第二款的规定支付土地补偿费和安置补助费，尚不能使需要安置的农民保持原有生活水平的，经省、自治区、直辖市人民政府批准，可以增加安置补助费。但是，土地补偿费和安置补助费的总和不得超过土地被征用前三年平均年产值的三十倍。

国务院根据社会、经济发展水平，在特殊情况下，可以提高征用耕地的土地补偿费和安置补助费的标准。

◎ 殡葬管理所可以强制起尸火化吗？

【典型案例】

柳三的母亲去世了，柳三遵照其临终遗言，将母亲与父亲合葬。对此，民政局所属的殡葬管理所出具了行政处罚决定书，限令柳三在 24 小时内起尸火化，柳三拒不执行。民政局执法人员便强行将尸体起出，用柴油、汽油等混合物将尸体焚烧火化。请问，该殡葬管理所的做法是否合法？

【律师说法】

本案中，民政局执法人员的做法是非法的。民政局所属的殡葬管理所并不具备独立的行政主体资格，不能以自己的名义做出行政处罚决定书。此外，民政部门的执法人员当场起尸火化，是绝对不允许的，属于滥用行政执法权的行为，要追究其相应的责任。

【法律依据】

《殡葬管理条例》第四条　人口稠密、耕地较少、交通方便的地区，应当实行火葬；暂不具备条件实行火葬的地区，允许土葬。

实行火葬和允许土葬的地区，由省、自治区、直辖市人民政府划定，并由本级人民政府民政部门报国务院民政部门备案。

第十三条　遗体处理必须遵守下列规定：

（一）运输遗体必须进行必要的技术处理，确保卫生，防止污染环境；

（二）火化遗体必须凭公安机关或者国务院卫生行政部门规定的医疗机构出具的死亡证明。

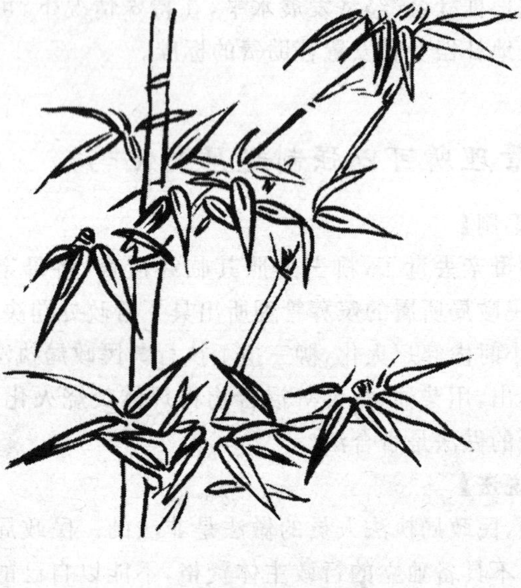

物权房产篇

◎ 业主有权封闭自家的阳台吗?

【典型案例】

钱某等多名业主在购买房屋入住后,发现阳台是露天的,认为不安全、不卫生、不保暖。于是他们协商一致决定统一封闭阳台。物业公司认为业主们此举没有经过他们同意,妨碍了他们对小区的正常管理,要求钱某等拆除封闭的阳台,恢复原状。那么,业主有权自行把阳台封闭起来吗?

【律师说法】

业主有权把阳台封闭起来。《物权法》规定,业主对住宅的专有部分享有共有和共同管理的权利。阳台属于专有部分,业主有权决定是否将其封闭。物业公司作为专有部分的阳台所进行的物业管理,主要责任是监督,无权阻止业主们封闭阳台。

【法律依据】

《物权法》第七十条　业主对建筑物内的住宅、经营性用房等专有部分享有所有权,对专有部分以外的共有部分享有共有和共同管理的权利。

◎ 业主可以不执行业主大会的决议吗?

【典型案例】

家兴小区的业主大会通过决议,每户每月需缴纳 300 元物业费。业主王三因出差在外,没有参加业主大会。到了缴费日期,王三声称自己没有参加业主大会，所以业主大会的决议对自己不生效，拒不按业主大会的决议缴纳物业费。另有小区居民赵某声称自己虽然参加了业主大会，但在会上对业主大会的决议表示了明确的反对，因此不受该决议约束，也不缴纳物业费。王三与赵某的说法有道理吗？

【律师说法】

王三与赵某的说法是错误的。只要业主大会作出符合法律规定程序的决定，并且各项决议也都符合法律规定的票数条件，那么其作出的决定就是合法的。同时《物权法》规定，业主大会或者业主委员会的决议，对所有业主具有法律约束力。也就是说，无论业主是否参加业主大会，也无论其是否同意业主大会的决定，只要该决定经业主大会或者业主委员会通过，就对业主发生法律约束力。如果业主认为该决议侵犯了自己的权利，可以请求人民法院予以撤消，但在经法院判决确认该决议对其无效前，还是要执行决议。

【法律依据】

《物权法》第七十八条　业主大会或者业主委员会的决定，对业主具有约束力。

业主大会或者业主委员会作出的决定侵害业主合法权益的，受侵害的业主可以请求人民法院予以撤消。

◎ 可以私自圈占与邻居共用的楼梯平台吗？

【典型案例】

洪某与马某同住18楼，两家共用一个楼梯平台。洪某在进行房屋装修时，为堆放装修材料，将楼梯平台圈占了起来。马某认为洪某圈占楼梯平台侵犯了自己的合法权益，要求洪某恢复原状。洪某认为小区有电梯可供上下，自己圈占楼梯平台并未对马某构成妨碍，不同意拆除。洪某的行为合法吗？

【律师说法】

洪某私自圈占楼梯的行为是非法的。根据《物权法》的规定，马某作为业主，享有与其房屋相毗连的楼梯共同部分的共有权。洪某占用楼梯平台的共有部分，将其作为自己的专有部分来使用，明显超出了合理的使用范围，构成了对邓某共有权的侵害，因此应当停止侵害，恢复原状。

【法律依据】

《物权法》第七十条　业主对建筑物内的住宅、经营性用房等专有部分享有所有权，对专有部分以外的共有部分享有共有和共同管理的权利。

◎ 业主可以将自家房屋里的墙拆掉吗？

【典型案例】

代先生购买了一套三居室后，觉得客厅不够大，于是把客厅与一间卧室的隔墙拆了，把这间卧室并入客厅。邻居李四得知情况后，急忙前来阻止，告诉代先生所拆的墙是承重墙，不能拆。代先生却认为在自家的房子内部搞装修设计，他人无权干涉。代先生的说法正确吗？

【律师说法】

代先生的说法不正确。商品房业主虽然是房屋的所有权人，但对房屋的装修不能随心所欲，尤其不能妨碍他人或者公共利益。业主私自拆除承重墙、破坏房屋外貌、占用或损坏房屋的共有部分、在房屋的公用区域乱写乱画以及发出超过规定标准的噪声等，都是法律所禁止的。本案中，胡某擅自拆除承重墙，损坏了房屋的承重结构，给房屋带来的安全隐患已经危及相邻方的利益，因此其邻居有权要求其恢复原状。

【法律依据】

《物权法》第七十一条　业主对其建筑物专有部分享有占有、使用、收益和处分的权利。业主行使权利不得危及建筑物的安全，不得损害其他业主的合法权益。

◎ 在自己住房开餐馆，需经左邻右舍同意吗？

【典型案例】

向东下岗后决定利用自家的住房开家餐馆，既可便利小区居民，又能为自己谋生。房屋经过简单的装修后，饭馆开张了。可是没过多久，楼上的住户权先生向物业公司反映，向东家的油烟太大了，致使他家无法开窗。物业公司找到向东要求其采取措施，否则餐馆就得停业，向东不以为然，声称是在自家开餐馆，与他人无关，照常营业。权先生应该怎么办？

【律师说法】

向东的做法侵犯了权先生的利益，应当及时采取措施。向东应该采取必要的措施以免油烟熏到邻居。如果向东不采取任何措施继续营业，按照《物权法》的相关规定，权先生有权请求管理单位责令向东停业，也可向法院提起诉讼要求向东停止侵害。

【法律依据】

《物权法》第七十七条　业主不得违反法律、法规以及管理规约，将住宅改变为经营性用房。业主将住宅改变为经营性用房的，除遵守法律、法规以及管理规约外，应当经有利害关系的业主同意。

第八十三条　业主应当遵守法律、法规以及管理规约。

业主大会和业主委员会，对任意弃置垃圾、排放污染物或者噪声、违反规定饲养动物、违章搭建、侵占通道、拒付物业费等损害他人合法权益的行为，有权依照法律、法规以及管理规约，要求行为人停止侵害、消除危险、排除妨害、赔偿损失。业主对侵害自己合法权益的行为，可以依法向人民法院提起诉讼。

◎ 拆迁房被改作商用怎么办？

【典型案例】

因旧城改造李先生一家搬到了郊区居住。一次他回城里路过他家原住宅时，发现自己的住宅并非拆迁，而是装修成了一家酒楼。李先生原来的住宅现在的市场价在百万元以上，当时给他的拆迁补偿只有20余万元。现在搬到了郊区，出行、购物都极不方便，工作也不好找，家境日益困难。这种情况下，李先生应当如何维护自己的权益？

【律师说法】

《物权法》规定，征收他人的动产与不动产，必须是为了公共利益的需要，并且要依法给予补偿，保障被征收人的合法权益。如果征收个人住宅，还要保障其居住条件。本案中，李先生的住宅被征收的原因是“旧城改造”，这属于为了公共利益的需要。但实际上，李先生的房屋被以拆迁为名改为商用，并非为了公共利益，而是借公共利益之名谋取经济利益，这种行为侵犯了李先生的居住权，属于违法拆迁。李先生可以要求返还住房，也可以要求按现在的市场价补偿其差价。

【法律依据】

《物权法》第四十二条第三款　征收单位、个人的房屋及其他不动产，应当依法给予拆迁补偿，维护被征收人的合法权益；征收个人住宅的，还应当保障被征收人的居住条件。

◎ 噪音扰民，业主如何维权？

【典型案例】

从事铝合金加工的高先生租用了某住宅小区楼下的一间门面房，并在小区院子里盖了一间民房当工棚。从此，每天不到7点钟就会听到锤子敲打金属、切割机分离金属的声音，有时直到晚上11点还不收工。因为高先生的出现，致使小区居民无法正常休息。请问，小区居民该怎么办？

【律师说法】

高先生制造噪声影响他人休息，而且在属于业主共有的建筑区划内私自建民房，侵害了业主的合法权益，小区居民可以依法向人民法院提起诉讼。

【法律依据】

《物权法》第八十三条　业主应当遵守法律、法规以及管理规约。

业主大会和业主委员会，对任意弃置垃圾、排放污染物或者噪声、违反规定饲养动物、违章搭建、侵占通道、拒付物业费等损害他人合法权益的行为，有权依照法律、法规以及管理规约，要求行为人停止侵害、消除危险、排除妨害、赔偿损失。业主对侵害自己合法权益的行为，可以依法向人民法院提起诉讼。

◎ 邻居私搭乱建，影响生活怎么办？

【典型案例】

赵四在买下一套房产后，擅自进行拆建，拆建所产生的噪音、灰尘等令邻居王先生无法忍受，几经劝说，赵四仍拒不停工。无奈之下，王先生只得将其投诉至物业和业主委员会。请问，物业和业主委员会应该怎么办？

【律师说法】

赵四作为小区的业主，有义务遵守小区的管理规约，对于他的行为，业主委员会及小区的物业管理公司有权利及时制止，如果其仍不听劝阻，则可以向法院提起诉讼要求其停止不当的行为。

【法律依据】

《物权法》第八十三条　业主应当遵守法律、法规以及管理规约。

业主大会和业主委员会，对任意弃置垃圾、排放污染物或者噪声、违反规定饲养动物、违章搭建、侵占通道、拒付物业费等损害他人合法权益的行为，有权依照法律、法规以及管理规约，要求行为人停止侵害、消除危险、排除妨害、赔偿损失。业主对侵害自己合法权益的行为，可以依法向人民法院提起诉讼。

◎ 筑坝拦水致别人遭受损失，怎么办？

【典型案例】

李先生家与石某家相邻，李先生家的地势略微高一些，两家中间有一条自然水流通道。某年，由于雨水较多，为防止水道进一步扩张，保护自家住宅，石某建了一个水坝，将原来的水流方向稍微向李先生家顺了顺。没想到，由于雨水过大，水位上涨，水流冲毁了李先生家院子里的牛圈。双方为此发生纠纷。石某应该赔偿李先生的损失吗？

【律师说法】

根据有关规定，在相邻排水用水关系中，双方当事人应按照由高到低、由近到远的原则，保持水的自然流向，合理分配和使用。相邻的一方如果有正当理由必须改变水的自然流向而影响他人利益时，应该先征得对方同意，并且适当补偿由此而造成的损失。本案中，石某为了使自己的住宅不受侵害建造水坝，这一行为已经使上述的“排水权”的权利性质发生了改变，自然流水变成了人工排水，给李先生带来了损失，石某依法应该赔偿。

【法律依据】

《物权法》第八十六条　不动产权利人应当为相邻权利人用水、排水提供必要的便利。

对自然流水的利用，应当在不动产的相邻权利人之间合理分配。对自然流水的排放，应当尊重自然流向。

《民法通则意见》第九十八条　一方擅自堵截或者独占自然流水，影响他方正常生产、生活的，他方有权请求排除妨碍；造成他方损失的，应负赔偿责任。

◎ 进出无路，怎么办？

【典型案例】

高某、赵某各自拥有一街道的两处相互毗邻的房产，中间有一条南北向弄堂。根据该市国土资源局地籍表标明，该弄堂的产权归赵某所有。赵某以此为由，将弄堂锁住，并堆放建筑垃圾，不让高某通行。高某认为弄堂是到其后排小屋的必经通道，赵某封锁弄堂，致使其只得在前排房屋上凿墙洞进出后屋，妨碍其通行。在交涉不成的情况下，高某向法院提起诉讼。

【律师说法】

弄堂的产权虽然属于赵某所有，但从两家房屋的地理来看，弄堂是高某进出其后排房屋的必经通道，如果赵某不允许其通行的话，高某只能在自家前排房屋后凿洞穿行，这对于高某来说，费用和工程都过甚，因此，赵某应该允许高某继续利用弄堂通行。

【法律依据】

《物权法》第八十七条　不动产权利人对相邻权利人因通行等

必须利用其土地的，应当提供必要的便利。

第九十二条　不动产权利人因用水、排水、通行、铺设管线等利用相邻不动产的，应当尽量避免对相邻的不动产权利人造成损害；造成损害的，应当给予赔偿。

◎ 装修搬运建材，邻居不让过怎么办？

【典型案例】

马先生、史某两家是邻居，马先生要装修房屋，在运送建材时，必须经过史某的院子，史某阻拦马先生搬运建材通过他家院落。这时马先生应该怎么办？

【律师说法】

《物权法》规定，不动产权利人因建造、修缮建筑物以及铺设电线、电缆、水管、暖气和燃气管线等必须利用相邻土地、建筑物的，该土地、建筑物的权利人应当提供必要的便利。本案中，由于马先生搬运建材必须经过史某家，属于《物权法》中规定的“必须利用相邻土地、建筑物”的情况，因此马先生有权通行，史某应该提供必要的便利。马先生可与史某进行协商争取他的同意。如果史某执意不肯，马先生可以请求村委会、居委会等部门出面予以协调，也可以通过诉讼途径解决。

【法律依据】

《物权法》第八十七条　不动产权利人对相邻权利人因通行等必须利用其土地的，应当提供必要的便利。

第八十八条　不动产权利人因建造、修缮建筑物以及铺设电线、电缆、水管、暖气和燃气管线等必须利用相邻土地、建筑物的，该土地、建筑物的权利人应当提供必要的便利。

◎ 铺设管线邻居不给方便怎么办?

【典型案例】

大伟和王某因线路纠纷闹上法庭。原告大伟诉称王某与自己因琐事发生争吵后,将自己家的照明线及电话线全部剪断,致使家里照明及通信中断。要求判令被告将照明线、电话线恢复原状,并赔偿经济损失 1000 元。被告王某则辩称原告大伟未经同意,在自己的屋后砸钉子,乱扯电线,对房屋、人身及其他财产安全造成了严重威胁。原告大伟经自己再三警告仍置之不理,所以才将其照明线、电话线剪断,这是行使自己的正当权利,不应赔偿。法院该怎么判呢?

【律师说法】

本案中,如果大伟家的照明线、电话线的安装必须通过王某房屋上空,则王某应该允许大伟的铺设行为。如果对方乱拉电线,使自己和家人的安全受到威胁,也属于大伟铺设行为不当,王某可以要求其进行改善,而不能剪断对方的线路,禁止大伟从自己的房屋上空铺线。同时,大伟铺设照明线、电话线,如果必须经过王某的房屋,有权要求王某允许自己铺设,但也应该注意铺设线路的合理性和安全性,避免给王某的财产和生活造成不便,甚至威胁到王某及其家人的人身安全。

【法律依据】

《物权法》第八十八条　不动产权利人因建造、修缮建筑物以及铺设电线、电缆、水管、暖气和燃气管线等必须利用相邻土地、建筑物的,该土地、建筑物的权利人应当提供必要的便利。

第九十二条　不动产权利人因用水、排水、通行、铺设管线等利用相邻不动产的,应当尽量避免对相邻的不动产权利人造成损害;造成损害的,应当给予赔偿。

◎ 自家盖房想盖多高就多高吗？

【典型案例】

杨某与韦某是相隔不到 6 米的前后邻居。今年 3 月，杨某翻盖房屋，准备在原来的宅基上建两层高的楼房，便找到韦某协商。韦某说，自已的房屋高是 2.2 米，前后可以一样。杨某虽口头答应，但他趁韦某外出做生意之际，强行超建。在上层已建 3 米时，闻信而至的韦某以该房建成后会影响自己房屋采光为由加以阻止，但杨某却认为，在自己的宅基上建房，想盖多高盖多高，谁都无权干涉。无奈，韦某诉至法院。

【律师说法】

本案中，杨某虽然是在其自己的宅基上建房，但基于对相邻关系的尊重，也应当避免对韦某已经建成的房屋造成通风、采光和日照妨碍，而不能想盖多高就多高。一旦杨某所建房屋妨碍了韦某房屋的日照，杨某就应该承担责任，拆除超建的部分。

【法律依据】

《物权法》第八十九条　建造建筑物，不得违反国家有关工程建设标准，妨碍相邻建筑物的通风、采光和日照。

◎ 自建楼房影响邻居采光、通风要赔偿吗？

【典型案例】

孙某与牛某是邻居。2011 年 3 月，孙某翻盖房屋，在原址上盖起了一栋三层小楼。小楼盖起后，牛某家的采光、通风大受影响，夏天连续日照的时间还不到 3 个小时，到了冬天，牛某家更是陷入“黑暗”中，基本见不到阳光。为此，牛某多次找孙某协商，但均没有结果。于是，牛某提起诉讼，要求赔偿。牛某的诉讼请求能得到法院的支持吗？

【律师说法】

牛某的诉讼请求能得到法院的支持。我国法律明确规定，建造建筑物，不得违反国家有关工程建设标准，妨碍相邻建筑物的通风、采光和日照。本案中，孙某建造的三层小楼影响了牛某房屋的采光和通风，导致房屋使用价值降低，影响了牛某正常的生活居住环境，应当赔偿牛某损失。

【法律依据】

《物权法》第八十九条　建造建筑物，不得违反国家有关工程建设标准，妨碍相邻建筑物的通风、采光和日照。

◎ 如何维护自己的采光权？

【典型案例】

周小姐购买的新房通风和采光都很好，周小姐非常满意。可是好景不长，小区的对面建起了新的高层建筑，一下子把周小姐家里楼房的阳光都挡住了，通风条件也受到影响，使得周小姐屋内夏天潮湿、冬天阴冷。周小姐认为，这些情况给他正常的生活和工作带来了影响，仅每个月的电费开销就增加了 100 多元。对于这种状况，周小姐特别痛苦，可是却投诉无门。请问，周小姐应该怎么办？

【律师说法】

居民的通风、采光和日照是否受到影响，应根据建设部颁布的《城市居住区规划设计规范》和《住宅设计规范》来确定。周小姐新房的采光、通风受到了对面新建筑的影响，如果经相关部门测算后，确实低于国家规定的通风、采光和日照标准的，周小姐可以据此要求对方采取补救措施，并且可以要求对方赔偿为此多支出的电费损失。

【法律依据】

《物权法》第八十九条　建造建筑物，不得违反国家有关工程建设标准，妨碍相邻建筑物的通风、采光和日照。

◎ 楼上音乐打扰楼下住户怎么办？

【典型案例】

住二楼的老李最近十分心烦，原因是刚搬进三楼的小霞特别喜欢音乐，动不动就播放震天的音乐，屡屡和朋友们跳舞到半夜。而老李患有神经衰弱症，他睡觉的时候不能有响动，一旦有响动他就会彻夜失眠。他多次找到小霞商量，都没有结果。请问，老李该怎么办？

【律师说法】

本案中，小霞在播放音乐、朋友聚会时应该注意控制音量的大小，不能妨碍邻居的生活和休息。如果其长期将音乐开得太大、聚会持续到深夜，已经超出了“合理扰民”的范围。老李有权要求小霞减小音乐的音量，如果仍无法解决的情况下，可以通过法律的途径保证自己的生活宁静。

【法律依据】

《物权法》第九十条　不动产权利人不得违反国家规定弃置固体废物，排放大气污染物、水污染物、噪声、光、电磁波辐射等有害物质。

◎ 噪音危害如何索赔？

【典型案例】

郑先生将一套闲置房屋出租给他人，但由于该房临街，并受到外面修路的噪声影响，同住一栋楼的其他住户纷纷要求修路的施工公司对此进行赔偿。请问，郑先生能否要求赔偿？如果得到赔偿，这个补偿费是归郑先生还是应该给租户呢？

【律师说法】

郑先生可以要求环保部门监测噪音分贝，然后依法索赔，也可依据《物权法》和《民法通则》所规定的相邻权索赔。由于该赔偿是对被噪音干扰人的一种补偿，而实际被噪音干扰的人是承租人而非业主，所以郑先生应该将补偿费支付给承租人。

【法律依据】

《中华人民共和国环境噪声污染防治法》（以下简称《环境噪声污染防治法》）第六十一条　受到环境噪声污染危害的单位和个人，有权要求加害人排除危害；造成损失的，依法赔偿损失。

赔偿责任和赔偿金额的纠纷，可以根据当事人的请求，由环境保护行政主管部门或者其他环境噪声污染防治工作的监督管理部门、机构调解处理；调解不成的，当事人可以向人民法院起诉。当事人也可以直接向人民法院起诉。

◎ 商铺油烟侵扰邻近居民怎么办？

【典型案例】

陆女士是某小区业主，在她住的楼下都是铺面，那里白天摆小吃摊，晚上摆凉茶摊，晚上的吵闹声和白天的油烟都让她苦不堪言。陆女士该怎么办？

【律师说法】

本案中，如果商铺没有按照标准安装排烟和隔音设施的，陆女士可以要求楼下商铺采取相应的措施或者通过法律途径解决，维护自己的权利。如果噪声和油烟的排放符合标准，陆女士只能容忍。

【法律依据】

《物权法》第九十条　不动产权利人不得违反国家规定弃置固

体废物，排放大气污染物、水污染物、噪声、光、电磁波辐射等有害物质。

◎ 遭遇光污染怎么办？

【典型案例】

孙大伯居住的地方与某公司展厅外安装的3盏双头照明路灯相邻。这些路灯每天18时开启至次日6时关闭。其中，最近的一盏路灯与孙大伯的居室相距约20米，灯头高度与伍家阳台持平，中间无任何遮挡物。孙大伯以路灯散发的强烈光线直射入其居室，对其正常生活环境造成不利影响，构成妨害等为由，将该公司告上法庭，请求法院判令该公司停止并排除光污染侵害。孙大伯的请求合理吗？

【律师说法】

本案中，某公司路灯发出的强光，属于物权法明文禁止施放的物质之一。虽然目前我国没有规范夜间照明的统一标准，但从本案的具体情况来看，路灯照射的时间持续整晚，并且与孙大伯居住的房屋距离较近，之间也没有遮挡，因此其照射的时间和方式都超出了合理扰民的范围，孙大伯的请求应当得到法庭的支持。

【法律依据】

《物权法》第九十条　不动产权利人不得违反国家规定弃置固体废物，排放大气污染物、水污染物、噪声、光、电磁波辐射等有害物质。

◎ 楼上装修危及楼下住户房屋怎么办？

【典型案例】

赵先生刚入住新房不久，便发现房屋水管漏水，墙体裂缝，于是上楼去查看楼上周全房屋的情况。原来，周全在装修时，改变了原来的水管铺设路线。根据有关检测机构的工作人员检测，认定是周全的行为导致了上述结果，而且有继续扩大损害的可能性。赵先生便跟周全协商，要其恢复水管线路。周全不理，声称在自己的房屋内爱怎么干就怎么干，与他人无关。无奈，赵先生只好诉至法院。法院该怎么判？

【律师说法】

赵先生和周全是上下楼邻居关系，为了保证房屋的居住质量和安全，周全应在装修时承担一定的义务，避免使赵先生的房屋产生危险。但周全不仅没有尽到应有的注意义务，反而改变水管的铺设线路，损害了赵先生房屋的居住质量并危及房屋的安全，应当承担相应的法律责任。因此，周全应该立即消除危险，恢复建筑结构原状，并且赔偿赵先生遭受的经济损失。

【法律依据】

《物权法》第九十一条　不动产权利人挖掘土地、建造建筑物、铺设管线以及安装设备等，不得危及相邻不动产的安全。

◎ 挖地窖致使邻居房屋损坏应该赔偿吗？

【典型案例】

自 2011 年 4 月以来，郭先生家的房屋地基下沉，墙体裂缝。郭家人经过仔细查看得知原来是邻居刘某在其屋后挖地窖所致。于是郭先生要求刘某赔偿，但刘某称，自己是在自家屋后挖地窖，并没有在郭家房屋范围内施工，因此不予赔偿。郭先生能依法得到刘某的赔偿吗？

【律师说法】

如果郭先生家房屋损坏确实是因为刘某家挖地窖所致，那么刘某应该给予郭先生赔偿。《物权法》规定，不动产权利人挖掘土地、建造建筑物、铺设管线以及安装设备等，不得危及相邻不动产的安全。本案中，刘某挖掘地窖危及郭先生房屋的安全，则依法应当消除危险、恢复原状，并赔偿郭先生损失。

【法律依据】

《物权法》第九十一条　不动产权利人挖掘土地、建造建筑物、铺设管线以及安装设备等，不得危及相邻不动产的安全。

《民法通则意见》第一百零三条　相邻一方在自己使用的土地上挖水沟、水池、地窖等或者种植的竹木根枝伸延，危及另一方建筑物的安全和正常使用的，应当分别情况，责令其消除危险，恢复原状，赔偿损失。

◎ 能否要求邻居拆除铝扣板?

【典型案例】

刘先生家住在二楼，客厅落地窗外延伸出一个装饰用的井字形水泥架，一楼住户白某在此水泥架上盖上了一个 2.5 米宽的铝扣板，与刘先生家地板形成一个加长的延伸平面。白某未经刘先生允许，将刘先生家固定在此水泥架上的空调主机移位，导致铝扣板上一切脏物都在刘先生视野之内，下雨时脏水反弹到玻璃上全是污泥，对安全也形成很大隐患。请问，刘先生能否要求白某拆除其安装在他家窗前的铝扣板呢?

【律师说法】

相邻不动产的所有人或使用人在行使自己的所有权或使用权时，应当以不损害其他相邻人的合法权益为原则。白某的行为已危害到刘某的居住环境和人身财产安全，刘先生有权要求其停止侵害、消除危险和赔偿损失，可以要求对方拆除铝扣板并赔偿损失。在处理相邻关系时，相邻各方应该本着有利生产、方便生活、团结互助、公平合理的原则，互谅互让，协商解决。此外，物业公司对业主的装饰装修活动也负有监督和管理的义务。因此，刘先生可以和邻居协商或向物业公司反映，请他们出面制止。如果协商不成，可以请求人民法院依法裁判。

【法律依据】

《物权法》第九十一条　不动产权利人挖掘土地、建造建筑物、铺设管线以及安装设备等，不得危及相邻不动产的安全。

◎ 邻居墙壁倒塌损害自家物品，是否应赔偿？

【典型案例】

赵先生家旁边有一处住户，他家的墙体倒塌，把赵先生在自家屋顶上安装的太阳能热水器打得粉碎。请问，该损失应该由谁来承担？若对方不负责，赵先生应怎样通过法律手段来解决？

【律师说法】

建筑物损害侵权责任的归责原则是过错推定，也就是说赵先生无须对加害人的过错进行举证和证明，而是法律推定其存在过错。如果加害人存在过错则应赔偿赵先生的财产损失。加害人经举证证明自己没有过错方能免责，这些免责情形包括不可抗力、受害人的过错、第三人的过错，侵害事实、损害后果或两者的因果关系不存在，也可通过证明共同过错或混合过错而部分免除赔偿责任。侵害后果与损害结果之间的因果关系由赵先生承担举证和证明责任。如果对方没有过错，赵先生没有过错，也不能证明第三人存在过错的情况下，可以依据民法的公平原则由双方根据各自的经济承担能力酌情分担损失。如果双方协商不成可选择向法院起诉。

【法律依据】

《民法通则》第一百二十六条　建筑物或者其他设施以及建筑物上的搁置物、悬挂物发生倒塌、脱落、坠落造成他人损害的，它的所有人或者管理人应当承担民事责任，但能够证明自己没有过错的除外。

◎ 邻居截留自来水怎么办？

【典型案例】

高先生、李先生同住一栋楼，高先生住楼上，李先生住楼下。李先生装修房屋时，在自家内通往楼上高先生家的自来水管道上安装了阀门，造成高先生家停水多天。当时高先生的房屋出租给了别人，因没有自来水给承租人生活带来不便，为此高先生曾买大桶矿泉水为承租人提供生活用水，共花费500多元。后来高先生被迫与承租人提前解除租房协议，高先生为此损失租金1500元。高先生应该怎么办？

【法律解】

本案中，连通上下楼之间的自来水管道，属于公用的水源，一方在利用时不能妨碍相邻另一方的使用。因此，李先生擅自安装阀门，阻止自来水流到地上，侵害了楼上高先生的用水利益。李先生应当拆除阀门，并对高先生遭受的损失进行赔偿。

【法律依据】

《物权法》第八十六条　不动产权利人应当为相邻权利人用水、排水提供必要的便利。

对自然流水的利用，应当在不动产的相邻权利人之间合理分配。对自然流水的排放，应当尊重自然流向。

第九十二条　不动产权利人因用水、排水、通行、铺设管线等利用相邻不动产的，应当尽量避免对相邻的不动产权利人造成损害；造成损害的，应当给予赔偿。

◎ 施工损害相邻地基怎么办?

【典型案例】

马先生和赵某系同村村民,马先生的房屋建在河滩上。赵某在河滩上建有一座石灰窑,为取水方便,就在距马先生房屋不远处挖了几个大石灰池,在石灰池朝向马先生房屋的一面池壁铺砌水泥,其他三面池壁未做处理。不久,马先生发现自家住房底层墙壁返潮,便找到赵某,要求赵某予以解决,赵某口头答应,但未采取任何实际措施。一天早上,马先生发现自己房屋部分地基出现陷落现象,房屋墙体开裂,地梁、屋面板等部位变形。马先生找到赵某,要求赵某给予赔偿,赵某认为自己对石灰池壁已经做了处理,不同意马先生的赔偿要求,于是马先生诉至法院。法院该怎么解决?

【律师说法】

本案中,马先生的房屋与赵某新建的石灰池相邻,因此,赵某在建设时,应当采取必要的措施,以防止对马先生的房屋造成危害。虽然赵某采取了一定的预防措施,但其采取的防渗措施很不彻底,只在石灰池朝向马先生房屋的一面池壁铺砌水泥。从事实上看,这不能从根本上避免对马先生房屋造成危险,赵某应当进一步采取行动,以保证马先生房屋的安全。然而由于赵某置之不理,导致马先生的房屋发生了严重损害,因此,赵某应立即采取措施消除危险,并应赔偿马先生因此而遭受的经济损失。

【法律依据】

《物权法》第九十一条　不动产权利人挖掘土地、建造建筑物、铺设管线以及安装设备等,不得危及相邻不动产的安全。

◎ 邻居排水造成污染怎么办？

【典型案例】

刘某在建房子过程中产生很多建筑垃圾，但是他并没有把垃圾运走，而是在建筑垃圾上铺了一层厚厚的水泥，这样刘某所建的房子地势就比邻居石某家高出很多。每当下雨时，刘某家排水道排出的污水直接流入石某家。石某多次向城乡清洁办和县政府有关部门写信反映情况，但至今没有解决。请问，石某应该怎么办？

【律师说法】

《物权法》规定，不动产权利人因用水、排水、通行、铺设管线等利用相邻不动产的，应当尽量避免对相邻的不动产权利人造成损害；造成损害的，应当给予赔偿。因此，石某可以向法院起诉要求刘某排除妨碍，赔偿损失。

【法律依据】

《物权法》第九十二条　不动产权利人因用水、排水、通行、铺设管线等利用相邻不动产的，应当尽量避免对相邻的不动产权利人造成损害；造成损害的，应当给予赔偿。

◎ 相邻房屋滴水造成损害可以索赔吗？

【典型案例】

代先生与高某是邻居。代先生家新盖了一个竹楼，高出高某的房屋。每到雨天，代先生家的竹楼就会滴水到高某家的房屋上，造成了高某房屋的损坏。高某要求代先生采取措施并赔偿损失，代先生拒绝。高某有权要求代先生赔偿吗？

【律师说法】

高某有权要求代先生赔偿。本案涉及不动产相邻关系。我国

《民法通则》及《物权法》对相邻关系都作出了规定，确定了不动产相邻的权利人处理相邻关系时所应遵循的基本原则，即有利生产、方便生活、团结互助、公平合理。本案中，代先生家房檐滴水造成了高某家房屋的损坏，按照上述原则，应当排除妨碍，赔偿损失。

【法律依据】

《物权法》第八十四条　不动产的相邻权利人应当按照有利生产、方便生活、团结互助、公平合理的原则，正确处理相邻关系。

《民法通则意见》第一百零二条　处理相邻房屋滴水纠纷时，对有过错的一方造成他方损害的，应当责令其排除妨碍、赔偿损失。

◎ 在邻居房屋下铺设管道的协议有效吗？

【典型案例】

窦某与安某为同村村民，双方的宅院本系祖遗的同一块宅院，后分归窦某、安某两家所有。几年后，窦某由于经营旅馆需要增加自来水的供应量，窦某提出从安某的房屋下铺设专门的供水设施，每年给予安某 2000 元的补偿，双方签订协议。后安某欲对院内东房拆旧建新，而该房地基之下窦某的自来水管道，影响了房屋的重建，故以之前签订的协议违背最小妨害原则的要求应属无效为由，要求窦某选择对自己妨害较小的方式重新铺设。请问，双方的协议有效吗？

【律师说法】

本案中，根据法律对相邻关系的规定，窦某铺设水管必须经过安某家时，安某必须为其提供必要的便利，这是法律为保障窦某利用土地所作的强制性规定，一般来说不允许相邻双方通过合同预先排除。但是双方就管线铺设的具体线路和方式，可以在不违背风俗习惯、不对相邻土地构成危害的情况下进行协商。本案中，窦某与安某之前达成的协议是合理的，因此，法律认可这种自由商议的结果，相邻双方也应该遵守协议内容，不得随意反悔。安某不能借口窦某未遵照对自己损害最小的方式铺设管线，要求窦某重新铺设。

【法律依据】

《物权法》第八十四条　不动产的相邻权利人应当按照有利生产、方便生活、团结互助、公平合理的原则，正确处理相邻关系。

第八十五条　法律、法规对处理相邻关系有规定的，依照其规定；法律、法规没有规定的，可以按照当地习惯。

◎ 开发商可以随意提高售房价格吗？

【典型案例】

2007 年某房地产开发公司与刘小姐签订了商品房预售合同。2008 年，开发公司与刘小姐多次联系，提出因建材价格上涨太多，房屋的成本提高，要求修改合同条款，提高房屋售价，刘小姐未同意。开发公司以“显失公平”为由要求解除与刘小姐的合同。开发商的要求合理吗？

【律师说法】

不合理。物价的涨落，对于房地产开发公司无疑是商业风险的一种，其选择了从事这一商业活动就应当考虑到此风险的存在，而其在商业利润的驱动下仍愿意承担，当然也要承担可能的风险损失。

【法律依据】

《全国民事审判工作座谈会纪要》第四条　关于房屋买卖价格问题。房屋买卖，除国家规定必须执行国家定价之外，对于双方当事人根据房地产市场价格议定的价格，应当予以保护。一定因市场价格变动而不履行或要求解除房屋买卖合同的，不予支持。

◎ 支付了首付和部分按揭还能退房吗?

【典型案例】

周先生于 2007 年 5 月购得一处商品房,并在支付了首付款后顺利办妥了银行按揭贷款。

此后,由于工作调动,周先生需去别的城市工作。周先生欲退掉已购的房子,他能否要求退掉房子呢?

【律师说法】

周先生无法要求退掉房子,只能与开发商及银行协商解决。我国《合同法》规定依法成立的合同,当事人应当按照约定履行自己的义务,不得擅自变更或解除。周先生与开发商签订了房屋买卖合同,又与银行签订了按揭贷款合同,就应当按照约定履行自己的义务,否则将承担违约责任。

【法律依据】

《中华人民共和国合同法》(以下简称《合同法》)第八条　依法成立的合同,对当事人具有法律约束力。当事人应当按照约定履行自己的义务,不得擅自变更或者解除合同。依法成立的合同,受法律保护。

◎ 虚假宣传,开发商承担违约责任吗?

【典型案例】

牛先生于 2010 年购得一套商品房,当他拿到钥匙后发现,该房子与开发商售房广告上所说的相去甚远。广告上宣称的幼儿园、水池、凉亭等根本不见踪影。牛先生感觉上当受骗,遂要求开发商承担违约责任。

【律师说法】

开发商应当承担违约责任。我国相关法律规定，开发商的销售广告和宣传资料作为要约邀请，如对其相关设施所作的说明和允诺具体确定的，且对商品房买卖合同的订立及价格有重大影响的，即使该说明和允诺未载入买卖合同，亦应视为合同内容。所以，当牛先生按照开发商的销售广告购买该房屋，其广告内容上的说明和允诺应视为合同内容，开发商应按合同内容履行义务，否则应承担违约责任。

【法律依据】

《最高人民法院关于审理商品房买卖合同纠纷案件适用法律若干问题的解释》第三条　二人以上共同故意或者共同过失致人损害，或者虽无共同故意、共同过失，但其侵害行为直接结合发生同一损害后果的构成共同侵权，应当依照《民法通则》第一百三十条规定承担连带责任。

二人以上没有共同故意或者共同过失，但其分别实施的数个行为间接结合发生同一损害后果的，应当根据过失大小或者原因比例各自承担相应的赔偿责任。

《民法通则》第一百三十条　二人以上共同侵权造成他人损害的，应当承担连带责任。

◎ 赠送内容未写进合同有法律效力吗？

【典型案例】

2008年6月，高先生与某房地产公司签订认购书约定，房地产公司送高先生天台花园90平方米，双方同意此认购书在签订正式预售合同前有效。同年7月，房地产公司与高先生签订了《房地产预售合同》，但合同中未约定赠送花园之事。高先生要求房地产公司按认购书的约定赠送，被开发商拒绝。高先生能否以认购书上的内容要求开发商赠送其天台花园呢？

【律师说法】

不能，但可以要求开发商给予一定经济补偿。天台属整栋楼的全体所有人共有，而不应属于某个业主所有，开发商称将其赠送给某个业主，构成了对其他业主对天台使用权的侵害，其赠送行为是无效的。其无效的赠与行为，构成对高先生的违约。

【法律依据】

《物权法》第七十条　业主对建筑物内的住宅、经营性用房等专有部分享有所有权对专有部分以外的共有部分享有共有和共同管理的权利。

《商品房销售管理办法》第十五条　房地产开发企业、房地产中介服务机构发布的商品房销售广告和宣传资料所明示的事项，当事人应当在商品房买卖合同中约定。

◎ 如何计算购房违约金？

【典型案例】

2006 年 6 月，高先生与某房地产开发公司签订了约定：总房款 80 万元，同年 9 月 30 日交房，出卖人逾期交房超过 90 天，买受人有权解除合同，并按买受人累计已付款的 2% 支付违约金。合同签订后，高先生即支付了首付款，并办理了按揭贷款手续。半年后，高先生才收到入住通知。于是，高先生要求解除《商品房买卖合同》，并要求房地产公司支付总房款 2% 的违约金。

【律师说法】

房产商应该按总房款的 2% 支付违约金。在违约金的计算方式上，虽然该房款大部分为银行贷款，但开发商实际上已经得到合同约定的全部房款。

【法律依据】

《合同法》第一百一十四条　当事人可以约定一方违约时应当根据违约情况向对方支付一定数额的违约金，也可以约定因违约产生的损失赔偿额的计算方法。约定的违约金低于造成的损失的，当事人可以请求人民法院或者仲裁机构予以增加；约定的违约金过分高于造成的损失的，当事人可以请求人民法院或者仲裁机构予以适当减少。当事人就迟延履行约定违约金的，违约方支付违约金后，还应当履行债务。

◎ 未达成购房协议，能否要求返还支付的定金？

【典型案例】

2007 年 5 月，姜某与某房地产公司签订了《×别墅交纳定金合同》，由姜某订购。合同规定姜某交纳 30 万元定金。半年后，由于房价上涨，该公司要求姜某再加付 30 万元。经过多次磋商，房屋合同仍未能签成。姜某要求开发商返还定金，遭到拒绝。

【律师说法】

可以要求返还定金。姜某由于房价太高无法接受，且并没有与房地产公司签订正式的房屋买卖合同，同时，姜某已经履行了诚信磋商义务。

【法律依据】

《合同法》第二条　本法所称合同是平等主体的自然人、法人、其他组织之间设立、变更、终止民事权利义务关系的协议。

《最高人民法院关于适用〈中华人民共和国担保法〉若干问题的解释》（以下简称《担保法解释》）第一百一十五条　当事人约定以交付定金作为订立主合同担保的，给付定金的一方拒绝订立主合同的，无权要求返还定金；收受定金的一方拒绝订立合同的，应当双倍返还定金。

◎双方未达成意向，所交定金能否退还？

【典型案例】

2009年10月，江小姐与某开发商签订了一份房屋认购书，并支付了5万元定金，并约定一周内与开发商签《商品房买卖合同》。买卖条件以双方所签合同书为准，如逾期未签订《商品房买卖合同》，定金不予退还。之后，双方就个别问题无法达成一致意见。江小姐要求退还定金，但遭到拒绝。请问，江小姐所交定金能否退还？

【律师说法】

能够退还。导致合同未能签订的原因是双方未能就《商品房买卖合同》内容达成一致意见，这个后果不能归责于江小姐一个人的原因，因双方都不存在过错，所以开发商应该退还江小姐的定金。

【法律依据】

《最高人民法院关于审理商品房买卖合同纠纷案件适用法律若干问题的解释》（以下简称《商品房买卖合同纠纷解释》）第四条

出卖人通过认购、订购、预订等方式向买受人收受定金作为订立商品房买卖合同担保的，如果因当事人一方原因未能订立商品房买卖合同，应当按照法律关于定金的规定处理；因不可归责于当事人双方的事由，导致商品房买卖合同未能订立的，出卖人应当将定金返还买受人。

◎"定金"与"订金"是一回事吗？

【典型案例】

高先生看中了某小区的一处房子，在交了2万元定金之后，回去准备首付款。之后，高先生取消了购房的计划。但要求房产商退回定金时却遭到了拒绝。高先生认为自己交的是“订金”，房产商无理由不退回，而房产商却说交的“定金”。那么，“定金”与“订金”到底有何区别呢？

【律师说法】

一般来说，“订金”是一种预付款，是可以要求退还的，除非双方签订的合同另有规定，开发商一般应在签约后将“订金”及时退还或者抵充房款；而“定金”是一种合同的保证金，如果买方违约，是不能要回“定金”的，但如果是“卖方”违约，则应双倍返还。所以，买房者在订购书上签字的时候，一定要分辨清楚到底是“定金”还是“订金”，以免给自己造成损失。

【法律依据】

《商品房买卖合同纠纷解释》第四条　出卖人通过认购、订购、预订等方式向买受人收受定金作为订立商品房买卖合同担保的，如果因当事人一方原因未能订立商品房买卖合同，应当按照法律关于定金的规定处理；因不可归责于当事人双方的事由，导致商品房买卖合同未能订立的，出卖人应当将定金返还买受人。

◎ 新房出现质量问题应如何解决？

【典型案例】

代先生购买了某房地产公司开发的住宅楼。然而，住进去没多久代先生发现客厅地面出现了下沉，四周墙角也出现了裂缝。经鉴定，主体结构不符合国家建筑结构规范，墙角的裂缝宽度超过允许范围。代先生找开发商交涉，要求退房，而开发商承认房子存在质量问题，只同意维修，不肯退房。

【律师说法】

代先生可以要求开发商退房并为其损失承担赔偿责任。我国法律规定，主体结构质量不合格的，购房人有权退房，给购房人造成损失的，房地产开发企业应当承担赔偿责任。本案中，代先生的房屋经有关部门鉴定为主体结构不符合国家建筑结构规范，显然属于主体结构质量不合格。

【法律依据】

《城市房地产开发经营管理条例》第十六条　房地产开发企业开发建设的房地产项目，应当符合有关法律、法规的规定和建筑工程质量、安全标准、建筑工程勘察、设计、施工的技术规范以及合同的约定。房地产开发企业应当对其开发建设的房地产开发项目的质量承担责任。勘察、设计、施工、监理等单位应当依照有关法律、法规的规定或者合同的约定，承担相应的责任。

◎ 提前还贷，是违约吗？

【典型案例】

2008 年，李先生贷款买了一套房子，由于连续加息，他感到了还款的压力。后来，李先生将自己的一处店铺出售后欲办理提前还款。当他去银行办理相关手续时，银行人员说，贷款未满一年不能办理提前还款，否则将以违约追究其责任。李先生很疑惑：提前还款还违约吗？

【律师说法】

是一种单方违约行为。一般来说，当购房人与银行依法签订了抵押贷款合同后，自合同成立时即已生效，双方应按规定履行。作为银行，在为购房者做房贷时付出了一定的人力成本，如果购房者在一年之内提出提前还贷的申请，无疑会打乱银行的正常计划。因此，银行要求购房人承担一定的违约责任是合法的。

【法律依据】

《合同法》第一百零七条　当事人一方不履行合同义务或者履行合同义务不符合约定的，应当承担继续履行、采取补救措施或者赔偿损失等违约责任。

《贷款通则》第三十二条　贷款归还：

借款人应当按照借款合同规定按时足额归还贷款本息。

贷款人在短期贷款到期1个星期之前、中长期贷款到期1个月之前，应当向借款人发送还本付息通知单；借款人应当及时筹备资金，按时还本付息。

贷款人对逾期的贷款要及时发出催收通知单，做好逾期贷款本息的催收工作。

贷款人对不能按借款合同约定期限归还的贷款，应当按规定加罚利息；对不能归还或者不能落实还本付息事宜的，应当督促归还或者依法起诉。

借款人提前归还贷款，应当与贷款人协商。

◎ 业主拿不到房产证该怎么办？

【典型案例】

马先生于2009年3月在某社区购买了一套房子，开发商承诺在交房之日起3个月内为其办理房产证，逾期未办理，将向其支付购房款1%的违约金。2009年12月马先生拿到了房子钥匙，可直到2011年1月马先生仍未拿到房产证。马先生多次与开发商协商此事，均未果，而开发商也未按照承诺向其支付违约金。那么，马先生该怎么办？

【律师说法】

马先生可以要求开发商退房返款，并赔偿其损失。我国法律规定，房地产开发企业应当协助商品房购买人办理土地使用权变更和房屋所有权登记手续。开发商在交房后的1年时间里都未为马先生办理房产证。我国法律规定，由于出卖人的原因，导致买受人无法办理房屋所有权登记，买受人请求解除合同和赔偿损失的，应予以支持。

【法律依据】

《商品房买卖合同纠纷解释》第十八条　由于出卖人的原因，买受人在下列期限届满未能取得房屋权属证书的，除当事人有特殊约定外，出卖人应当承担违约责任：

(一)商品房买卖合同约定的办理房屋所有权登记的期限；

(二)商品房买卖合同的标的物为尚未建成房屋的，自房屋交付使用之日起 90 天；

(三)商品房买卖合同的标的物为已竣工房屋的，自合同订立之日起 90 天。

合同没有约定违约金或者损失数额难以确定的，可以按照已付购房款总额，参照中国人民银行规定的金融机构计收逾期贷款利息的标准计算。

◎ 物业管理公司可以随意提高物业管理费吗？

【典型案例】

2008 年 6 月，高小姐买了一套商品房。2009 年 1 月交房时，物业管理费为每年 1.10 元/平方米。但 2010 年收到物业管理公司书面通知要求按每年 3.60 元/平方米缴纳。对此，高小姐不能接受。她该怎么办？

【律师说法】

物业公司的做法不对。该公司如要涨价，应与业主对该物业服务合同进行协议补充，并应经专有部分占建筑物总面积过半数的业主且占总人数过半数的业主同意。如果对该收费有异议，除双方协商外，也可向县级以上人民政府价格主管部门或同级房地产行政主管部门申诉。

【法律依据】

《物业管理条例》第四十一条　物业服务收费应当遵循合理、公开以及费用与服务水平相适应的原则，区别不同物业的性质和特点，由业主和物业服务企业按照国务院价格主管部门会同国务院建设行政主管部门制定的物业服务收费办法，在物业服务合同中约定。

◎ 家中被盗，物业公司无责任吗？

【典型案例】

2011 年 1 月 6 日晚，李小姐下班回家发现家中被盗了，小偷是从后阳台爬进房间的，盗走手提电脑、现金及衣物价值达 3 万余元。李小姐认为物业公司疏于管理，未尽职责，导致盗窃案件屡次发生，应承担赔偿责任。于是，李小姐第一时间报警，并给物业公司经理打电话说明了情况，而物业公司经理说："我们只管理公共设施，不负责私人财产的损失。"请问，是这样的吗？李小姐该怎么办？

【律师说法】

是否获得赔偿由《物业管理服务合同》本身决定。业主在和物业公司签订合同时，应对委托管理的事项、标准、权限、违约责任等明确约定，一旦双方在合同履行过程中发生纠纷，就可以根据合同规定，依法追究其相应的法律责任。

【法律依据】

《物业管理条例》第三十六条　物业管理企业应当按照物业服务合同的约定提供相应的服务。物业管理企业未能履行物业服务合同的约定，导致业主人身、财产安全受到损害的，应当依法承担相应的法律责任。

◎ 物业管理费是从业主入住才开始交吗?

【典型案例】

赵先生于2007年购买了一套房。当年11月进行房屋验收,赵先生发现有多处装修质量问题,拒绝收房。2008年1月初,物业公司要其再次验收,赵先生发现仍有3处问题存在,当年6月问题解决后他才入住。请问,物业费从什么时候开始计算?

【律师说法】

应以购房人验收合格之日起算,赵先生应交纳自2008年1月起的物业费。虽然在2007年1月物业维修结束,赵先生仍发现有3处未达到自己满意,但房屋已经不存在影响实现合同的质量瑕疵,也就是说,赵先生应按照《商品房预售合同》的约定接收房屋而不得拒绝。

【法律依据】

《物业服务收费管理办法》第十五条　物业服务企业应当按照物业服务合同的约定按时足额交纳物业服务费用或者物业服务资金。业主违反物业服务合同约定逾期不交纳服务费用或者物业服务资金的,业主委员会应当督促其限期交纳;逾期仍不交纳的,物业管理企业可以依法追缴。

业主与物业使用人约定由物业使用人交纳物业服务费用或者物业服务资金的,从其约定,业主负连带交纳责任。

◎ 物业服务合同未签订,业主可以拒交物业费吗?

【典型案例】

2011年初,物业管理企业口头协定,未签订物业服务合同,对小区进行物业管理。当年7月,因狂风袭击导致小区内花草树木受到严重损坏，物业公司为此花费了大笔的维护费用，随后贴出公告称要增收物业服务费，而业主以没有委托物业管理这么多事项为由拒交增收的服务费。业主的做法有法律依据吗？

【律师说法】

不能拒交服务费。对于未以书面形式签订物业服务合同的法律后果，我国《合同法》规定，当事人未采用书面形式订立合同，但一方已经履行主要义务，对方接受的，该合同成立。也就是说，合同形式违法并不必然导致合同无效。本案中，物业管理企业实际上已经履行了服务，而业主也已接受，故业主不能拒交增收的服务费。

【法律依据】

《合同法》第三十六条　法律、行政法规规定或者当事人约定采用书面形式订立合同，当事人未采用书面形式但一方已经履行主要义务，对方接受的，该合同成立。

《物业管理条例》第二十五条　业主委员会应当与业主大会选聘的物业管理企业订立书面的物业服务合同。物业服务合同应当对物业管理事项、服务质量、服务费用、双方的权利义务、专项维修资金的管理与使用物业管理用房、合同期限、违约责任等内容进行约定。

◎ 业主对自己的住宅可以随意装修吗？

【典型案例】

祝小姐在办理了装修登记手续，并交纳了装修保证金后，买回了一个重为400公斤的浴缸准备安装。物业公司认为，浴缸太重，有可能会影响其他业主的安全，必须经过安全测定和批准方可安装。祝小姐认为物业公司无权干涉。祝小姐可以对自己的住宅任意装修吗？

【律师说法】

不可以。我国《物权法》规定，业主行使权利不得危及建筑物的安全，不得损害其他业主的合法权益。祝小姐安装如此重的浴缸，其承重已经超过规定的荷载，不能安装这一浴缸。

【法律依据】

《物权法》第七十一条　业主对其建筑物专有部分享有占有、使用、收益和处分的权利。业主行使权利不得危及建筑物的安全，不得损害其他业主的合法权益。

《住宅室内装饰装修管理办法》第七条　住宅室内装饰装修超过设计标准或者规范增加楼面荷载的，应当经原设计单位或者具有相应资质等级的设计单位提出设计方案。

◎ 物业公司有权对业主罚款吗？

【典型案例】

业主陈女士入住自已新房后，在前阳台加装了遮阳篷。该小区物业发现后，认为陈女士加装遮阳篷的行为给其总体规划带来了不协调，影响美观。物业在多次要求陈女士自行拆除遮阳篷未果的情况下，决定对其罚款 1000 元，如不交纳罚款，将采取停电、停水的措施进行制裁。物业有权对陈女士采取如此制裁吗？

【律师说法】

物业公司无权制裁。根据我国《行政处罚法》的规定，行政处罚应由具有行政处罚权的行政机关在法定职权范围内实施。物业公司不是行政机关，不具有行政处罚权，无权对业主采取罚款措施。只有供电人才可以按照国家规定的程序中止向用电人供电，而物业公司在任何情况下都无权对业主采取断水、断电的措施。

【法律依据】

《合同法》第一百八十二条　用电人应当按照国家有关规定和

当事人的约定及时交付电费。用电人逾期不交付电费的,应当按照约定支付违约金。经催告用电人在合理期限内仍不交付电费和违约金的,供电人可以按照国家规定的程序中止供电。

◎ 房屋拆迁的法定程序是什么?

【典型案例】

某小区进行拆迁改造,开发商一直不告知所住小区居民有关房屋拆迁评估、总价、施工等情况,并对居民们进行了断水和断电。在2010年底,开始对小区的房屋进行强制拆迁。开发商的这种做法合法吗?房屋拆迁的法定程序是什么?

【律师说法】

开发商的这种做法是违法的。房屋拆迁的法定程序为:经拆迁公告后,就补偿安置的方案进行协商,达不成安置协议时可申请行政裁决,如被拆迁人超过裁决规定拆迁期限未搬迁的,将启动行政或司法强制拆迁程序。司法实践中,常用的是行政强制拆迁。行政强制拆迁应该严格依法进行,必须举行相关的听证,报政府批准后才可实施。任何单位不得私自对居民房屋进行强制拆迁。

【法律依据】

《城市房屋拆迁行政裁决工作规程》第十七条　被拆迁人或者房屋承租人在裁决规定的搬迁期限内未搬迁的,由市、县人民政府责成有关部门行政强制拆迁,或者由房屋拆迁管理部门依法申请人民法院强制拆迁。

第十八条　房屋拆迁管理部门申请行政强制拆迁前,应当邀请有关管理部门、拆迁当事人代表以及具有社会公信力的代表等,对行政强制拆迁的依据、程序、补偿安置标准的测算依据等内容,进行听证。

房屋拆迁管理部门申请行政强制拆迁,必须经领导班子集体讨论决定后，方可向政府提出行政强制拆迁申请。未经行政裁决，不得实施行政强制拆迁。

第二十四条　拆迁人、接受委托的拆迁单位在实施拆迁中采用恐吓、胁迫以及停水、停电、停止供气、供热等手段，强迫被拆迁人搬迁或者擅自组织强制拆迁的，由所在市、县房屋拆迁管理部门责令停止拆迁，并依法予以处罚；触犯刑律的，依法追究刑事责任。

婚姻家庭篇

◎ 一方有配偶又与他人同居的属于重婚吗?

【典型案例】

洪女士的丈夫马某婚后与李某同居并生下一个儿子。洪女士把马某告上法庭,为此,洪女士还聘请了律师在马某李某同居地周围开展调查,取得邻居、物业管理公司职员的证言,在马某私生子入学的幼儿园取得老师证词,查阅了孩子入园登记表,虽然马某和李某在父母一栏用的是化名,但可以判断小孩的父母是马某和李某。法院又依法在调查中,取得了马某、李某和孩子的生活照,照片可以看出三人关系亲密,绝非一般关系。法院认定马某犯重婚罪成立。

【律师说法】

有配偶者又与他人履行结婚登记不是重婚的唯一形式,还有一种情形就是对外以夫妻的名义同居生活。因为重婚在我国现实生活中有两种表现形式,即法律上的重婚和事实上的重婚。(1)法律上的重婚指有配偶者又与他人登记结婚的行为;(2)事实上的重婚指有配偶者又与他人没有履行结婚登记而以夫妻名义同居生活的行为。在上述两种形式中,事实上的重婚占大多数。因而,未经登记而以夫妻名义同居的,婚姻关系无效,不受法律保护。同时,民法领域已经逐渐废除了事实婚姻。但由于上述以夫妻名义同居生活的行为与重婚一样对婚姻关系构成严重破坏,因此在刑法领域对行为人仍然按照重婚罪来论处。重婚的直接后果是导致合法的婚姻关系破裂,违反社会道德,严重的还会导致其他更恶劣的后果，这种行为，严重侵害了合法婚姻关系无过错方的权益，违背了夫妻间的忠实，是影响合法的婚姻家庭关系健康和谐至关重要的因素。

【法律依据】

《最高人民法院关于适用〈中华人民共和国婚姻法〉若干问题的解释(一)》(以下简称《婚姻法解释(一)》) 第五条　未按婚姻法第八条规定办理结婚登记而以夫妻名义共同生活的男女，起诉到人民法院要求离婚的，应当区别对待：

(一)1994 年 2 月 1 日民政部《婚姻登记管理条例》公布实施以前，男女双方已经符合结婚实质要件的，按事实婚姻处理。

(二)1994 年 2 月 1 日民政部《婚姻登记管理条例》公布实施以后，男女双方符合结婚实质要件的，人民法院应当告知其在案件受理前补办结婚登记；未补办结婚登记的，按解除同居关系处理。

《最高人民法院关于〈婚姻登记管理条例〉施行后发生的以夫妻名义非法同居的重婚案件是否以重婚罪定罪处罚的批复》　新的《婚姻登记管理条例》发布施行后，有配偶的人与他人以夫妻名义同居生活的，或者明知他人有配偶而与之以夫妻名义同居生活的，仍应按重婚罪定罪处罚。

《中华人民共和国刑法》第二百五十八条　有配偶而重婚的，或者明知他人有配偶而与之结婚的，处二年以下有期徒刑或拘役。

◎ 表兄弟姐妹结婚，婚姻关系有效吗？

【典型案例】

小王和丽丽是表兄妹，从小感情甚好。真可谓是“两小无猜、青梅竹马”。二人大学毕业后，就在当地登记结了婚。双方的父母很高兴，因为这门亲事让他们觉得“亲上加亲”了。后来，小王、丽丽共同的姨妈得知此事极力劝阻取消这样的婚姻，并对其进行解释这样的结合是不合法的。但是,小两口及其各自父母仍不以为然。于是,小王和丽丽的姨妈到当地所在法院申请宣告他们的婚姻无效。

【律师说法】

这样的婚姻在法律上是无效的,不会得到法律的保护。小王和丽丽的姨妈的做法非常正确。根据《婚姻法》第七条的规定,直系血亲和三代以内的旁系血亲,是法律明文规定禁止结婚的情形;再依据该法第十条的规定,有禁止结婚的亲属关系的婚姻,属于无效婚姻。法律之所以做这样的禁止性规定,主要是为了优生优育,避免人为地制造残疾后代,从而提高整个国家的人口素质。

【法律依据】

《中华人民共和国婚姻法》第七条　有下列情形之一的,禁止结婚:

(一)直系血亲和三代以内的旁系血亲;

(二)患有医学上认为不应当结婚的疾病。

第十条　有下列情形之一的,婚姻无效:

(一)重婚的;

(二)有禁止结婚的亲属关系的;

(三)婚前患有医学上认为不应当结婚的疾病,婚后尚未治愈的;

(四)未到法定婚龄的。

◎ 伪造结婚证的婚姻是否无效?

【典型案例】

李女士结婚七年后因与丈夫感情不和决定离婚,双方达成财产分割以及子女抚养协议。但是到民政部门办理协议离婚时,却得知他们的结婚证书是伪造的。原来在当初他们二人自愿结婚时,李女士委托其现在的"丈夫"去办理结婚登记手续,而其"夫"却没有去民政局办理结婚登记手续，就在街边办了假的结婚证。于是，李女士将其“夫”告上法庭，要求确认婚姻无效，并索要精神损害赔偿。

【律师说法】

不属于无效婚姻，婚姻的无效与否主要是看婚姻的实质要件有没有违反法律的禁止性规定。因此，本案中李女士的婚姻状态不是无效婚姻。只是缺乏法律规定的形式要件，可以修正，去民政局补办结婚证即可。《婚姻登记条例》公布实施以后，男女双方符合结婚实质要件的，人民法院应当告知其在案件受理前补办结婚登记，未补办结婚登记的，按解除同居关系处理。

【法律依据】

《中华人民共和国婚姻法》第八条　要求结婚的男女双方必须亲自到婚姻登记机关进行结婚登记。符合本法规定的，予以登记，发给结婚证。取得结婚证，即确立夫妻关系。未办理结婚登记的，应当补办登记。

第十条　有下列情形之一的，才是无效婚姻：（一）重婚的；（二）有禁止结婚的亲属关系的；（三）婚前患有医学上认为不应当结婚的疾病，婚后尚未治愈的；（四）未到法定婚龄的。

◎ 不符合法定实质要件的婚姻无效吗？

【典型案例】

生于 1992 年的孙磊经人介绍与生于 1994 年的赵丽相识。2012 年 1 月，双方在民政部门办理了结婚登记，并领取了结婚证。同时，按照当地的风俗习惯举行了结婚仪式。结婚后孙磊对赵丽不再是温顺，而是驯服，小两口不是和睦相处，而是时常伴随着家庭暴力。赵丽忍无可忍的情况下，向孙磊提出离婚，而孙磊态度坚决，就是不离婚。赵丽经过法律咨询后认为她们双方结婚时，都没有达到法定婚龄，是《婚姻法》第十条所规定的婚姻无效的法定情形。于是，赵丽于 2005 年 7 月诉至法院，请求宣告赵丽与孙磊的婚姻无效。

【律师说法】

婚姻的无效与否关键在于婚姻的无效原因是否依然持续存在，如果使婚姻无效的原因消失了，那么就不能再认定婚姻无效了。在本案中赵丽与孙磊在均未达到法定结婚年龄的情况下，到某乡政府民政所办理了婚姻登记手续，违反了《中华人民共和国婚姻法》第六条和《婚姻登记条例》第四条的规定。但是，赵丽起诉之日，赵丽和孙磊均达到法定年龄，依据《最高人民法院关于适用〈中华人民共和国婚姻法〉若干问题的解释(一)》第八条的规定，赵丽申请人民法院确认其婚姻关系无效的情形已经消失，即由原来的无效婚姻变成了有效婚姻，婚姻的效力自双方当事人均达到法定婚龄时起算。据此，赵丽申请人民法院宣告其与杨某婚姻关系无效的请求不可能得到法院的支持。

【法律依据】

《中华人民共和国婚姻法》第六条　男不得早于二十二周岁，女不得早于二十周岁。

《婚姻登记条例》第四条　内地居民结婚，男女双方应当共同到一方当事人常住户口所在地的婚姻登记机关办理结婚登记。

《婚姻法解释(一)》第八条　当事人依据《婚姻法》第十条规定向人民法院申请宣告婚姻无效的，申请时，法定的无效婚姻情形已经消失的，人民法院不予支持。

◎ 向人民法院申请宣告婚姻无效的主体是谁？

【典型案例】

赵某五年前离开妻子到广东打工，后来经商逐渐发达，背着老家的妻儿老小，用假的居民身份证在广东买了商品房和一女子登记结婚且生有一子。对于老家的妻儿只是每月邮寄几百元的生活费，并对于妻子要求其接她们母子到广东团聚置若罔闻，无奈之下赵某的妻子带着孩子找到广东，赵某居然拒绝相认，赵某之妻于是向赵某在广东居住所在地的居委会反映赵某重婚的情况。该居委会将赵某告到法院，要求法院宣布赵某在广东的婚姻为无效，并追究赵某重婚的刑事责任。

【律师说法】

此案赵某重婚确凿无疑，赵某现居住地的居委会依法享有向当地法院申请宣告赵某重婚婚姻无效的权利。首先依据《婚姻法》第十条之规定，重婚的婚姻无效；再次依据《婚姻法解释(一)》第七条、《民法通则意见》第十条之规定，在本案中赵某的近亲属和住所地的居委会有权依法申请法院宣告赵某重婚的婚姻无效。

【法律依据】

《中华人民共和国婚姻法》第十条　有下列情形之一的，婚姻无效：

(一)重婚的；

(二)有禁止结婚的亲属关系的；

(三)婚前患有医学上认为不应当结婚的疾病，婚后尚未治愈的；

(四)未到法定婚龄的。

《婚姻法解释(一)》第七条　有权依据婚姻法第十条规定向人民法院就已办理结婚登记的婚姻申请宣告婚姻无效的主体，包括婚姻当事人及利害关系人。利害关系人包括：

(一)以重婚为由申请宣告婚姻无效的，为当事人的近亲属及基层组织；

(二)以未到法定婚龄为由申请宣告婚姻无效的，为未达法定婚龄者的近亲属；

（三）以有禁止结婚的亲属关系为由申请宣告婚姻无效的，为当事人的近亲属；

（四）以婚前患有医学上认为不应当结婚的疾病，婚后尚未治愈为由申请宣告婚姻无效的，为与患病者共同生活的近亲属。

《民法通则意见》第十条　民法通则中规定的近亲属，包括配偶、父母、子女、兄弟姐妹、祖父母、外祖父母、孙子女、外孙子女。

◎ 无效婚姻双方如何处理在同居期间的财产所得？

【典型案例】

李某和胡某结婚三年后，由于是禁止结婚的亲属关系不符合结婚的实质要件，被人民法院宣告为无效婚姻。但是这三年来二人同居生活期间取得了相应的财产。房子是二人共同缴纳的首付，月供由李某支付，但是房产证只有李某一人的名字；平时的日常开支由胡某的工资负责支出，李某跑运输车子是婚前他自己用其个人的钱买的，所挣得的收入每月都交胡某管理，自己并不清楚具体有多少。被人民法院判决婚姻无效后，二人对于如何处理同居期间所得的财产发生了分歧。

【律师说法】

婚姻无效的财产处理应当按照共同共有的原则进行分割。双方当事人应当先行协商解决，如果不能协商解决可以依法请求人民法院判决。首先，《婚姻法》第十二条的规定，无效或被撤消的婚姻，自始无效。当事人不具有夫妻的权利和义务。同居期间所得的财产，由当事人协议处理；协议不成时，由人民法院根据照顾无过错方的原则判决。其次，《最高人民法院关于适用〈中华人民共和国婚姻法〉若干问题的解释（一）》第十五条规定，无效婚姻，当事人同居期间所得的财产，按共同共有处理。但有证据证明为当事人一方所有的除外。再次，《民法通则》第七十八条规定，财产可以由两个以上的公民、法人共有。共有分为按份共有和共同共有。共同共有人对共有财产享有权利，承担义务。最后，《最高人民法院关于贯彻执行〈中华人民共和国民法通则〉若干问题的意见》第九十条规定，婚姻被宣告无效，当事人同居期间所得的财产，如果没有证据证明为当事人一方所有的，视为共同共有，由当事人协议处理，协议不成的，由法院判决。就本案而言，双方应当本着公平合理的态度协商财产的分割，由于房产是二人共同购买，虽然由李某一人负责月供，但是胡某却负责家庭的日常开支，因此房产应当属于二人共同拥有；车子由于是李某婚前自己购买的，理应属于其个人财产；至于李某跑运输的收入由于没有约定，依法应当属于李某和胡某的共同拥有。

【法律依据】

《中华人民共和国婚姻法》第十二条　无效或被撤消的婚姻，自始无效。当事人不具有夫妻的权利和义务。同居期间所得的财产，由当事人协议处理；协议不成时，由人民法院根据照顾无过错方的原则判决。对重婚导致的婚姻无效的财产处理，不得侵害合法婚姻当事人的财产权益。当事人所生的子女，适用本法有关父母与子女的规定。

《婚姻法解释(一)》第十五条　被宣告无效或被撤消的婚姻，当事人同居期间所得的财产，按共同共有处理。但有证据证明为当事人一方所有的除外。

《民法通则》第七十八条　财产可以由两个以上的公民、法人共有。共有分为按份共有和共同共有。

按份共有人按照各自的份额，对共有财产分享权利，分担义务。共同共有人对共有财产享有权利，承担义务。

按份共有财产的每个共有人有权要求将自己的份额分出或者转让。但在出售时其他共有人在同等条件下，有优先购买的权利。

《民法通则意见》第九十条　在共同共有关系终止时，对共有财产的分割，有协议的，按协议处理；没有协议的，应当根据等分原则处理，并且考虑共有人对共有财产的贡献大小，适当照顾共有人生产、生活的实际需要等情况。但分割夫妻共有财产，应当根据婚姻法的有关规定处理。

◎ 因丈夫重婚导致婚姻无效，妻子能否向人民法院提出自己关于财产的诉讼请求？

【典型案例】

刘某与侯某重婚被人揭发，在法院审理时，被判决重婚的婚姻无效。于是刘某与侯某在法院解决重婚期间的财产。刘某的妻子高某得知后，到法院主张自己的权利。高某认为刘某和侯某同居的房屋虽然是在侯某的名下，但是高某能够提供证据证明此房产是刘某擅自用他们夫妻的共同存款给侯某买的。高某请求法院将此房产的所有权判给刘某和高某共有。最终，法院在查明事实后，认为侯某明知刘某有配偶而与刘某结婚触犯了刑法属于重婚罪，并依合法有效的证据取消了侯某的房屋所有权，将其归还给刘某和高某夫妇。

【律师说法】

按照法律规定案外的当事人认为自己对于涉案标的有独立的请求权，可以依法向法院申请参加诉讼主张自己的权利。依据《婚姻法解释(一)》第十六条之规定，人民法院审理重婚导致的无效婚姻案件时，涉及财产处理的，应当准许合法婚姻当事人作为有独立请求权的第三人参加诉讼。另外，《民事诉讼法》第五十六条的相关规定，对当事人双方的诉讼标的，第三人认为有独立请求权的，有权提起诉讼。因此，因重婚导致的无效婚姻案件，关于无效婚姻当事人间的财产分割，合法婚姻的当事人有权向法院提出自己关于财产的诉讼请求，参加诉讼。本案法院的行为即可体现了重婚案中婚姻无效后，合法婚姻当事人能够向法院提出自己关于财产的诉讼请求，如果证据充分有效并能获得法院的支持。

【法律依据】

《婚姻法解释(一)》第十六条　人民法院审理重婚导致的无效婚姻案件时，涉及财产处理的，应当准许合法婚姻当事人作为有独立请求权的第三人参加诉讼。

《中华人民共和国民事诉讼法》(以下简称《民事诉讼法》)第五十六条　对当事人双方的诉讼标的，第三人认为有独立请求权的，有权提起诉讼。

对当事人双方的诉讼标的，第三人虽然没有独立请求权，但案件处理结果同他有法律上的利害关系的，可以申请参加诉讼，或者由人民法院通知他参加诉讼。人民法院判决承担民事责任的第三人，有当事人的诉讼权利义务。

◎ 未达到法定结婚年龄取得的婚姻能否向法院请求撤消？

【典型案例】

小周和小王二人经他人介绍恋爱了，二人彼此的感觉都很好，于是决定结婚。但是由于小王没有达到法定的结婚年龄，为了尽早和小周结婚，小王便托熟人找关系办了假的年龄证明，在婚姻登记部门轻易地领到了结婚证。婚后由于二人感情不和，经常吵吵闹闹，甚至大打出手。小周感觉这种日子实在没法过了，于是到法院以小王弄虚作假骗取结婚证为由，向法院请求撤消他们之间的婚姻。

【律师说法】

小周申请撤消婚姻的理由没有法律根据，因为请求撤消婚姻必须要有符合法律规定的可撤消婚姻的情形。我国《婚姻法》规定的可撤消婚姻的情形，仅指因胁迫而结婚的情形，一方在结婚登记时弄虚作假，骗取结婚证，并不属于可撤消婚姻的情形，另一方不能以此为由向法院请求撤消该婚姻。所以，小周无权申请撤消她与小王之间的婚姻。小周如果想维护自己的合法权益，应向法院起诉离婚，这种情况下她起诉坚决要求离婚的，法院会先行调解，经调解无效，会依法判决准予离婚。另外，根据《最高人民法院关于人民法院审理离婚案件如何认定夫妻感情确已破裂的若干具体意见》中的相关规定，一方欺骗对方，或者在结婚登记时弄虚作假，骗取《结婚证》的，视为夫妻感情确已破裂。一方坚决要求离婚，经调解无效，可依法判决准予离婚。

【法律依据】

《婚姻法》第十一条　因胁迫结婚的，受胁迫的一方可以向婚姻登记机关或人民法院请求撤消该婚姻。受胁迫的一方撤消婚姻的请求，应当自结婚登记之日起一年内提出。被非法限制人身自由的当事人请求撤消婚姻的，应当自恢复人身自由之日起一年内提出。

《最高人民法院关于人民法院审理离婚案件如何认定夫妻感情确已破裂的若干具体意见》　人民法院审理离婚案件，准予或不准离婚应以夫妻感情是否确已破裂作为区分的界限。判断夫妻感情是否确已破裂，应当从婚姻基础、婚后感情、离婚原因、夫妻关系的现状和有无和好的可能等方面综合分析。根据婚姻法的有关规定和审判实践经验，一方欺骗对方，或者在结婚登记时弄虚作假，骗取《结婚证》的，视为夫妻感情确已破裂。一方坚决要求离婚，经调解无效，可依法判决准予离婚。

◎ 以欺骗手段取得的婚姻能否向人民法院申请撤消?

【典型案例】

李某能言善辩、喜欢吹嘘,在追求朱小姐时,说自己的父亲是某县的县委书记,自己在北京有房有车,只要小朱跟他过日子肯定会幸福终生。小朱信以为真,二人就办理了结婚登记。婚后发现李某婚前所言都是假的,李某的父亲只是某地的一个村长,李某在北京的房子只是租的,车子也是李某跟同学借的。小朱非常懊恼,去法院告李某欺诈,并要求人民法院撤消二人之间的婚姻。

【律师说法】

小朱和李某的婚姻是有效的,不能申请法院予以撤消,我国的可撤消的婚姻是指因胁迫结婚的,受胁迫的一方可以向婚姻登记机关或人民法院请求撤消该婚姻。所谓的"胁迫",是指行为人以给另一方当事人或者其近亲属的生命、身体健康、名誉、财产等方面造成损害为要挟,迫使另一方当事人违背真实意愿结婚的情况。据此,依照我国现行《婚姻法》的规定,婚姻撤消的理由仅限于胁迫。一方骗取另一方结婚的,应当区别不同的情况来确定婚姻的效力:如果采用了欺骗的手段隐瞒了法律上禁止结婚的情形,则依据我国《婚姻法》的规定,这种类型的婚姻应归于无效;如果采用欺骗的手段隐瞒自己的家庭经济条件等,则此类婚姻依法还是有效的。所以,就本案来说小朱的婚姻是有效的,不能申请撤消,如果小朱认为自己上当受骗,坚持不愿和李某生活下去,应该采取离婚的方式维护自己的权益。

【法律依据】

《婚姻法》第十一条　因胁迫结婚的,受胁迫的一方可以向婚姻登记机关或人民法院请求撤消该婚姻。受胁迫的一方撤消婚姻的请求,应当自结婚登记之日起一年内提出。被非法限制人身自由的当事人请求撤消婚姻的，应当自恢复人身自由之日起一年内提出。

《婚姻法解释(一)》第十条　婚姻法第十一条所称的“胁迫”，是指行为人以给另一方当事人或者其近亲属的生命、身体健康、名誉、财产等方面造成损害为要挟，迫使另一方当事人违背真实意愿结婚的情况。

因受胁迫而请求撤消婚姻的，只能是受胁迫一方的婚姻关系当事人本人。

◎ 通过恐吓取得的婚姻能否向人民法院申请撤消？

【典型案例】

伍成对刚来公司上班不久的娜娜猛追不舍，娜娜对其的追求不理不睬，伍成很是恼火。一天下班，伍成将娜娜拦住说：“如果你不嫁给我，我就杀了你们全家，我说到做到。”娜娜在伍成的威胁下与其相处，并在三个月后被迫与之登记结婚。新婚不久吃喝嫖赌、无恶不作的伍成让娜娜实在忍无可忍，于是娜娜想去申请撤消这被迫的婚姻。

【律师说法】

这种情形的婚姻关系明显属于被胁迫不自由、自愿的婚姻，娜娜可以依法向婚姻登记机关或者人民法院申请撤消。我国《婚姻法》明确规定婚姻自由的原则，结婚的男女双方必须完全自愿，不许任何一方对他方加以强迫。因胁迫结婚的，受胁迫的一方可以向婚姻登记机关或人民法院请求撤消该婚姻；以及根据《最高人民法院关于适用〈中华人民共和国婚姻法〉解释(一)》第十条的相关规定，上述案例中所反映的情况：伍成称如果娜娜不嫁给他，他就杀死其全家，属于一方当事人以另一方当事人的近亲属的生命造成损害为要挟，迫使女方作出违背自己真实意愿的决定构成胁迫，所以，这种情况下形成的婚姻关系依法属于可撤消婚姻。

【法律依据】

《婚姻法》第五条　结婚必须男女双方完全自愿，不许任何一方对他方加以强迫或任何第三者加以干涉。

第十一条　因胁迫结婚的，受胁迫的一方可以向婚姻登记机关或人民法院请求撤消该婚姻。

《婚姻法解释（一）》第十条　婚姻法第十一条所称的"胁迫"，是指行为人以给另一方当事人或者其近亲属的生命、身体健康、名誉、财产等方面造成损害为要挟，迫使另一方当事人违背真实意愿结婚的情况。

因受胁迫而请求撤消婚姻的，只能是受胁迫一方的婚姻关系当事人本人。

◎ 当事人向法院提出撤消婚姻申请时，需要提供哪些材料？

【典型案例】

晓丽被人贩子拐卖给山区农民秦某为妻，在秦某的强迫下，两人于 2005 年 7 月去民政部门登记结婚。婚后晓丽每天都要在秦某严密地看管下工作十几个小时，没有任何人身自由，晓丽曾试图向秦某所在的村委会求救，但是无济于事。后来其获得该村在外读书大学生的帮助下被解救出来。现在晓丽向法院提出申请要求撤消她与秦某的婚姻，法院则要求其提供相应的证据，才能支持她的请求。

【律师说法】

谁主张谁举证这是诉讼法律程序的一项重要原则，因此，在本案中也一样要得到遵守。如果晓丽认为是被胁迫与他人结婚，就应当提供相应的证据材料来证明自己的主张以此来撤消不合法的婚姻关系维护自己的权益。根据我国的相关法律规定以及司法实践，就本案的事实，晓丽应当提供本人的身份证、被人贩子拐卖的证据、与秦某的结婚证、被解救的证据材料，以及其他能够证明自己被迫结婚的证据。另外，晓丽还可以向婚姻登记机关申请撤消该婚姻，根据《婚姻登记条例》第九条之规定，应当出具本人的身份证、结婚证和能够证明受胁迫结婚的证明材料。

【法律依据】

《婚姻登记条例》第九条　因胁迫结婚的，受胁迫的当事人依据婚姻法第十一条的规定向婚姻登记机关请求撤消其婚姻的，应当出具下列证明材料：(一)本人的身份证、结婚证；(二)能够证明受胁迫结婚的证明材料。婚姻登记机关经审查认为受胁迫结婚的情况属实且不涉及子女抚养、财产及债务问题的，应当撤消该婚姻，宣告结婚证作废。

◎ 婚姻被依法撤消后，当事人双方应如何分割财产所得？

【典型案例】

马某被卖到南方一渔村，被迫和渔民赵某登记结婚，婚后马某被限制在赵家的养殖场里干活不能离开半步，否则就是暴打。由于马某的勤劳和聪明，三年内使赵家的虾场在当地小有名气且收入颇丰。但是马某却依然被作为赵家的奴隶而使用，没有任何的经济权利和家庭生活的权利，赵某经常独自处理他们的共同财产。随着时间的推移，赵家渐渐地对马某看管松弛了很多，一次借买饲料的机会，马某逃离赵家后诉请法院撤消与赵某的婚姻，并提出财产要求。

【律师说法】

婚姻被撤消后，当事人共同生活期间所得的财产属于双方共同共有，如果能够达成协议就按照协议进行分割。这是民事法律中"意思自治"原则的充分体现。当然如果不能达成协议，法院将根据照顾无过错方的原则进行判决。我国《最高人民法院关于适用〈中华人民共和国婚姻法〉解释（一）》第十五条规定，被宣告无效或被撤消的婚姻，当事人同居期间所得的财产，按共同共有处理。《民法通则》第七十八条规定，财产可以由两个以上的公民、法人共有。共同共有人对共有财产享有权利，承担义务。同时，共同共有人对共有财产享有共同的权利，承担共同的义务。在共同共有关系存续期间，部分共有人擅自处分共有财产的，一般认定无效。但第三人善意、有偿取得该财产的，应当维护第三人的合法权益；对其他共有人的损失，由擅自处分共有财产的人赔偿。《民法通则意见》第九十条规定，在共同共有关系终止时，对共有财产的分割，应当根据婚姻法的有关规定处理。《婚姻法》第十二条规定，无效或被撤消的婚姻，自始无效。当事人不具有夫妻的权利和义务。同居期间所得的财产，由当事人协议处理；协议不成时，由人民法院根据照顾无过错方的原则判决。据此，就本案而言当事人间的婚姻关系一旦被撤消，同居期间所得的财产，按共同共有处理，由当事人协议进行分割，协议不成时，再由法院依法进行判决。

【法律依据】

《婚姻法》第十二条　无效或被撤消的婚姻，自始无效。当事人不具有夫妻的权利和义务。同居期间所得的财产，由当事人协议处理；协议不成时，由人民法院根据照顾无过错方的原则判决。对重婚导致的婚姻无效的财产处理，不得侵害合法婚姻当事人的财产权益。当事人所生的子女，适用本法有关父母子女的规定。

《婚姻法解释（一）》第十五条　被宣告无效或被撤消的婚姻，当事人同居期间所得的财产，按共同共有处理。但有证据证明为当事人一方所有的除外。

《民法通则》第七十八条　财产可以由两个以上的公民、法人共有。共有分为按份共有和共同共有。

按份共有人按照各自的份额，对共有财产分享权利，分担义务。共同共有人对共有财产享有权利，承担义务。

按份共有财产的每个共有人有权要求将自己的份额分出或者转让。但在出售时，其他共有人在同等条件下，有优先购买的权利。

《民法通则意见》第八十九条　共同共有人对共有财产享有共同的权利，承担共同的义务。在共同共有关系存续期间，部分共有人擅自处分共有财产的，一般认定无效。但第三人善意、有偿取得该财产的，应当维护第三人的合法权益；对其他共有人的损失，由擅自处分共有财产的人赔偿。

第九十条　在共同共有关系终止时，对共有财产的分割，有协议的，按协议处理；没有协议的，应当根据等分原则处理，并且考虑共有人对共有财产的贡献大小，适当照顾共有人生产、生活的实际需要等情况。但分割夫妻共有财产，应当根据婚姻法的有关规定处理。

第九十一条　共有财产是特定物，而且不能分割或者分割有损其价值的，可以折价处理。

第九十二条　共同共有财产分割后，一个或者数个原共有人出卖自己分得的财产时，如果出卖的财产与其他原共有人分得的财产属于一个整体或者配套使用，其他原共有人主张优先购买权的，应当予以支持。

◎ 婚姻被依法撤消后，当事人如何处理与子女的关系？

【典型案例】

林某和范某的婚姻被撤消后，二人为了他们所生的两个子女发生了争执，林某认为自己是被强迫与范某结婚，既然婚姻被撤消了，她属于无过错方，孩子的抚养权理应归她所有，并且每个月范某要支付孩子的抚养费。范某认为林某根本没有经济能力抚养孩子，为了孩子能够更好地成长，抚养权应该属于他。如果林某非要孩子不可的话，他不承担任何抚养费用，因为婚姻被撤消，自始无效，他没有义务要履行。双方为此到法院诉求解决方法。

【律师说法】

被撤消婚姻的双方当事人同居期间所生的子女，不因婚姻的撤消与双方当事人之间改变父子或母子关系，父母和子女之间依然按照法律规定享有相应的权利和履行法定的义务。依据《婚姻法》第十二条规定，无效或被撤消的婚姻，自始无效。当事人所生的子女，适用本法有关父母子女的规定。第二十一条规定，父母对子女有抚养教育的义务；子女对父母有赡养扶助的义务。然而子女可以随父姓，可以随母姓。并且父母有保护和教育未成年子女的权利和义务。据此，婚姻被撤消后，当事人与其所生的子女仍是父母子女关系，他们之间也适用有关法律关于父母子女关系的规定。

【法律依据】

《婚姻法》第十二条　无效或被撤消的婚姻，自始无效。当事人不具有夫妻的权利和义务。同居期间所得的财产，由当事人协议处理；协议不成时，由人民法院根据照顾无过错方的原则判决。对重婚导致的婚姻无效的财产处理，不得侵害合法婚姻当事人的财产权益。当事人所生的子女，适用本法有关父母子女的规定。

第二十一条　父母对子女有抚养教育的义务；子女对父母有赡养扶助的义务。父母不履行抚养义务时，未成年的或不能独立生活的子女，有要求父母付给抚养费的权利。子女不履行赡养义务时，无劳动能力或生活困难的父母，有要求子女付给赡养费的权利。

第二十二条　子女可以随父姓,可以随母姓。

第二十三条　父母有保护和教育未成年子女的权利和义务。在未成年子女对国家、集体或他人造成损害时,父母有承担民事责任的义务。

◎ 由于客观原因没有结婚,男方能否要求女方退还"彩礼"?

【典型案例】

石磊在河南老家和邻村的姑娘小燕订了婚,石家给女方5万现金作为"彩礼"。于是双方家长为他们确定了婚期为当年的"五一"节。但石磊一直在北京打工,在"五一"的前一周,因为交通事故被撞成重伤,石磊只能在北京住院治疗无法回家结婚。石磊的家人提出婚期顺延,待石磊伤好后再行确定,但小燕家的人却提出解除婚约,却没有退回"彩礼"的意思。石家实在想不通就去法院讨个说法。

【律师说法】

根据《最高人民法院关于适用〈中华人民共和国婚姻法〉若干问题的解释(二)》(以下简称《婚姻法解释(二)》)相关的规定,男女双方未办理结婚登记手续的,当事人请求返还按照习俗给付的彩礼,如果查明属实,人民法院应当予以支持。另外,如果男女双方离婚,在查明双方虽办理了结婚登记手续但确未共同生活的;或者这种婚前给付"彩礼"并导致给付人生活困难的,人民法院也应当支持当事人请求返还所给付的"彩礼"。

【法律依据】

《婚姻法解释(二)》第十条　当事人请求返还按照习俗给付的彩礼的,如果查明属于以下情形,人民法院应当予以支持:

(一)双方未办理结婚登记手续的;

(二)双方办理结婚登记手续但确未共同生活的;

(三)婚前给付并导致给付人生活困难的。

适用前款第(二)、(三)项的规定,应当以双方离婚为条件。

◎ 夫妻之间发生财产纠纷时,财产约定的法律效力如何?

【典型案例】

刚结婚不到半年的小王和小李,现实生活中家庭纠纷层出不穷,双方为了避免以后不必要的麻烦,他俩达成共识,对婚前各自的财产以及婚后所得的财产可能发生的事项制定了书面协议。二人认为,如果以后发生争端将按照协议进行处理。

【律师说法】

夫妻之间对财产进行约定,只要不违反法律禁止性、强制性的规定,就具有法律效力。《婚姻法》第十九条规定,夫妻可以约定婚姻关系存续期间所得的财产以及婚前财产归各自所有、共同所有或部分各自所有、部分共同所有。约定应当采用书面形式。没有约定或约定不明确的,适用本法第十七条、第十八条的规定。夫妻对婚姻关系存续期间所得的财产以及婚前财产的约定,对双方具有约束力。同时,依照《婚姻法》第十七条和第十八条的规定来确定是夫妻共同财产还是一方个人财产;在夫妻之间采用书面形式,做出了财产约定的情况下,此约定对双方具有约束力,这种约束力体现在:(1)依法达成的夫妻约定财产协议,任何一方不得擅自修改,双方应认真遵守,如约履行。(2)夫妻离婚时,对夫妻共同财产的认定和分割发生争议的,按照协议约定的内容进行处理。

【法律依据】

《婚姻法》第十九条　夫妻可以约定婚姻关系存续期间所得的财产以及婚前财产归各自所有、共同所有或部分各自所有、部分共

同所有。约定应当采用书面形式。没有约定或约定不明确的,适用本法第十七条、第十八条的规定。

夫妻对婚姻关系存续期间所得的财产以及婚前财产的约定,对双方具有约束力。

夫妻对婚姻关系存续期间所得的财产约定归各自所有的,夫或妻一方对外所负的债务,第三人知道该约定的,以夫或妻一方所有的财产清偿。

第十七条　夫妻在婚姻关系存续期间所得的下列财产,归夫妻共同所有:

(一)工资、奖金;

(二)生产、经营的收益;

(三)知识产权的收益;

(四)继承或赠与所得的财产,但本法第十八条第三项规定的除外;

(五)其他应当归共同所有的财产。

夫妻对共同所有的财产,有平等的处理权。

第十八条　有下列情形之一的,为夫妻一方的财产:

(一)一方的婚前财产;

(二)一方因身体受到伤害获得的医疗费、残疾人生活补助费等费用;

(三)遗嘱或赠与合同中确定只归夫或妻一方的财产;

(四)一方专用的生活用品;

(五)其他应当归一方的财产。

◎ 约定与妻子无关的经营亏损后,债务如何偿还?

【典型案例】

李强与妻子莉莉婚后第三年下岗。李强向朋友赵力借款 2 万元开始做服装生意。由于不了解市场行情，李强的生意难有进展。2001年10月之后，李强的经营处于亏损状态。妻子开始担心风险太大，遂于2002年1月与丈夫约定，李强的生意与家庭无关。家庭的共同存款5万元全由妻子掌握。之后，李强的服装全部积压，资金难以收回。赵力多次上门催李强还款，但李强都说无力偿还。后赵力听说李强妻子有5万元存款，因此再度提出还款一事。但李强告知赵力自己与妻子有约定，自己的经营与妻子无关。赵力在协商无果的情况下，诉至法院要求李强夫妻以共同财产承担还款责任。

【律师说法】

夫妻双方对于财产进行的约定符合我国法律规定就具有法律效力。但《婚姻法》第十九条同时规定，夫妻对婚姻关系存续期间所得的财产约定归各自所有的，夫或妻一方对外所负的债务，第三人知道该约定的，以夫或妻一方所有的财产清偿。夫妻就财产关系进行约定后，即对双方当事人及第三人发生法律约束力。首先，对夫妻双方发生法律约束力，这是对内效力。其次，根据公平原则，为保护第三人的利益和维护交易安全，夫妻财产约定须为第三人所明知或经公证的，才能发生对外效力，也即第三人知道夫妻财产各自所有的约定，该约定对第三人具有法律效力。如果第三人对夫妻财产约定的不知情，该约定的效力不能及于第三人，也即债务不能由夫妻一方承担，而是由双方承担。本案中李强和妻子的财产约定从表面上符合法律规定，但为规避经营中的风险，进行了财产约定，显然对第三人即债权人赵力是极不公平的，因此这一财产约定对赵力不具有法律效力。根据《民法通则》及《婚姻法》的有关规定，李强所欠债务应以其家庭财产承担清偿责任。

【法律依据】

《婚姻法》第十九条　夫妻可以约定婚姻关系存续期间所得的财产以及婚前财产归各自所有、共同所有或部分各自所有、部分共

同所有。约定应当采用书面形式。没有约定或约定不明确的，适用本法第十七条、第十八条的规定。

夫妻对婚姻关系存续期间所得的财产以及婚前财产的约定，对双方具有约束力。

夫妻对婚姻关系存续期间所得的财产约定归各自所有的，夫或妻一方对外所负的债务，第三人知道该约定的，以夫或妻一方所有的财产清偿。

◎ 婚前购买的住房，婚后就成了与妻子的共同财产吗？

【典型案例】

做市场营销的孙某，2000 年在上海买了一套房子。2002 年结识了姑娘李某，半年后二人很快登记结婚。婚后由于二人的兴趣爱好差别很大，经常发生争吵，于是李某提出协议离婚，孙某同意。但如何分割财产二人依然争吵不止，孙某认为现在的住房是他婚前自己挣钱买的且在结婚前就取得了房产证，不能属于夫妻共同财产，而李某认为，此房在二人结婚后就已经是夫妻的共同财产，自己享有一半的产权。

【律师说法】

依据《婚姻法》第十八条和《婚姻法解释（一）》第十九条之规定，本案中房屋是婚前夫妻一方已经完全取得的所有权，依法应当属于个人的婚前财产，不能因结婚而转入夫妻的共同财产。据此，夫妻一方在婚前购买住房并且取得了所有权，如果当事人间没有关于该财产为双方共同所有的特殊约定，则该财产并不会因结婚而转化为夫妻共同财产，仍是属于一方的财产，离婚时不能作为共同财产进行分割。

【法律依据】

《婚姻法》第十八条　有下列情形之一的，为夫妻一方的财产：

(一)一方的婚前财产；

(二)一方因身体受到伤害获得的医疗费、残疾人生活补助费等费用；

(三)遗嘱或赠与合同中确定只归夫或妻一方的财产；

(四)一方专用的生活用品；

(五)其他应当归一方的财产。

《婚姻法解释(一)》第十九条　婚姻法第十八条规定为夫妻一方所有的财产，不因婚姻关系的延续而转化为夫妻共同财产。但当事人另有约定的除外。

◎军人复员费、自主择业费是夫妻的共同财产吗?

【典型案例】

2003 年王军从部队转业，部队给予一次性复员费、自主择业费共计 50 万元，妻子李圆圆在演艺圈工作，与其领导关系非同一般，王军得知后，二人决定好聚好散，协议离婚，以免对簿公堂时闹得满城风雨。但是在对于复员费、自主择业费如何约定，双方发生了分歧，王军认为那是自己的个人财产，而李圆圆认为是夫妻的共同财产。

【律师说法】

依照婚姻法的相关规定军人的复员费、自主择业费等既不属于军人一方的个人财产也不完全属于夫妻的共同财产。根据《婚姻法解释(二)》第十四条之规定，夫妻一方为军人的，其复员费、自主择业费并不全部属于夫妻共同财产，只有其中的部分属于，在离婚时可以作为共同财产进行分割，具体的数额是夫妻婚姻关系存续年限乘以钱款的年平均值。

【法律依据】

《婚姻法解释(二)》第十四条　人民法院审理离婚案件,涉及分割发放到军人名下的复员费、自主择业费等一次性费用的,以夫妻婚姻关系存续年限乘以年平均值,所得数额为夫妻共同财产。

前款所称年平均值,是指将发放到军人名下的上述费用总额按具体年限均分得出的数额。其具体年限为人均寿命七十岁与军人入伍时实际年龄的差额。

◎ 夫妻在共同财产处理方面,权利多少根据夫妻收入来决定吗?

【典型案例】

王某从事软件开发,收入颇丰,妻子齐燕只是一名普通的文员。王某工作的性质决定了他经常加班,孩子上学、老人的照看、其他琐碎的家务自然落在了齐燕的身上。就这样,王某经常不把齐燕放在眼里,二人经常吵架,闹着离婚。

【律师说法】

我国的法律规定了在家庭生活中夫妻享有与其配偶平等的占有、使用、收益和处分的权利,不受双方收入状况的影响。这是原则,除非夫妻双方对财产的所有及处理另有约定。《婚姻法》第十九条第一款规定,夫妻可以约定婚姻关系存续期间所得的财产以及婚前财产归各自所有、共同所有或部分各自所有、部分共同所有。约定应当采用书面形式。没有约定或约定不明确的,适用本法第十七条、第十八条的规定。第十七条规定,夫妻在婚姻关系存续期间工资、奖金,生产、经营的收益均归夫妻共同所有,夫妻对共同所有的财产,有平等的处理权。《妇女权益保障法》第四十七条第一款规定,夫妻共同财产享有与其配偶平等的占有、使用权利,不受双方收入状况的影响。据此,如果夫妻之间没有约定分别所有财产，则为夫妻共同财产制，对于婚姻关系存续期间所得的共同财产，有平等的处理权，并不因哪方的收入相对较少而因此享有相对较少的权利，都享有平等的占有、使用、收益和处分的权利。

【法律依据】

《婚姻法》第十七条　夫妻在婚姻关系存续期间所得的下列财产，归夫妻共同所有：(一)工资、奖金；(二)生产、经营的收益；(三)知识产权的收益；(四)继承或赠与所得的财产，但本法第十八条第三项规定的除外；(五)其他应当归共同所有的财产。

夫妻对共同所有的财产，有平等的处理权。

第十八条　有下列情形之一的，为夫妻一方的财产：

(一)一方的婚前财产；

(二)一方因身体受到伤害获得的医疗费、残疾人生活补助费等费用；

(三)遗嘱或赠与合同中确定只归夫或妻一方的财产；

(四)一方专用的生活用品；

(五)其他应当归一方的财产。

第十九条　夫妻可以约定婚姻关系存续期间所得的财产以及婚前财产归各自所有、共同所有或部分各自所有、部分共同所有。约定应当采用书面形式。没有约定或约定不明确的，适用本法第十七条、第十八条的规定。

夫妻对婚姻关系存续期间所得的财产以及婚前财产的约定，对双方具有约束力。

夫妻对婚姻关系存续期间所得的财产约定归各自所有的，夫或妻一方对外所负的债务，第三人知道该约定的，以夫或妻一方所有的财产清偿。

《中华人民共和国妇女权益保障法》(以下简称《妇女权益保障法》)第四十七条　妇女对依照法律规定的夫妻共同财产享有与其配偶平等的占有、使用、收益和处分的权利，不受双方收入状况的影响。

◎ 一方以共同财产设立的个人独资企业，负债是否属于夫妻共同债务？

【典型案例】

周兵和妻子用打工积累的50万元，以自己的名义在繁华的路段开了家工艺品公司。由于自身对于业务不很熟悉，买进的货均为残次品，卖出去后客户纷纷回来退货，以至于生意无法正常经营，不仅亏了本钱，还欠下各种费用12万元。债主经常上门讨债，周兵一直说明公司是他个人开的，与妻子无关，但他无力还钱。债主将其和他的妻子告到法院。

【律师说法】

个人独资企业投资人在申请企业设立登记时以夫妻共同财产为个人出资的，应当以夫妻共同财产对外承担债务责任。根据我国《婚姻法》第四十一条的规定，离婚时，原为夫妻共同生活所负的债务应当共同偿还。共同财产不足清偿的，或财产归各自所有的，由双方协议清偿；协议不成时，由人民法院判决。另外根据《个人独资企业法》第18条的规定，个人独资企业投资人在申请企业设立登记时明确以其家庭共有财产作为个人出资的，应当依法以家庭共有财产对企业债务承担无限责任。第二条规定，本法所称个人独资企业，是指依照本法在中国境内设立，由一个自然人投资，财产为投资人个人所有，投资人以其个人财产对企业债务承担无限责任的经营实体。据此，我国《婚姻法》要求夫妻离婚时，对于共同生活所负的债务，应当共同偿还，如果夫妻一方以夫妻共同财产设立个人独资企业，此种情况下虽然《个人独资企业法》没有明文的规定，但是从其第18条的规定可以推断出，如果个人独资企业投资人在申请企业设立登记时以家庭共有财产作为个人出资的，应当以家庭共有财产对外承担债务责任；如果个人独资企业投资人在申请企业设立登记时以夫妻共同财产为个人出资的，应当以夫妻共同财产对外承担债务责任。

【法律依据】

《婚姻法》第四十一条　离婚时，原为夫妻共同生活所负的债务，应当共同偿还。共同财产不足清偿的，或财产归各自所有的，由双方协议清偿；协议不成时，由人民法院判决。

《中华人民共和国个人独资企业法》（以下简称《个人独资企业法》）第二条　本法所称个人独资企业，是指依照本法在中国境内设立，由一个自然人投资，财产为投资人个人所有，投资人以其个人财产对企业债务承担无限责任的经营实体。

第十八条　个人独资企业投资人在申请企业设立登记时明确以其家庭共有财产作为个人出资的，应当依法以家庭共有财产对企业债务承担无限责任。

◎ 房屋为结婚前一方父母出资购置，该房属夫妻共同财产？还是一方个人财产？

【典型案例】

张三和倩倩相恋几年后准备结婚，张三的父母出资以张三的名义买了房子，房屋产权证权属登记为张三。张三和倩倩婚后生活很幸福，但是一次交通事故夺去了张三的生命。在遗产继承方面，倩倩和张三的父母产生了矛盾。倩倩认为张三名下的房屋是他们的夫妻共同财产，除去属于倩倩一半的房产外，张三的父母才可以同她继承剩下的一半房产。张三父母认为房子是他们买给儿子张三的应属于儿子的个人财产，他们应该和倩倩继承整个房产。由于不能达成一致，双方到法院寻求解决之道。

【律师说法】

结婚前一方的父母为子女出资购置房屋，该房屋属于夫妻的共同财产还是夫妻一方的个人财产关键在于父母有没有明示，如果明确表示是送给夫妻双方的，就是夫妻共同财产，否则，该房屋仅属于一方的个人财产。如果当事人双方结婚前，一方的父母出资购置房屋，如果父母没有明确表示赠与双方，则该房屋不能视作夫妻共同财产，而应认定为父母对自己子女的个人赠与，属于夫妻一方的个人财产。所以，本案中的房屋属于张三的个人财产，张三的父母有权和倩倩对整个房产进行继承。

【法律依据】

《婚姻法》第十七条第一款　夫妻在婚姻关系存续期间所得的下列财产，归夫妻共同所有：

(一)工资、奖金；

(二)生产、经营的收益；

(三)知识产权的收益；

(四)继承或赠与所得的财产，但本法第十八条第三项规定的除外；

(五)其他应当归共同所有的财产。

第十八条　有下列情形之一的，为夫妻一方的财产：

(一)一方的婚前财产；

(二)一方因身体受到伤害获得的医疗费、残疾人生活补助费等费用；

(三)遗嘱或赠与合同中确定只归夫或妻一方的财产；

(四)一方专用的生活用品；

(五)其他应当归一方的财产。

《婚姻法解释(二)》第二十二条第一款　当事人结婚前，父母为双方购置房屋出资的，该出资应当认定为对自己子女的个人赠与，但父母明确表示赠与双方的除外。

◎ 房屋为结婚后一方父母出资购置，该房属夫妻共同财产？还是一方个人财产？

【典型案例】

志立和亚男结婚两年来，由于二人的收入都不高，一直以租房为居住方式。志立的父母于是就将他们在杭州多余的一套住房出售，帮小两口在上海买了一套住房。后来，夫妻二人争吵，志立说离婚，房子属于她的个人财产，亚男甭想分到一个平方。亚男说，房子是志立的父母送给二人的，因为当时二位老人家并没有说只是给女儿买的房子。所以，房屋所有权应该属于夫妻的共同财产。

【律师说法】

夫妻结婚后一方的父母出资为二人购买房屋的，房屋的所有权一般属于夫妻的共同财产，除非购买房屋的父母明示其所购买的房屋并不是赠给夫妻二人，只是赠给其自己的子女。依据我国《婚姻法》第十七条的相关规定，夫妻在婚姻关系存续期间赠与所得的财产归夫妻共同所有；第十八条的相关规定，赠与合同中确定只归夫或妻一方的财产，为夫妻一方的财产。另据《婚姻法解释(二)》第二十二条的相关规定，当事人结婚后，父母为双方购置房屋出资的，该出资应当认定为对夫妻双方的赠与，但父母明确表示赠与一方的除外。据此，当事人双方结婚后，一方父母出资为其购置的房屋，如果父母没有明确表示赠与给某一方，则该房屋应认定为是对当事人双方的赠与，属于夫妻共同财产，而不是夫妻一方的个人财产。因此，本案中的房产属于志立和亚男的共同财产。

【法律依据】

《婚姻法》第十七条　夫妻在婚姻关系存续期间所得的下列财产，归夫妻共同所有：

(一)工资、奖金：

（二）生产、经营的收益；

（三）知识产权的收益；

（四）继承或赠与所得的财产，但本法第十八条第三项规定的除外；

（五）其他应当归共同所有的财产。

夫妻对共同所有的财产，有平等的处理权。

第十八条　有下列情形之一的，为夫妻一方的财产：

（一）一方的婚前财产；

（二）一方因身体受到伤害获得的医疗费、残疾人生活补助费等费用；

（三）遗嘱或赠与合同中确定只归夫或妻一方的财产；

（四）一方专用的生活用品；

（五）其他应当归一方的财产。

《婚姻法解释（二）》第二十二条　当事人结婚前，父母为双方购置房屋出资的，该出资应当认定为对自己子女的个人赠与，但父母明确表示赠与双方的除外。

当事人结婚后，父母为双方购置房屋出资的，该出资应当认定为对夫妻双方的赠与，但父母明确表示赠与一方的除外。

◎ 夫妻一方死亡，另一方能参与继承吗？

【典型案例】

池女士10年前和大林再婚。她有一个儿子，大林有一子一女，他们再婚时双方当事人的子女都已成年。再婚后她一直尽心照顾老伴，二人的晚年生活有滋有味；她和继子女们的关系也很好。在此期间她老伴的单位房改，他们购买了一套90平方米的房子。老伴退休后每月的退休金可观，生活很富足。但不久前老伴因病不治，由此引发了房产纠纷。池女士的继子女找到她，说他们的父亲曾经说过，父亲死后单位房改的房子归他们所有。继子女还以此为由，要求池女士搬出现在住的房子到她自己的儿子处居住，房子由他们继承。

【律师说法】

夫妻互相享有继承权，是夫妻双方在婚姻关系、家庭关系中地位平等的一个重要标志。我国的《继承法》明确规定，“继承权男女平等”，配偶与子女、父母同为第一顺序的继承人，是任何人不能剥夺的权利。因此，在权利主体上，首先要以合法的婚姻存在为前提，也就是说，只有具备合法婚姻关系的夫妻双方，才能以配偶身份继承对方的遗产。本案中首先按照法定继承，对于死者的遗产，池女士将先分得一半，然后再和其他继承人分剩余的一半，这显然对池女士是有利的。但如果死者生前有合法的遗嘱，并将房产全部赠与他人，这份遗嘱也是部分有效的。因为，这份房产是夫妻共同财产，死者只能处分他所有的部分，而不能将池女士拥有的部分赠与他人。但是，本案中大林的子女如果没有证据证明其父曾留下遗嘱将房产赠与他们，只是口头说过，不能具有合法的遗嘱效力。因此，池女士的继子女要求老人搬出房子于法无据。

【法律依据】

《婚姻法》第二十四条　夫妻有相互继承遗产的权利。

父母和子女有相互继承遗产的权利。

《中华人民共和国继承法》（以下简称《继承法》）第九条　继承权男女平等。

◎ 能否通过和平的方式离婚？

【典型案例】

经人撮合胡悦和本单位的朱媛媛喜结良缘。但是婚后不久二人由于都是属于少言寡语的人，生活在一起没有情趣，二人还经常为了琐事生闷气,“冷战”占据着他们大部分的夫妻生活,家庭的氛围常常是凝固的,这样导致二人的身心、工作都不好。但是出于面子二人害怕到法院离婚,不知道除了去法院结束婚姻外,还有什么办法?

【律师说法】

我国的婚姻法明确规定了公民依法享有结婚自由,离婚也自由的权利,只要夫妻双方自愿离婚并对财产分割、子女抚养没有分歧,可以到婚姻登记部门办理协议离婚。因此,夫妻双方如果自愿离婚,达成一致意见,可以不必起诉到法院,而直接至婚姻登记机关办理离婚登记。

【法律依据】

《婚姻法》第三十一条　男女双方自愿离婚的,准予离婚。双方必须到婚姻登记机关申请离婚。婚姻登记机关查明双方确实是自愿并对子女和财产问题已有适当处理时,发给离婚证。

第三十二条　男女一方要求离婚的,可由有关部门进行调解或直接向人民法院提出离婚诉讼。

人民法院审理离婚案件,应当进行调解;如感情确已破裂,调解无效,应准予离婚。

有下列情形之一,调解无效的,应准予离婚:

(一)重婚或有配偶者与他人同居的;

(二)实施家庭暴力或虐待、遗弃家庭成员的;

(三)有赌博、吸毒等恶习屡教不改的;

(四)因感情不和分居满二年的;

(五)其他导致夫妻感情破裂的情形。

一方被宣告失踪,另一方提出离婚诉讼的,应准予离婚。

《婚姻登记条例》第十条　内地居民自愿离婚的,男女双方应当共同到一方当事人常住户口所在地的婚姻登记机关办理离婚登记。

第十三条　婚姻登记机关应当对离婚登记当事人出具的证件、证明材料进行审查并询问相关情况。对当事人确属自愿离婚，并已对子女抚养、财产、债务等问题达成一致处理意见的，应当当场予以登记，发给离婚证。

◎一方请求法院判决离婚，应符合哪些条件？

【典型案例】

莉琴和郭小平结婚后，发现郭经常去赌博。莉琴多次相劝，但郭赌博的恶习不但不改，而且成天泡在地下赌场不回家。工资输掉了不算，居然连莉琴准备给女儿上幼儿园的学费也拿去赌掉。双方的亲属都来劝阻，但郭屡劝不改，居然连房产都输给了赌友，在赌友赶莉琴和郭小平一家人腾房时，莉琴在忍无可忍的情况下起诉到法院和郭小平离婚。人民法院经调解，但是莉琴坚决离婚。请问，人民法院判决二人离婚吗？

【律师说法】

为了稳定家庭婚姻关系，维护整个社会和谐发展，我国的婚姻法明确规定了人民法院在审理离婚案件时，必须先行调解。但是如果现实生活中感情确已破裂，调解无效的婚姻，人民法院应当判决准予离婚。可见，对于离婚诉讼，人民法院审理时，先进行调解，调解无效，才判决准予离婚，判决的依据是感情确已破裂，主要包括《婚姻法》第三十二条第三款所列的五种情形。

【法律依据】

《婚姻法》第三十二条　人民法院审理离婚案件，应当进行调解；如感情确已破裂，调解无效，应准予离婚。有下列情形之一，调解无效的，应准予离婚：

（一）重婚或有配偶者与他人同居的；

（二）实施家庭暴力或虐待、遗弃家庭成员的；

(三)有赌博、吸毒等恶习屡教不改的;

(四)因感情不和分居满二年的;

(五)其他导致夫妻感情破裂的情形。

《婚姻法解释(一)》第二十二条　人民法院审理离婚案件,符合第三十二条第二款规定“应准予离婚”情形的,不应当因当事人有过错而判决不准离婚。

◎ 现役军人的配偶能请求离婚吗?

【典型案例】

元元的丈夫国庆是一名边防战士,常年在边防执行任务。元元一人在家感觉十分辛苦,结婚8年来聚少离多,即使过春节时,国庆也是经常在边防度过。元元一再要求国庆转业到地方,以便维护夫妻的感情和促进家庭的发展。但是,国庆却不愿意离开部队,二人为此发生争吵。在自己的要求得不到国庆的支持后,元元提出离婚。请问,元元能否得到支持?

【律师说法】

得不到支持。国家在军人婚姻方面给予了军人特别的保护,使其能安心服役。《军队贯彻实施〈中华人民共和国婚姻法〉若干问题的规定》旨在保护现役军人的婚姻关系,以有利于巩固人民军队,提高人民解放军战斗力。就本案而言如果国庆不同意离婚,元元的离婚请求将得不到支持。因为国庆不存在有法律规定的重大过错。

【法律依据】

《婚姻法》第三十三条　现役军人的配偶要求离婚,须得军人同意,但军人一方有重大过错的除外。

第三十二条第三款　(一)重婚或有配偶者与他人同居的;(二)实施家庭暴力或虐待、遗弃家庭成员的;(三)有赌博、吸毒等恶习屡教不改的。

《婚姻法解释(一)》第二十三条　婚姻法第三十三条所称的"军人一方有重大过错",可以依据婚姻法第三十二条第二款前三项规定及军人有其他重大过错导致夫妻感情破裂的情形予以判断。

《军队贯彻实施〈中华人民共和国婚姻法〉若干问题的规定》第十一条　现役军人离婚,应当严肃慎重,不得违反国家的法律法规和军队的纪律,不违背社会公德。

双方均为现役军人,双方自愿离婚或一方要求离婚的,当事人所在部队领导或政治机关应当进行调解;调解无效,并符合《婚姻法》规定的离婚条件的,由政治机关出具证明后,方可到婚姻登记机关申请离婚或向法院提出离婚诉讼。

配偶是地方人员,军人一方要求离婚的,所在部队政治机关领导应当视情进行调解;符合《婚姻法》规定的离婚条件,并经对方同意,政治机关方可出具证明同意离婚;如军人一方坚持离婚,对方坚决不同意离婚的,部队可商请对方所在单位或地方有关部门进行调解,调解无效的,政治机关出具证明,由当事人向法院提出离婚诉讼。

配偶是地方人员,配偶一方要求离婚,军人一方同意离婚的,所在部队的政治机关可出具证明同意离婚;军人一方不同意离婚的,政治机关不得出具证明,但经政治机关查实军人一方确有重大过错的除外。

◎ 妻子怀孕,丈夫能否提出离婚?

【典型案例】

晓娇的丈夫吕梁是一家外企的人事总监。就在晓娇怀孕第三个月,吕梁与公司一女秘书发生了恋情,吕梁不顾父母的反对执意要和晓娇离婚，晓娇不同意。就在晓娇即将分娩前，吕梁向人民法院提出了离婚诉讼的请求。法院在受理后，查明晓娇在怀孕期间，便驳回了吕梁的诉讼请求。

【律师说法】

对妇女、儿童进行特殊保护是婚姻法的要求，在妇女怀孕期间或分娩后1年内，她的身体上和精神上均有一定的负担，都需要照顾和抚慰胎儿，婴儿也需要妥为照料，这时母亲的精神和健康状况都会影响胎儿、婴儿的健康。如果男方在此期间提出离婚，很可能给女方造成强烈的刺激，以致影响孕、产妇的健康，不利于胎、婴儿的发育和成长。根据《婚姻法》第三十四条的规定，男方不得提出离婚。这是我国婚姻法保护妇女、儿童的合法权益原则的具体体现，表现在上述期间禁止男方提出离婚是非常必要的，不仅出于事实上的必要，也是社会主义道德的要求。如果人民法院认为确有必要受理男方离婚请求的，也不受这一规定的限制，何谓“确有必要”呢？(1)双方确有不能继续共同生活的重大急迫的事由，如一方对另一方有危及生命、人身安全的可能等，应视其迫切性及时受理离婚请求。(2)女方婚后与人通奸以致怀孕，男方提出离婚请求的，如上述情况为女方所不争执或已经查明属实的。法院为防止矛盾更加激化，防止意外事故的发生，可以受理男方的离婚请求。但即使如此也要强调对妇女和胎儿的保护。(3)女方对婴儿有虐待、遗弃行为的。(4)女方婚后与他人通奸、卖淫患有性病，不宜生育的。

【法律依据】

《婚姻法》第三十四条　女方在怀孕期间、分娩后一年内或中止妊娠后六个月内，男方不得提出离婚。女方提出离婚的或人民法院认为确有必要受理男方离婚请求的，不在此限。

◎ 离婚后的夫妻自愿复婚，还通过人民法院吗？

【典型案例】

荆某和梅某五年前因家庭生活琐事导致感情不和而离婚，二人有一子，当时被法院判给梅某抚养，二人各自为了事业都没有再婚，2006 年儿子小雨也上初中了。梅某事业发展得很好，但是由于经常出差，于是常常不得不让荆某照看儿子。因为这个缘故，二人经常见面。在儿子小雨穿针引线的作用下，二人恍惚又回到了热恋的过去。经过慎重考虑，荆某与梅某自愿恢复了夫妻关系，亲朋好友都非常高兴。可是一想到当初在法院闹离婚很是尴尬，但是看着离婚判决书，二人想还得去法院起诉复婚吗？

【律师说法】

夫妻双方离婚后，如果自愿恢复夫妻关系的，只要是双方均无配偶，不需要向人民法院起诉复婚，依照行政登记程序直接到婚姻登记机关办理复婚登记即可。

【法律依据】

《婚姻法》第三十五条　离婚后，男女双方自愿恢复夫妻关系的，必须到婚姻登记机关进行复婚登记。

《婚姻登记条例》第十四条　离婚的男女双方自愿恢复夫妻关系的，应当到婚姻登记机关办理复婚登记。复婚登记适用本条例结婚登记的规定。

◎ 妻子说"包二奶"就是重婚，可否要求离婚并赔偿？

【典型案例】

乔迁是一家公司的总经理，一直就与自己的女秘书婚外恋，并背着妻子在外买了房子长期以出差为由不回家，与女秘书同居。妻子发现其不忠的行为后，在劝说无效的情况下，向人民法院提起诉讼，以乔迁重婚为由，请求法院判决离婚并要求乔迁对其进行损害赔偿。人民法院在查明事实后，认为乔迁不构成重婚罪，只是与他人同居，因此，判决二人离婚，并判处乔迁赔偿妻子15万元。

【律师说法】

首先“包二奶”不一定是重婚，重婚必须有两个婚姻的存在，如果丈夫“包二奶”没有履行法定的结婚登记或者以夫妻名义同居生活，就不能认定为重婚；再次，在本案中离婚不必以重婚为理由，可以“有配偶者与他人同居”向法院起诉要求离婚和赔偿。《婚姻法》第三十二条第二款、第三款规定，人民法院审理离婚案件，应当进行调解；如感情确已破裂，调解无效，应准予离婚。《婚姻法解释(一)》第二条规定，“有配偶者与他人同居”的情形，是指有配偶者与婚外异性，不以夫妻名义，持续、稳定地共同居住。实践当中，“包二奶”的情况很复杂，有的情况下构成重婚，有的情况下只是非法同居。重婚要求双方是以夫妻名义同居，一定要有外在的表象特征：如以夫妻名义申报户口购买住房、举行婚礼等，只要不以夫妻名义对外，就不构成重婚。但是，男方在外“包二奶”，无论属于重婚还是有配偶者与他人同居的情形，女方都可以向法院起诉要求离婚，如果没有过错，还可以同时提出离婚损害赔偿。

【法律依据】

《婚姻法》第三十二条　男女一方要求离婚的，可由有关部门进行调解或直接向人民法院提出离婚诉讼。

人民法院审理离婚案件，应当进行调解；如感情确已破裂，调解无效，应准予离婚。

有下列情形之一，调解无效的，应准予离婚：

(一)重婚或有配偶者与他人同居的；

(二)实施家庭暴力或虐待、遗弃家庭成员的；

（三）有赌博、吸毒等恶习屡教不改的；

（四）因感情不和分居满二年的；

（五）其他导致夫妻感情破裂的情形。

一方被宣告失踪，另一方提出离婚诉讼的，应准予离婚。

《婚姻法解释（一）》第二条　婚姻法第三条、第三十二条、第四十六条规定的“有配偶者与他人同居”的情形，是指有配偶者与婚外异性，不以夫妻名义，持续、稳定地共同居住。

◎ 忍受不了家庭暴力的妻子，能否提出离婚？

【典型案例】

结婚 6 年来，卢旺嗜酒成性，经常借酒对妻子拳打脚踢。即便是在妻子怀孕期间依然对其实施暴力，导致胎儿早产。孩子出生后，卢不仅不认真履行丈夫及父亲的义务，在家中还经常当着孩子面暴打妻子，让孩子经常处于惊恐之中。妻子再也受不了丈夫的殴打和折磨，向法院起诉请求离婚。

【律师说法】

我国的婚姻法明令禁止家庭暴力，为了保护受害方的合法权益，受害方可以依法向人民法院提出离婚的诉讼请求，在调解无效后，法院应当依法判决准予离婚。根据《婚姻法》第三条的规定，禁止家庭暴力。第三十二条规定，男女一方要求离婚的，可由有关部门进行调解或直接向人民法院提出离婚诉讼。人民法院审理离婚案件，应当进行调解；如感情确已破裂，调解无效，应准予离婚。《婚姻法解释（一）》第一条规定，“家庭暴力”，是指行为人以殴打、捆绑、残害、强行限制人身自由或者其他手段，给其家庭成员的身体、精神等方面造成一定伤害后果的行为。持续性、经常性的家庭暴力，构成虐待。由此可见，在本案中夫妻关系中卢旺经常对妻子进行殴打，实施家庭暴力的，妻子有权依法向人民法院起诉要求离婚，人民法院审理离婚案件，会先进行调解，如果调解无效，发现夫妻感情确已破裂，则应判决准予离婚。

【法律依据】

《婚姻法》第三条　禁止包办、买卖婚姻和其他干涉婚姻自由的行为。禁止借婚姻索取财物。

禁止重婚。禁止有配偶者与他人同居。禁止家庭暴力。禁止家庭成员间的虐待和遗弃。

第三十二条　男女一方要求离婚的，可由有关部门进行调解或直接向人民法院提出离婚诉讼。人民法院审理离婚案件，应当进行调解；如感情确已破裂，调解无效，应准予离婚。有下列情形之一，调解无效的，应准予离婚：

（一）重婚或有配偶者与他人同居的；

（二）实施家庭暴力或虐待、遗弃家庭成员的；

（三）有赌博、吸毒等恶习屡教不改的；

（四）因感情不和分居满二年的；

（五）其他导致夫妻感情破裂的情形。

《婚姻法解释（一）》第一条　婚姻法第三条、第三十二条、第四十三条、第四十五条、第四十六条所称的“家庭暴力”，是指行为人以殴打、捆绑、残害、强行限制人身自由或者其他手段，给其家庭成员的身体、精神等方面造成一定伤害后果的行为。持续性、经常性的家庭暴力，构成虐待。

◎ 夫妻一方恶习屡教不改，另一方可否请求离婚？

【典型案例】

2009 年 10 月 1 日，美玲与沙某登记结婚，婚后美玲发现丈夫吸食毒品。多次苦苦相劝后不但没有戒掉，反而变本加厉地吸食毒品。美玲无奈报警，沙某被强制戒毒 5 个月出狱后，依然吸毒。

丈夫负债累累，倾家荡产。美玲以全部精力和物力仍不能挽回丈夫的心。绝望之余，美玲向法院提出了离婚请求。

【律师说法】

夫妻中一方具有吸毒的恶习，而屡教不改的，属于破坏夫妻感情和家庭生活的行为，严重地影响了家庭的和睦。恶习屡教不改的人好逸恶劳，不务正业，不但不履行家庭义务，反而会引发家庭暴力，消耗家庭的经济积蓄，使家庭生活不得安宁、正常的生活难以为继，夫妻不堪同居生活，夫妻感情难以重建，难以共同生活的。对于这种情况，非吸毒方有权向人民法院起诉要求离婚。根据我国《婚姻法》第三十二条的规定，调解无效的，应准予离婚。据此，本案中美玲丈夫具有吸毒的恶习，且屡教不改的，对于这种情况，美玲有权向人民法院起诉要求离婚。

【法律依据】

《婚姻法》第三十二条　男女一方要求离婚的，可由有关部门进行调解或直接向人民法院提出离婚诉讼。

人民法院审理离婚案件，应当进行调解；如感情确已破裂，调解无效，应准予离婚。

有下列情形之一，调解无效的，应准予离婚：

（一）重婚或有配偶者与他人同居的；

（二）实施家庭暴力或虐待、遗弃家庭成员的；

（三）有赌博、吸毒等恶习屡教不改的；

（四）因感情不和分居满二年的；

（五）其他导致夫妻感情破裂的情形。

一方被宣告失踪，另一方提出离婚诉讼的，应准予离婚。

◎ 夫妻因感情不和提出离婚，法院准予吗？

【典型案例】

杨军和妻子结婚后，发现双方根本没有共同语言，并且对各自的工作互不理解，还经常互相指责。于是二人婚后不久，就搬到各自的单位宿舍分居。两年多后，杨军和彭某依然不能和好。杨军感到非常痛苦，遂向法院提出离婚请求。

【律师说法】

我国婚姻法规定的离婚标准是感情破裂，分居二年是基于现实的考虑，如果分居二年了夫妻仍然不能和解，共度人生的话，可以作为感情破裂的事实证明。因此，当事人可以向人民法院提起离婚的请求。因感情不和分居满二年的夫妻，一般来说可以构成夫妻感情破裂的事实证明。"分居"是指夫妻间不再共同生活，不再互相履行夫妻义务，包括停止性生活，经济上不再合作，生活上不再互相关心、互相扶助等。具有分居二年的情形，说明夫妻关系已徒具形式，名存实亡。当事人以此事由诉请人民法院离婚的，如经调解无效，应准予当事人离婚。适用此项规定，应注意以下问题：①分居的原因是由于夫妻感情不和，而不是因工作、学习等原因导致的两地分居，以及因住房问题造成的夫妻不能同室而居。②分居强调的是夫妻双方互不履行夫妻义务，而不是单方面的不履行家庭义务。③夫妻分居已满二年，但未造成夫妻感情确已破裂或经调解尚有和好可能的，则不能认为已具备准予离婚的条件。④夫妻分居与否、分居是否满二年，都不是当事人诉请离婚的必要条件。如果夫妻感情确已破裂，调解无效的，虽无分居事实或分居未满二年，也应依法准予离婚。所以，本案中杨军和妻子双方感情不和，缺乏共同语言以至于分居满二年的，杨军据此向人民法院起诉要求离婚的，虽然不存在重婚、有配偶者与他人同居、家庭暴力等明显严重的情形，但是法律也承认了在这种情形下夫妻感情属于破裂的情形。人民法院在受理当事人的离婚起诉后，会先依法进行调解，如果调解无效，再依法作出判决。

【法律依据】

《婚姻法》第三十二条　男女一方要求离婚的，可由有关部门进行调解或直接向人民法院提出离婚诉讼。

人民法院审理离婚案件，应当进行调解；如感情确已破裂，调解无效，应准予离婚。

有下列情形之一，调解无效的，应准予离婚：

（一）重婚或有配偶者与他人同居的；

（二）实施家庭暴力或虐待、遗弃家庭成员的；

（三）有赌博、吸毒等恶习屡教不改的；

（四）因感情不和分居满二年的；

（五）其他导致夫妻感情破裂的情形。

一方被宣告失踪，另一方提出离婚诉讼的，应准予离婚。

◎ 协议离婚后，财产分割协议能否在财产分割后反悔？

【典型案例】

英军因妻子婚外恋，决定和妻子好聚好散，协议离婚。协议约定：孩子由英军抚养，妻子每月给付抚养费 1000 元，每周可以探视一次；房子归妻子所有，离婚后的 3 个月内英军和儿子搬走；二人存款 60 万元均分；车归英军所有；股票和基金二人按市价均分；夫妻共同的债务债权由英军一人承担。所有的书籍、音像资料等归英军所有，儿子高中以前的学习费用二人均摊，学习钢琴的费用由妻子负担。二人到婚姻登记机关办理了离婚手续，3 个月后英军并没有从住处搬出，因为他反悔了。

【律师说法】

可以反悔，但是如果没有法定的理由不会得到人民法院的支持。因为夫妻财产约定属于私法的范畴，而私法有一个重要原则就是“意思自治”，或者说公民有这样一种权力：在法律允许的范围内有自由处决自己的权利。因此，夫妻财产约定在不违背法律规定的情况下，对于双方通过登记机关协议离婚，领取离婚证后，一方又反悔，提起财产诉讼的，除非一方有证据证明约定是在欺诈、胁迫、规避法规等违法情形下签订，否则应认定为有效约定。这种约定对夫妻双方产生效力，法院不宜干涉，更不能强制性变更或者撤消，否则会对私权利造成严重侵害。根据《婚姻法解释（二）》第九条的规定，人民法院应当受理。人民法院审理后，未发现订立财产分割协议时存在欺诈、胁迫等情形的，应当依法驳回当事人的诉讼请求。根据《民法通则》第五十八条和《民法通则意见》第六十八条、第六十九条的规定，男女双方协议离婚，就财产分割达成协议，在离婚后一年内可以反悔，可以请求变更或撤消该协议，如果确实存在法定的协议无效的情形，则协议归于无效；如果不存在，则当事人的诉讼请求会被法院驳回。

【法律依据】

《婚姻法解释（二）》第九条　男女双方协议离婚后一年内就财产分割问题反悔，请求变更或者撤消财产分割协议的，人民法院应当受理。人民法院审理后，未发现订立财产分割协议时存在欺诈、胁迫等情形的，应当依法驳回当事人的诉讼请求。

《民法通则》第五十八条　下列民事行为无效：

（一）无民事行为能力人实施的；

（二）限制民事行为能力人依法不能独立实施的；

（三）一方以欺诈、胁迫的手段或者乘人之危，使对方在违背真实意思的情况下所为的；

（四）恶意串通，损害国家、集体或者第三人利益的；

(五)违反法律或者社会公共利益的;

(六)经济合同违反国家指令性计划的;

(七)以合法形式掩盖非法目的的。

无效的民事行为,从行为开始起就没有法律约束力。

《民法通则意见》第六十八条 一方当事人故意告知对方虚假情况,或者故意隐瞒真实情况,诱使对方当事人作出错误意思表示的,可以认定为欺诈行为。

第六十九条 以给公民及其亲友的生命健康、荣誉、名誉、财产等造成损失或者以给法人的荣誉、名誉、财产等造成损害为要挟,迫使对方作出违背真实的意思表示的,可以认定为胁迫行为。

◎ 法院如何处理夫妻离婚诉讼中的房屋归属?

【典型案例】

2001 年 3 月,赵旭以首付 10 万元,余款按揭贷款的支付方式购得一套商品房。2004 年,赵旭与李迪登记结婚,此时赵旭贷款已偿还 7 万元。两人婚后继续还贷。2007 年 5 月,李迪起诉离婚,要求分割夫妻共同所有的房屋。法院一审判决准予双方离婚,二审判决房屋由赵旭继续使用。

【律师说法】

本案主要涉及在离婚时所有权不完全的房屋的处理问题。由于争议的房屋存有他项权,就是通过按揭贷款所购买的房屋所有权证书上被进行了他项权——抵押权的登记,即在贷款没有完全清偿之前,享有抵押权的银行对房屋所有权的转移有进行阻却的权利。所以原告要求分割夫妻共同所有房屋的诉讼请求没有得到人民法院的支持。赵旭与李迪如果要分割该房屋,根据《最高人民法院关于适用〈中华人民共和国婚姻法〉若干问题的解释(二)》的规定有两个方法:一是提前清偿所欠银行的贷款,涂销房屋所有权证书上的他项权登记，这样就可以要求人民法院在处理婚姻问题的同时一并处理房屋的归属问题；二是在双方离婚后，由双方或一方继续偿还贷款，待贷款还清并涂销抵押登记后，双方通过协商或诉至人民法院处理。因此，在本案中李迪的诉讼请求没有得到法院的支持是有法律依据的，并不是法院漠视李迪的权利，只是延缓了分割共同财产的时间而已，其目的是等待更加稳妥的分割时间。

【法律依据】

《婚姻法解释(二)》第二十条　双方对夫妻共同财产中的房屋价值及归属无法达成协议时，人民法院按以下情形分别处理：

(一)双方均主张房屋所有权并且同意竞价取得的，应当准许；

(二)一方主张房屋所有权的，由评估机构按市场价格对房屋作出评估，取得房屋所有权的一方应当给予另一方相应的补偿；

(三)双方均不主张房屋所有权的，根据当事人的申请拍卖房屋，就所得价款进行分割。

◎夫妻离婚，共同购买的股票如何分割？

【典型案例】

崔莺与丈夫感情不和离婚，对于孩子的抚养以及车房的处理均没有分歧，但对于二人购买的60万元股票分割分歧较大。二人只好请求人民法院公平判决。人民法院查明事实后，做出判决：二人感情破裂，经调解无效，判决二人离婚。60万元的股票所有权归丈夫所有；丈夫应该按照所持股票一周内的平均市价给予崔莺50%的现金补偿。

【律师说法】

婚后一方或双方所购的股票和各类债券，属于夫妻共同财产，除双方另有约定外，股票一般按面值各半分割，如果双方对股票权属和股票价值认定等发生纠纷，争执不下时，由人民法院依公平原则予以处理，如判归股票所有权归一方当事人所有后，为了保护另一方当事人的合法权益，就可依照股票的发行价格或市场价格给其对方相应的补偿。各类债券都应考虑它的增值情况，合理分割。按市价分配有困难的，人民法院可以根据数量按比例分配。根据《婚姻法》第三十九条和《婚姻法解释（二）》第十一条、第十五条的规定，夫妻双方在共同生活期间所购买的股票应依法属于夫妻共同财产，在双方离婚进行财产分割时，应依照法律关于共同财产分割的原则进行处理，即先由夫妻双方进行协商，如果协商不成的，再由人民法院进行分割，人民法院在进行分割的时候，应考虑按照市价来进行分配，如果按照市价进行分配有困难的话，可以根据数量按照比例进行分配。

【法律依据】

《婚姻法》第三十九条　离婚时，夫妻的共同财产由双方协议处理；协议不成时，由人民法院根据财产的具体情况，照顾子女和女方权益的原则判决。

《婚姻法解释（二）》第十一条　婚姻关系存续期间，下列财产属于婚姻法第十七条规定的“其他应当归共同所有的财产”：

（一）一方以个人财产投资取得的收益；

（二）男女双方实际取得或者应当取得的住房补贴、住房公积金；

（三）男女双方实际取得或者应当取得的养老保险金、破产安置补偿费。

第十五条　夫妻双方分割共同财产中的股票、债券、投资基金份额等有价证券以及未上市股份有限公司股份时，协商不成或者按市价分配有困难的，人民法院可以根据数量按比例分配。

◎ 夫妻一方死亡后，其债务必须由另一方偿还吗？

【典型案例】

秦岭与妻子胡娟娟结婚不到两年就因为一起交通事故而死亡，秦岭是独生子，父母早年过世，和胡娟娟也没有孩子。因此，秦岭的财产全都由妻子胡娟娟继承。二人婚后曾约定，秦岭与同学江某的10万元借款由秦岭个人承担。而对于这10万元的借款，江某已于半年前就向人民法院起诉了秦岭，法院判决秦岭归还借款未果，就在江某申请法院强制执行时，发现秦岭死亡且已经无法执行财产，江某申请法院执行胡娟娟个人财产，理由是这笔欠款系其夫妻关系存续期间所欠，法院答复为不能直接变更被执行人。江某遂起诉胡娟娟，请撤消秦岭和胡娟娟之间关于这笔债务的约定。

【律师说法】

本案中胡娟娟应该偿还秦岭生前的债务。根据《婚姻法》第十九条和《最高人民法院关于适用〈中华人民共和国婚姻法〉若干问题的解释》相关条款可见，夫妻一方死亡，另一方是否需要对其债务承担偿还的责任，应根据不同的情况区别对待并处理，若夫妻约定财产制，夫妻一方死亡，对外所负的债务没有进行偿还的，如果第三人知道该约定的，则须以死者的财产进行偿还，然后才依法发生继承的关系，已经继承的，在继承财产范围内予以清偿债务；如果第三人不知道该约定，或者没有足够的证据证明第三人知道该约定，则夫妻双方之间的约定不能对抗第三人，一方虽然死亡，但是另一方仍需要对其债务进行偿还。

【法律依据】

《婚姻法》第十九条　夫妻可以约定婚姻关系存续期间所得的财产以及婚前财产归各自所有、共同所有或部分各自所有、部分共

同所有。约定应当采用书面形式。没有约定或约定不明确的，适用本法第十七条、第十八条的规定。

夫妻对婚姻关系存续期间所得的财产以及婚前财产的约定，对双方具有约束力。

夫妻对婚姻关系存续期间所得的财产约定归各自所有的，夫或妻一方对外所负的债务，第三人知道该约定的，以夫或妻一方所有的财产清偿。

《婚姻法解释(一)》第十八条　婚姻法第十九条所称"第三人知道该约定的"，夫妻一方对此负有举证责任。

第十九条　婚姻法第十八条规定为夫妻一方所有的财产，不因婚姻关系的延续而转化为夫妻共同财产。但当事人另有约定的除外。

《婚姻法解释(二)》第二十四条　债权人就婚姻关系存续期间夫妻一方以个人名义所负债务主张权利的，应当按夫妻共同债务处理。但夫妻一方能够证明债权人与债务人明确约定为个人债务，或者能够证明属于婚姻法第十九条第三款规定情形的除外。

第二十六条　夫或妻一方死亡的，生存一方应当对婚姻关系存续期间的共同债务承担连带清偿责任。

◎ 谁抚养孩子，谁就承担抚育费吗？抚育费如何确定？

【典型案例】

朱媛媛与丈夫司小东由于性格不合离婚。在小孩(现年6岁)抚养权上，丈夫司小东主张自己抚养孩子，承担全部抚育费；如果妻子抚养，就由妻子承担全部费用。朱媛媛认为孩子一直都是她照顾，利于孩子的成长，丈夫明知我想抚养孩子，如此主张，是不想交分文抚育费(司小东每月收入为1600元左右)。

【律师说法】

父母与子女之间的关系，不因父母离婚而消除，离婚后，父母对子女仍有抚养和教育的权利和义务。孩子不论归夫妻任何一方抚养，另一方都要承担抚育费。在确定抚育费数额时，可根据子女的实际需要、父母双方的负担能力和当地的实际生活水平确定。夫妻离婚后，子女的生活费和教育费原则上由父母共同负担。当然，法律也允许双方协商由一方抚养，并承担抚育费。但是如果明显有损于未成年子女利益的，法院可宣布该项约定无效。而本案中原告实际上并未同意这样的约定，因此被告不得借口这一主张而规避法定的抚养义务。根据《最高人民法院关于人民法院审理离婚案件处理子女抚养问题的若干具体意见》第七条的规定，本案中，子女的抚育费应根据丈夫司小东月总收入 1600 元的 20%～30%计算，也就是在 320～480 元之间由法院根据实际情况确定。

【法律依据】

《婚姻法》第二十一条　父母对子女有抚养教育的义务；子女对父母有赡养扶助的义务。

父母不履行抚养义务时，未成年的或不能独立生活的子女，有要求父母付给抚养费的权利。

子女不履行赡养义务时，无劳动能力的或生活困难的父母，有要求子女付给赡养费的权利。

禁止溺婴、弃婴和其他残害婴儿的行为。

《最高人民法院关于人民法院审理离婚案件处理子女抚养问题的若干具体意见》第七条　子女抚育费数额，可根据子女的实际需要、父母双方的负担能力和当地的实际生活水平确定。

有固定收入的，抚育费一般可按月总收入的 20%～30%的比例给付，负担两个以上子女抚育费的，比例可适当提高，但是一般不得超过月总收入的 50%。

无固定收入的，抚育费的数额可根据当年总收入或者同行业平均收入，参照上述比例确定。

有特殊情况的，可适当提高或者降低上述比例。

◎ 如果孩子在哺乳期离婚，父亲能取得抚养权吗？

【典型案例】

张宁与赵波结婚不到两年，已生有一个儿子。由于婚前感情基础不牢，婚后两人生活很不愉快。于是在儿子6个月大的时候，小两口准备离婚。孩子的抚养权成为问题：两人都想让孩子跟着自己生活。多次争执不下，两人通过法律途径解决。

【律师说法】

父母离婚，如果孩子仍在哺乳期，一般是由母亲一方抚养，但不必然归母亲抚养，如果父亲的抚养条件好，并经母亲的同意，可以由父亲抚养；或者母亲有不可能很好抚育孩子的情形的，父亲可以取得抚养权。根据《婚姻法》第三十六条和《最高人民法院关于贯彻执行民事政策法律若干问题的意见》第二十二条的规定，哺乳期内的子女，原则上应由母方抚养，如父方抚养条件好，母方同意，也可由父方抚养。哺乳期后的子女，由谁抚养发生争执时，应根据有利于子女身心健康成长的原则处理。另外，根据《最高人民法院关于人民法院审理离婚案件处理子女抚养问题的若干具体意见》第一条的规定，两周岁以下的子女，一般随母亲生活。母亲确属不尽抚养义务或尽不了抚养义务的，可随父方生活。由此可见，我国法律对于父母离婚后子女的抚养，区分哺乳期内和哺乳期后两种情况，哺乳期内的子女，原则上由母亲抚养，但是并不必然归母亲抚养。

【法律依据】

《婚姻法》第三十六条　父母与子女间的关系，不因父母离婚而消除。离婚后，子女无论由父或母直接抚养，仍是父母双方的子女。

离婚后，父母对于子女仍有抚养和教育的权利和义务。

离婚后，哺乳期内的子女，以随哺乳的母亲抚养为原则。哺乳期后的子女，如双方因抚养问题发生争执不能达成协议时，由人民法院根据子女的权益和双方的具体情况判决。

《最高人民法院关于贯彻执行民事政策法律若干问题的意见》第二十二条　哺乳期内的子女，原则上应由母方抚养，如父方抚养条件好，母方同意，也可由父方抚养。

哺乳期后的子女，由谁抚养发生争执时，应根据有利于子女身心健康成长的原则处理。

子女有识别能力的，应征求子女本人的意见。

《最高人民法院关于人民法院审理离婚案件处理子女抚养问题的若干具体意见》第一条　两周岁以下的子女，一般随母方生活。母方有下列情形之一的，可随父方生活：

(1)患有久治不愈的传染性疾病或其他严重疾病，子女不宜与其共同生活的；

(2)有抚养条件不尽抚养义务，而父方要求子女随其生活的；

(3)因其他原因，子女确实无法随母方生活的。

第二条　父母双方协议两周以下子女随父方生活，并对子女健康成长无不利影响的，可予准许。

◎ 离婚后，一方变更了子女姓名，另一方是否有权要求恢复？

【典型案例】

齐浩与妻子董姗姗于1997年10月离婚后，儿子齐天天(当年七岁)判归妻子抚养，由齐每月负担抚养费500元。现因董姗姗擅自将儿子的名字变更而引起纠纷。齐不同意董姗姗将其子齐天天的名字变更为董杰，声称如果不变更回原来的名字，他将拒付子女抚养费。二人因此不能协商解决便起诉到人民法院。

【律师说法】

父母有决定子女姓名的权利，子女既可以随父姓，也可以随母姓，但是如果夫妻双方离婚，一方擅自变更子女姓名的，另一方可要求恢复子女原姓名。在本案中董姗姗在离婚后，未征得齐浩的同意，单方面决定将齐天天的姓名改为董杰，这种做法是不当的。现在齐浩既不同意给齐天天更改姓名，应说服董姗姗恢复儿子原来姓名。但是，子女无论随父亲姓还是随母亲姓，作为父母对于子女的抚养义务是不能停止的。本案中如果齐某因为儿子改了姓名就不再给付抚养费，是违反婚姻法规定的，若其不自觉执行，权利人可以申请法院强制执行。

【法律依据】

《婚姻法》第二十二条　子女可以随父姓，可以随母姓。

第四十八条　对拒不执行有关扶养费、抚养费、赡养费、财产分割、遗产继承、探望子女等判决或裁定的，由人民法院依法强制执行。有关个人和单位应负协助执行的责任。

最高人民法院《关于变更子女姓氏问题的复函》　对于离婚双方未经协商或协商未达成一致意见而其中一方要求变更子女姓名的，公安机关可以拒绝受理；对一方因向公安机关隐瞒离婚事实，而取得子女姓名变更的，若另一方要求恢复子女原姓名且离婚双方协商不成，公安机关应予恢复。

◎ 父亲不给抚养费，母亲怎么办？

【典型案例】

丽丽的宝宝已经1周多了，自怀孕起，丽丽就一直在扮演着单亲妈妈的角色。2011年11月11日，在法院调解无效后，她与丈夫正式解除夫妻关系，孩子也由丽丽抚养，丈夫给抚养费。可是快半年了，孩子的父亲不曾来看过孩子，也不给抚养费，给他多次打电话也不接。请问，丽丽该怎么办？

【律师说法】

根据《婚姻法》第四十八条和《最高人民法院关于适用〈中华人民共和国民事诉讼法〉若干问题的意见》第二百五十四条的规定，人民法院的判决生效后，如果负有义务的当事人不履行法院判决，对方当事人可以在法定的时间内依法向人民法院申请强制执行维护自身的权利。由上述法律规定可知，法院判决双方当事人离婚，并要求父亲一方给付一定数额的抚养费，如果父亲拒不执行该判决，则母亲可以基于维护自身和孩子利益的需要向法院申请强制执行，申请执行的期限是一年，从法律文书规定履行期间的最后一日起计算。

【法律依据】

《婚姻法》第四十八条　对拒不执行有关扶养费、抚养费、赡养费、财产分割、遗产继承、探望子女等判决或裁定的，由人民法院依法强制执行。有关个人和单位应负协助执行的责任。

《最高人民法院关于适用〈中华人民共和国民事诉讼法〉若干问题的意见》（以下简称《民事诉讼法意见》）第二百五十四条　强制执行的标的应当是财物或者行为。

当事人拒绝履行发生法律效力的判决、裁定、调解书、支付令的，人民法院应向当事人发出执行通知。

在执行通知指定的期间被执行人仍不履行的，应当强制执行。

◎ 孙子女、外孙子女，有赡养祖父母、外祖父母的义务吗？

【典型案例】

阿婆与文英系母子女关系，与伟达系祖母孙女关系，伟达系文英之长女。伟达一周岁时，母亲病故，其父每月支付200元的生活费，由其祖母阿婆将其抚养成人。2002年11月阿婆在诉讼其子女未给付赡养费时，并将孙女伟达列为被告，要求其也给付赡养费。

【律师说法】

赡养老人是中华民族的传统美德和义务。作为孙子女、外孙子女，是否有赡养祖父母、外祖父母的义务关键在于祖父母、外祖父母是否有子女健在或者其子女有无赡养能力。如果有负担能力的孙子女、外孙子女，对于子女已经死亡或子女无力赡养的祖父母、外祖父母，就应当尽赡养的义务。本案中子女享受了老人对其抚养的权利，应尽赡养的义务。伟达从小丧母，与原告生活在一起，由其父每月供给生活费。由于伟达的父亲健在，而且有负担能力，就不能把伟达（孙女）列为被告要求其也承担赡养义务。因此原告应该由其他子女共同承担赡养义务。祖母阿婆确实对伟达尽到了抚养的义务，那么阿婆应不应享受孙女赡养的权利呢？伟达对阿婆应不应尽赡养义务，关键是要严格地界定“子女已经死亡或子女确无力赡养”，“有负担能力的孙子女、外孙子女对祖父母、外祖父母有赡养的义务”。不管祖父母、外祖父母对孙子女、外孙子女尽没尽抚养义务，只要其子女健在，并有能力赡养，孙子女、外孙子女都没有赡养的义务。据此，本案中伟达没有赡养其祖母的法律义务。

【法律依据】

《婚姻法》第二十八条　有负担能力的祖父母、外祖父母，对于父母已经死亡或父母无力抚养的未成年的孙子女、外孙子女，有抚养的义务。有负担能力的孙子女、外孙子女，对于子女已经死亡或子女无力赡养的祖父母、外祖父母，有赡养的义务。

财产继承篇

◎ 遗产继承从什么时候开始？

【典型案例】

习宁是一家跨国公司的股东，拥有名车、豪宅、股票、存款等资产过亿。可在一场交通事故中习宁不幸成为植物人，经过 6 个多月的治疗仍无任何反应，一直靠药物维持生命，经医生诊断他苏醒的可能性极小，只能靠药物维持。其配偶得知这一消息后要求把习宁的财产作为遗产来分割，但他的父母主张，习宁并没有死，不能分割其遗产。

【律师说法】

根据《继承法》第二条之规定，被继承人死亡的时间就是继承人开始继承的时间。死亡包括生理死亡或被宣告死亡，应以如下方式确定：生理死亡时间应以医院出具的“死亡证明书”为准；没有医院“死亡证明书”的，以公安机关注销死亡人户口登记所确定的日期为死亡日期；失踪人被宣告死亡的，以法院判决中确定的日期为死亡日期。在本案中，显然医院并没有放弃治疗，也没有给习宁开具死亡证明，不能分割遗产。对于这种情况，可能的解决办法是向法院申请，宣告习宁为无行为能力人，并要求法院指定监护人，由监护人代为处理他的财产。

【法律依据】

《继承法》第二条　继承从被继承人死亡时开始。

《民法通则》第十三条　不能辨认自己行为的精神病人是无民事行为能力人，由他的法定代理人代理民事活动。

不能完全辨认自己行为的精神病人是限制民事行为能力人，可以进行与他的精神健康状况相适应的民事活动；其他民事活动由他的法定代理人代理，或者征得他的法定代理人的同意。

第二十三条　公民有下列情况之一的，利害关系人可以向人民法院申请，宣告死亡：

1.下落不明满四年的；

2.因意外事故下落不明，从事故意发生之日起满二年的。战争期间下落不明的，下落不明的时间从战争结束之日起计算。

第二十四条　被宣告死亡的人重新出现或者确知他没有死亡，经本人或者利害关系人申请，人民法院应当撤消对他的死亡宣告。

有民事行为能力人在被宣告死亡期间实施的民事法律行为有效。

《民法通则意见》第五条　精神病人（包括痴呆症人）如果没有判断能力和自我保护能力，不知其行为后果的，可以认定为不能辨认自己行为的人；对于比较复杂的事物或者比较重大的行为缺乏判断能力和自我保护能力，并且不能预见其行为后果的，可以认定为不能完全辨认自己行为的人。

◎ 什么是宣告死亡，宣告死亡后遗产就可以继承吗？

【典型案例】

晓琴与丈夫离婚后单独居住，儿子广明与其父共同生活，2006年6月晓琴离家出走，音讯全无，在此期间一直由晓琴的父亲拿着晓琴的工资卡，并住在晓琴的房子里，2012年3月晓琴仍然没有音讯，晓琴的父亲想卖掉晓琴的房子，但广明不同意。晓琴的父亲便到法院申请宣告晓琴死亡，但广明也不同意。那么在广明不同意的情况下，晓琴是否能被宣告为死亡，她留下的财产可以开始继承吗？

【律师说法】

所谓宣告死亡，是指公民下落不明超过法定期限，人民法院根据利害关系人的申请，依法宣告该公民死亡的一种法律制度。宣告一个人死亡，关系到终止他的民事主体资格，须慎重从事，所以需要有较长的失踪时间。

同宣告失踪一样，宣告死亡也须按法定程序进行。申请宣告死亡的利害关系人的顺序是：①配偶；②父母、子女；③兄弟姐妹、祖父母、外祖父母、孙子女、外孙子女；④其他有民事权利义务的人。在申请宣告死亡这一问题上，法律对有关利害关系人是有顺序限制的，在前顺序利害关系人不同意的情况下，后顺序利害关系人是不能申请宣告死亡的。其次，由人民法院依有关特别程序审理。人民法院受理案件后，应发出寻找失踪人的公告，公告为期一年。公告届满后仍无失踪者生存的消息时，可作出宣告死亡判决。可见，晓琴的父亲与广明是同一顺序的利害关系人，其父可以作为利害关系人向法院提出申请。宣告死亡与自然死亡的法律后果相同，比如单位除名、户口注销、继承开始、配偶可以再婚等等。广明和晓琴的父亲都是第一顺序继承人，晓琴的遗产应该由他们二人平均分配，晓琴的父亲不能独自决定把晓琴的房子卖掉。

【法律依据】

《民法通则》第二十三条　公民有下列情况之一的，利害关系人可以向人民法院申请，宣告死亡：

1.下落不明满四年的；

2.因意外事故下落不明，从事故发生之日起满二年的。战争期间下落不明的，下落不明的时间从战争结束之日起计算。

《民事诉讼法》第一百六十七条　公民下落不明满四年，或者因意外事故下落不明满二年，或者因意外事故下落不明，经有关机关证明该公民不可能生存，利害关系人申请宣告其死亡的，向下落不明人住所地基层人民法院提出。

申请书应当写明下落不明的事实、时间和请求，并附有公安机关或者其他有关机关关于该公民下落不明的书面证明。

第一百六十八条　人民法院受理宣告失踪、宣告死亡案件后，应当发出寻找下落不明人的公告。宣告失踪的公告期间为三个月，宣告死亡的公告期间为一年。因意外事故下落不明，经有关机关证明该公民不可能生存的，宣告死亡的公告期间为三个月。

公告期间届满，人民法院应当根据被宣告失踪、宣告死亡的事实是否得到确认，作出宣告失踪、宣告死亡的判决或者驳回申请的判决。

《民法通则意见》第二十五条　申请宣告死亡的利害关系人的顺序是：

(一)配偶；

(二)父母、子女；

(三)兄弟姐妹、祖父母、外祖父母、孙子女、外孙子女；

(四)其他有民事权利义务关系的人。

申请撤消死亡宣告不受上列顺序限制。

◎ 有效遗嘱具备哪些要件？

【典型案例】

温暖与爱人胡涛1976年将一幢祖业房屋当给吴某。1999年温暖与吴某协商赎回房屋自住，吴某同意其赎回房屋，但要等找到住房后才能搬出。不料，吴某未能找到住房之前，温暖于1999年8月6日病故。2001年房屋由温暖的三儿子温国民赎回。温暖生前明确表示把赎回房屋给温国民所有，并立下自书遗嘱：

我死后我的全部财产归三儿子温国民所有，由爱人胡涛办理，遗书由爱人胡涛保存。

胡　涛

1999年6月12日

温暖死后，胡涛没有公布遗嘱，直到2010年10月温国民与哥哥温国军因房屋发生纠纷时才予以公布。请问，这份遗嘱还有效吗？

【律师说法】

根据《继承法》第十七条规定的遗嘱形式要件，自书遗嘱由遗嘱人亲笔书写，签名，注明年、月、日。除了这些形式要件，遗嘱还应该具备以下实质要件：(1)遗嘱人在设立遗嘱时必须具备遗嘱能力；(2)遗嘱必须是遗嘱人的真实意思；(3)遗嘱不得取消缺乏劳动能力及没有生活来源的继承人的继承权，要为其保留必要的遗产份额；(4)遗嘱只能处分被继承人个人的财产。本遗嘱具备合法形式，并且是处分温暖本人的个人财产，意思表示真实，形式要件齐全，与遗嘱的公布时间无关，是有效遗嘱。

【法律依据】

《继承法》第十七条　公证遗嘱由遗嘱人经公证机关办理。

自书遗嘱由遗嘱人亲笔书写，签名，注明年、月、日。

代书遗嘱应当有两个以上见证人在场见证，由其中一人代书，注明年、月、日，并由代书人、其他见证人和遗嘱人签名。

以录音形式立的遗嘱，应当有两个以上见证人在场见证。

遗嘱人在危急情况下，可以立口头遗嘱。口头遗嘱应当有两个以上见证人在场见证。危急情况解除后，遗嘱人能够用书面或者录音形式立遗嘱的，所立的口头遗嘱无效。

第二十二条　无行为能力人或者限制行为能力人所立的遗嘱无效。

遗嘱必须表示遗嘱人的真实意思，受胁迫、欺骗所立的遗嘱无效。

伪造的遗嘱无效。

遗嘱被篡改的，篡改的内容无效。

◎ 遗嘱只传男不传女吗?

【典型案例】

贾老汉有一个儿子和一个女儿,他认为儿子是王家的根,可以传宗接代,女儿是嫁给外姓人,虽然也孝顺自己,但不能传宗接代。因此,贾老汉生前立有遗嘱,明确写明将自己的遗产全部留给儿子。贾老汉去世后,在遗产分割时,儿子和女儿产生了分歧。女儿认为父亲的遗嘱侵害了妇女权益,是违法的,因此没有法律效力。

【律师说法】

在我国,遗产,包括一些祖传秘方、祖传诀窍等,传男不传女的旧的传统观念,至今在一些农村甚至城镇仍有遗习。从思想观念上看是错误的,其做法是国家不提倡的。但这不等于贾老汉的遗嘱就违法,就没有效力,不能执行。因为贾老汉的遗嘱并没有违反法律的禁止性规定,也没有损害国家、集体的利益,而他有权处分属于自己的遗产,虽然国家不提倡这样,但也不能因此就认定遗嘱无效。所以,贾老汉的遗嘱具有法律效力。

【法律依据】

《妇女权益保障法》第二条　妇女在政治的、经济的、文化的、社会的和家庭的生活等各方面享有同男子平等的权利。

《继承法》第十六条　公民可以依照本法规定立遗嘱处分个人财产,并可以指定遗嘱执行人。

公民可以立遗嘱将个人财产指定由法定继承人的一人或者数人继承。

公民可以立遗嘱将个人财产赠给国家、集体或者法定继承人以外的人。

◎ 打印后亲笔签名的遗嘱无效吗?

【典型案例】

赵老汉身患癌症晚期,对自己的遗产继承拟好了一份遗嘱:"自己的全部遗产由儿子继承。"并请朋友为他打印好后亲笔签名,并让两名现场见证的朋友也签了字。半年后,赵老汉去世。女儿认为,父亲生前虽留有遗嘱,但遗嘱不是他亲笔书写,也没给母亲留下应有份额,这份遗嘱应是无效遗嘱。所以,诉至法院,要求对赵老汉留下的遗产进行继承。

【律师说法】

根据《继承法》第十六条规定的继承法定要件和第十七条规定的继承方式,遗嘱人意思表示的方式可以是多种多样的。如交付遗嘱的草稿、直接口述、电话指示以及托人转达等等。公民有权处分自己的个人合法财产,法律规定遗嘱方式,也是为了体现公民的真实意思表示。本案中,赵老汉生前将自己拟制的遗嘱委托他人打印,遗嘱从形式上虽不是赵老汉亲自书写,也不完全符合法律关于代书遗嘱的规定,但订立遗嘱及遗嘱的内容是赵老汉的真实意思表示,遗嘱上有他的亲笔签名,并有两个无利害关系的证人现场见证并签字,由此也可证明,遗嘱是被继承人的真实意思表示,所以,应认定遗嘱有效。法院应驳回其女儿的继承请求。

【法律依据】

《继承法》第十六条　公民可以立遗嘱将个人财产指定由法定继承人的一个或者数人继承。

第十七条　公证遗嘱由遗嘱人经公证机关办理。

自书遗嘱由遗嘱人亲笔书写,签名,注明年、月、日。

代书遗嘱应当有两个以上见证人在场见证,由其中一人代书,注明年、月、日,并由代书人、其他见证人和遗嘱人签名。

以录音形式立的遗嘱，应当有两个以上见证人在场见证。

遗嘱人在危急情况下，可以立口头遗嘱。口头遗嘱应当有两个以上见证人在场见证。危急情况解除后，遗嘱人能够用书面或者录音形式立遗嘱的，所立的口头遗嘱无效。

《最高人民法院关于贯彻执行〈中华人民共和国继承法〉若干问题的意见》（以下简称《继承法意见》）第四十条　公民在遗书中涉及死后个人财产处分的内容，确为死者真实意思的表示，有本人签名并注明了年、月、日，又无相反证据的，可按自书遗嘱对待。

◎这份遗嘱有效吗？自书遗嘱要注意哪些问题？

【典型案例】

秦大伯去世后只给其老伴桂大妈留了一份只有签名，却没有标明具体日期的遗书："咱家也未有什么财产，房子就算给张军的了。另外电厂的集资5000元作为他们结婚之礼。我是看不到了……"。就是这封遗书引起了一场家庭风波。遗书中提到的张军是秦大伯的孙子，而那处房子就是秦大伯和桂大妈的共同财产。看到老伴把房子给了孙子，却没留自己的份，桂大妈心里很不平衡。2007年7月8日，桂大妈起诉到法院，要求法院按法定继承分割遗产。对于母亲的举动，张军的父亲张忠表示不解。

【律师说法】

在本案中，秦大伯的遗嘱没有写明准确时间，形式有欠缺，因此，该遗嘱是无效的，只能按照法定继承办理。因桂大妈与被继承人秦大伯是夫妻关系，争议房产属于夫妻共同财产。因此，秦大伯自己的财产份额应按法定继承由继承人按等份额继承，而另一半房产是桂大妈的个人财产，不涉及继承。根据实际情况，争议房产的产权归原告桂大妈所有为宜，同时桂大妈应给付其他继承人相当于继承份额的货币补偿。法院一审判决：该房产归原告桂大妈所有，桂大妈一次性给付三个女儿及儿子张忠各2.5万元。

在自书遗嘱时，要注意以下问题：首先，遗嘱人应亲自书写遗嘱全文，这样既可以真实表达遗嘱人的意志，又可防止他人伪造、篡改、添加遗嘱内容。而本案中，秦大伯仅仅是用商量的口气。其次，遗嘱人在自己书写的遗嘱上写明书写的年、月、日和地点。订立遗嘱的时间对遗嘱的效力有一定的影响，如不同书面遗嘱内容相矛盾时，应以时间在后的书面遗嘱为准。同时，订立遗嘱的时间有时也可证明遗嘱内容的真伪。《继承法意见》第四十条规定："公民在遗书中涉及死后个人财产处分的内容，确为死者真实意思的表示，有本人签名并注明了年、月、日，又无相反证据的，可按自书遗嘱对待。"而秦大伯没有写明立遗嘱的具体时间，形式上就有欠缺。再次，遗嘱人应亲笔签名。最后，自书遗嘱中如需涂改、增删，应当在涂改、增删内容的旁边注明涂改、增删的字数，且应在涂改、增删处另行签名。特别要注意的是，遗嘱应放在死后继承人可以获得的地方，比方说银行的保险柜里面，或者委托律师保管也可以，如果自己保管甚至藏起来，到时候可能别人无法发现，也就不可能按照死者的遗愿执行了。根据《继承法》代书遗嘱需要见证人，而自书遗嘱是不需要的。

【法律依据】

《继承法》第十七条　公证遗嘱由遗嘱人经公证机关办理。

自书遗嘱由遗嘱人亲笔书写，签名，注明年、月、日。

代书遗嘱应当有两个以上见证人在场见证，由其中一人代书，注明年、月、日，并由代书人、其他见证人和遗嘱人签名。

以录音形式立的遗嘱，应当有两个以上见证人在场见证。

遗嘱人在危急情况下，可以立口头遗嘱。口头遗嘱应当有两个以上见证人在场见证。危急情况解除后，遗嘱人能够用书面或者录音形式立遗嘱的，所立的口头遗嘱无效。

第二十六条　夫妻在婚姻关系存续期间所得的共同所有的财

产，除有约定的以外，如果分割遗产，应当先将共同所有的财产的一半分出为配偶所有，其余的为被继承人的遗产。

遗产在家庭共有财产之中的，遗产分割时，应当先分出他人的财产。

第二十七条　有下列情形之一的，遗产中的有关部分按照法定继承办理：

（一）遗嘱继承人放弃继承或者受遗赠人放弃受遗赠的；

（二）遗嘱继承人丧失继承权的；

（三）遗嘱继承人、受遗赠人先于遗嘱人死亡的；

（四）遗嘱无效部分所涉及的遗产；

（五）遗嘱未处分的遗产。

《继承法意见》第四十条　公民在遗书中涉及死后个人财产处分的内容，确为死者真实意思的表示，有本人签名并注明了年、月、日，又无相反证据的，可按自书遗嘱对待。

◎ 什么是遗嘱公证？应注意哪些问题？

【典型案例】

杨刚、杨强、杨伟、杨阳（已嫁人）为亲兄妹，父母生前共有大小房屋七间。母亲生前立下公证遗嘱，将其与父亲生前的房屋进行处分，遗嘱内容为："大儿子杨刚分得底下的一间及相连的小屋一间；次子杨强分得顶上的一间及相连的小屋一间；三儿子杨伟分得中间的一间及相连的小屋一间，其自住的一间小屋，死后归三儿子杨伟所有。"杨刚结婚后即一直居住在中间的房屋至今。2005 年 12 月 17 日，杨伟以执行母亲遗嘱为由，要求大哥杨刚搬出占有的房屋而诉至法院。那么母亲的这份公证遗嘱是否能得到执行呢？

【律师说法】

遗嘱是指遗嘱人生前按照法定的方式处分个人财产或其他事

务，并在死亡时生效的法律行为。遗嘱公证是国家公证机关根据遗嘱人的申请，依法对其设立遗嘱行为的真实性、合法性予以证明的活动。办理遗嘱公证，遗嘱人应提交以下证件和材料：(1)本人的身份证明(居民身份证、户口本、护照、通行证等)；(2)遗嘱人所处分的财产的所有权证明(如房产证存款单、有价证件等)；(3)遗嘱草本。

办理遗嘱公证应注意以下问题：(1)遗嘱人应向遗嘱行为发生地或住所地的公证处申请办理遗嘱公证。(2)遗嘱是遗嘱人处分自己财产和死后事务的意思表示，只能由本人亲自办理，不得由他人代理，如遗嘱人因特殊原因(年老体衰、行动不便或住院等)不能到公证处办理的，公证员可以到其住所地办理公证。(3)遗嘱人要有行为能力，无行为能力或限制行为能力人不得办理。(4)遗嘱必须是遗嘱人的真实意思表示，受胁迫、欺骗所立的遗嘱无效。(5)遗嘱人设立的遗嘱内容要真实、合法(如所处分的财产是否为个人所有，是否给缺乏劳动能力又没有生活来源的继承人保留了必要的份额)。(6)立遗嘱人在遗嘱生效前可以变更、撤消遗嘱。(7)立遗嘱人可以在遗嘱中指定遗嘱执行人。无行为能力人、限制行为能力人、继承人、受遗赠人、与继承人、受遗赠人有利害关系的人不能做遗嘱执行人。

经过公证机关公证的遗嘱具有法律效力，非经法律程序不能认定无效，因此，在这个案件中，应该按照经过公证的遗嘱执行。

【法律依据】

《中华人民共和国遗嘱公证细则》(以下简称《遗嘱公证细则》)

第二条　遗嘱是遗嘱人生前在法律允许的范围内，按照法律规定的方式处分其个人财产或者处理其他事务，并在其死亡时发生效力的单方法律行为。

第四条　遗嘱公证由遗嘱人住所地或者遗嘱行为发生地公证处管辖。

第五条　遗嘱人申办遗嘱公证应当亲自到公证处提出申请。

遗嘱人亲自到公证处有困难的，可以书面或者口头形式请求有管辖权的公证处指派公证人员到其住所或者临时住所办理。

第六条　遗嘱公证应当由两名公证人员共同办理，由其中一名公证员在公证书上署名。因特殊情况由一名公证员办理时，应当有一名见证人在场，见证人应当在遗嘱和笔录上签名。

公证人、遗嘱代书人适用《中华人民共和国继承法》第十八条的规定。

◎ 公证后的遗嘱可以变更吗？

【典型案例】

阿婆老伴去世后，一直与大儿子大鹏共同生活。2010 年，阿婆到公证处办理了一份公证遗嘱，表示老两口积攒的 10 万元存款中 6 万元及所有物品由大鹏继承，其余 4 万元由二儿子二鹏继承。2010 年 12 月，阿婆突患中风并留下半身不遂的后遗症。刚开始时，大鹏夫妇还能精心照顾，可时间一长就厌烦了。此时，二鹏主动将阿婆接到自己家里照料日常起居。2011 年 5 月，阿婆亲笔自书了一份遗嘱，将存款中的 6 万元归二鹏所有，其他 4 万元存款及物品归大鹏继承。2011 年 8 月，阿婆病逝后，二鹏和哥哥大鹏为分割遗产争执不下，一纸诉至法院，要求按其母的自书遗嘱继承遗产，哥哥则手持公证遗嘱提出反诉。

【律师说法】

阿婆生前所立两份遗嘱都符合法律规定，均为有效遗嘱。但由于前一份是公证遗嘱，后一份是自书遗嘱，而根据法律规定，自书遗嘱不能撤消、变更公证遗嘱。因此，在本案中，应该按公证遗嘱内容对阿婆的遗产进行分割，即大鹏继承 6 万元及物品，二鹏只能继承 4 万元。如果立遗嘱人要变更公证遗嘱，还得通过公证的方式，自书或者口头变更是不行的。

【法律依据】

《继承法》第二十条　遗嘱人可以撤消、变更自己所立的遗嘱。

立有数份遗嘱，内容相抵触的，以最后的遗嘱为准。

自书、代书、录音、口头遗嘱，不得撤消、变更公证遗嘱。

◎ 危急情况下订立的口头遗嘱无效吗？

【典型案例】

大力 15 岁，自 2006 年父亲方刚与母亲离婚后一直随母亲生活。2008 年父亲与郑佩女士再婚，两人又生有一子。2010 年 1 月，方刚因故意杀人被判处死刑。在方刚执行死刑前，亲属们一起会见了他。方刚的大哥突然提及股票等财产如何办的问题，方刚回答说："财产都给郑佩女士，你们就听郑佩女士安排吧。"他死后：其子大力将父亲的第二任妻子告上法庭，请求法院分割房产。大力起诉称，父亲方刚生前拥有某区 4 号房屋。2002 年 5 月，他们父子俩又共同购买了一套房屋，房产在两人名下。这两处房屋及其他所有遗产均由郑佩女士实际占有。遗产案审理中，方刚的大哥和妹妹在方刚执行死刑前的会面，也得到了当班法警的证实："他被执行前应该没有时间写遗嘱……亲属会见时我在场，方刚说家里的财产都要听郑佩女士的，这话我记得。"郑佩女士母子据此答辩，方刚生前已经立有口头遗嘱，将郑佩女士指定为唯一遗产继承人，排除了其他继承人的继承权。

【律师说法】

我国《继承法》对口头遗嘱的有效形式和遗嘱见证人的资格有明确规定。在本案中，方刚的大哥和妹妹虽系亲属，仍可作为遗嘱见证人，因为两人与本案原被告的孩子均系亲姑侄及亲叔侄关系。而且在郑佩女士等人作为第一顺序法定继承人不放弃继承的情况下，方刚的大哥和妹妹作为第二顺序继承人并非必然属于利害关系人而不能作为遗嘱见证人。此外，家属之外的法官、法警等人均在场见证了家属会见及会见内容的情况。方刚在一个非常特别的状况下对自己的财产进行了明确处分，应认定他已订立了口头遗嘱，该口头遗嘱符合我国继承法的相关规定，应视为合法、有效。

【法律依据】

《继承法》第十七条　公证遗嘱由遗嘱人经公证机关办理。

自书遗嘱由遗嘱人亲笔书写，签名，注明年、月、日。

代书遗嘱应当有两个以上见证人在场见证，由其中一人代书，注明年、月、日，并由代书人、其他见证人和遗嘱人签名。

以录音形式立的遗嘱，应当有两个以上见证人在场见证。

遗嘱人在危急情况下，可以立口头遗嘱。口头遗嘱应当有两个以上见证人在场见证。危急情况解除后，遗嘱人能够用书面或者录音形式立遗嘱的，所立的口头遗嘱无效。

第十八条　下列人员不能作为遗嘱见证人：

（一）无行为能力人、限制行为能力人；

（二）继承人、受遗赠人；

（三）与继承人、受遗赠人有利害关系的人。

◎不识字的人请他人代书，自己按手印的遗嘱有效吗？

【典型案例】

70岁的郑老汉是个文盲，为了死后使自己的遗产在儿女间达到合理分割，他在临终前让自己的弟弟按自己的意思写了一份遗嘱，并代其签字，郑老汉自己按上了手印。请问，这样的遗嘱有效吗？

【律师说法】

这样的遗嘱应属无效。首先，郑老汉不识字，因此，他不能正确判断出遗嘱的内容；其次，这样的遗嘱应属代书遗嘱，弟弟是郑老汉的利害关系人，这样的人不能做代书人，也不能做见证人。因此，这样的遗嘱实际上是无效的。在当事人不识字的情况下，应该订立录音遗嘱，并由两个见证人在场见证，这样就能保证自己真实的意思得到执行。

【法律依据】

《继承法》第十七条　公证遗嘱由遗嘱人经公证机关办理。

自书遗嘱由遗嘱人亲笔书写，签名，注明年、月、日。

代书遗嘱应当有两个以上见证人在场见证，由其中一人代书，注明年、月、日，并由代书人、其他见证人和遗嘱人签名。

以录音形式立的遗嘱，应当有两个以上见证人在场见证。

遗嘱人在危急情况下，可以立口头遗嘱。口头遗嘱应当有两个以上见证人在场见证。危急情况解除后，遗嘱人能够用书面或者录音形式立遗嘱的，所立的口头遗嘱无效。

第十八条 下列人员不能作为遗嘱见证人：

(一)无行为能力人、限制行为能力人；

(二)继承人、受遗赠人；

(三)与继承人、受遗赠人有利害关系的人。

◎ 录音的遗嘱有效吗？

【典型案例】

广胜出海打鱼，在海上突遇风暴，情急之下，他打完求救电话后给妻子打电话说，“我可能回不去了，你把我说的话录下来，这就是我的遗嘱，家里的房子和存款都留给你，你要把孩子拉扯大。”由于海上风浪太大，最终未能营救成功，渔船上的人全部遇难。广胜的父母要求分割其遗产，但其妻以录音遗嘱为由拒绝，双方因此产生了纠纷？请问，录音的遗嘱是否有效？

【律师说法】

录音遗嘱也是遗嘱的一种，并且它通过音像资料保存下来，但实际上，因为音像资料伪造的可能性较大，因此法律也规定必须有两个以上的合格见证人，否则仍然无效。因为该遗嘱无效，所以只能按照法定继承办理。首先，广胜家的全部财产中有一半应当属于其妻，剩下的一半财产才能作为遗产在第一顺序的继承人中分配。即全部遗产分为四份，妻子、孩子、父亲、母亲各得一份。

【法律依据】

《继承法》第十七条　公证遗嘱由遗嘱人经公证机关办理。

自书遗嘱由遗嘱人亲笔书写，签名，注明年、月、日。

代书遗嘱应当有两个以上见证人在场见证，由其中一人代书，注明年、月、日，并由代书人、其他见证人和遗嘱人签名。

以录音形式立的遗嘱，应当有两个以上见证人在场见证。

遗嘱人在危急情况下，可以立口头遗嘱。口头遗嘱应当有两个以上见证人在场见证。危急情况解除后，遗嘱人能够用书面或者录音形式立遗嘱的，所立的口头遗嘱无效。

第二十二条　无行为能力人或者限制行为能力人所立的遗嘱无效。

遗嘱必须表示遗嘱人的真实意思，受胁迫、欺骗所立的遗嘱无效。伪造的遗嘱无效。

遗嘱被篡改的，篡改的内容无效。

◎ 遗赠与遗嘱继承一样吗？

【典型案例】

黄大伯有一个儿子和一个姑娘，大学毕业后都在外地工作。

老伴儿去世后他的日常生活都由侄女照顾。子女调回上海后各自成家单过，从来不看望他，甚至他生病住院都不来探望。老人认为侄女胜过儿女，尽到了孝心和赡养义务。他立下遗嘱，将自己的10万元积蓄和现住楼房一套及所有的财产都赠与他侄女所有。老人去世后，他的儿子、女儿知道此事后，以自己为亲生子女为由，向法院提起了诉讼，要求分得遗产。

【律师说法】

遗赠是公民以遗嘱方式将个人财产赠给国家、集体或者法定继承人以外的人，而于其死亡时发生法律效力的民事行为。立遗嘱的公民为遗赠人，接受遗赠的人为受遗赠人。这位老人将自己的住房和其他个人财产，用立遗嘱的方式遗赠给自己的侄女，侄女不在法定继承人之列，这就属于遗赠，是符合法律规定的。公民处理自己的合法财产受法律保护，任何人都无权干涉。遗赠与遗嘱继承的主要区别在于：①遗嘱继承人与受遗赠人的范围不同。遗嘱继承人只能是法定继承人范围以内的人，而受遗赠人可以是法定继承人以外的公民，也可以是国家或集体单位。②遗嘱继承人在继承开始后遗产分割前未明确表示放弃的，即视为继承。而受遗赠人在知道或应当知道受遗赠后两个月内未作出接受遗赠表示的，视为放弃，即丧失受遗赠权。亲生子女并不代表必定取得遗产，我国民事法律充分保护当事人合法处理自己财产的权利，因此，本案中，老人留下的遗嘱是有效的，法院不会支持其子女的请求。

【法律依据】

《继承法》第十六条　公民可以依照本法规定立遗嘱处分个人财产，并可以指定遗嘱执行人。

公民可以立遗嘱将个人财产指定由法定继承人的一人或者数人继承。

公民可以立遗嘱将个人财产赠给国家、集体或者法定继承人以外的人。

◎ 扶养人不履行遗赠扶养协议怎么办？

【典型案例】

胡婆婆和老伴儿一直没有孩子，杨丽莎是胡婆婆老伴儿的徒弟，多年来对夫妻俩的生活一直比较照顾。2010 年 8 月 9 日，胡婆婆与杨丽莎签订了遗赠扶养协议。双方约定，杨丽莎平时应经常看望、照顾胡婆婆夫妇，并负责他们生老病死；在胡婆婆夫妻去世后，杨丽莎可以获赠他们的一切遗产，其中包括位于市中心的一套住房。但是，杨丽莎在胡婆婆夫妇还健在的情况下，不得将该房擅自出卖或抵押。2011 年初，胡婆婆被杨丽莎送进了老年公寓，杨丽莎将胡婆婆的证件都放在自己身上。两个多月后，胡婆婆老伴儿去世，杨丽莎一手操办了丧事，但未告知胡婆婆。2012 年初，杨丽莎找到了自己的侄子杨广，由杨广书写了一份委托书，大意是：胡婆婆因行动不便委托自己办理产权过户手续。该份委托书上胡婆婆的签名也系杨广所签。2012 年 2 月 6 日，杨广以胡婆婆的名义与杨丽莎签订了《房地产买卖契约》。约定：胡婆婆将房屋出售给杨丽莎，价格为 45 万元，付款方式为现金。随后，杨丽莎与杨广一起去房产管理局办理了房屋过户手续。事实上，杨丽莎并没有向胡婆婆支付 45 万元的购房款。当得知自家的房子居然在自己不知情的情况下被卖给杨丽莎，胡婆婆将杨丽莎告上了法庭，要求她归还房产。对此，杨丽莎则认为，自己 20 多年来对胡婆婆夫妇一直照顾有加，这才会与胡婆婆签订遗赠扶养协议。协议签订后，自己完成了对胡婆婆夫妇的扶养，其老伴儿去世后，胡婆婆仍然由自己扶养。杨丽莎说："胡婆婆老伴儿去世后，很多人自称是她的遗产继承人跑来要房子，在胡婆婆的要求下，我才将这套房子通过买卖的方式过户至自己名下。"她认为，遗赠扶养协议合法有效，故请求法院判决驳回胡婆婆的诉讼请求。

【律师说法】

遗赠扶养协议，是遗赠人与扶养人之间订立的，确定遗赠与扶养民事权利义务关系的协议。这里的"扶养人"是指法定继承人以外的其他公民或集体所有制组织。遗赠扶养协议订立的出发点是为了保证遗赠人老有所养，同时根据权利义务的一致性原则，保护扶养人付出义务后也享有对等权利。胡婆婆夫妇与杨丽莎订立的遗赠扶养协议是双方真实意思的表示，合法有效，双方均应依约履行。杨丽莎串通他人假冒原告签名，订立房地产买卖契约，并以此将房屋过户至自已名下，已违反了协议约定，所以胡婆婆可以要求解除协议，协议解除后，杨丽莎保管的本属于胡婆婆的所有财产都应返还给胡婆婆。房屋的《房地产买卖契约》无效，房屋产权恢复登记至胡婆婆名下。由于杨丽莎的确对胡婆婆夫妇尽了一定的扶养义务，故胡婆婆应对杨丽莎进行适当补偿。遗赠扶养协议是以照顾孤寡老人为目的的，因此协议中老人赠与义务的履行，第一是以扶养人履行扶养义务为前提的；第二，赠与是在老人去世后才具体实施的，故为遗赠。因此这种赠与是有条件的、并以这一条件的实现为前提。如果扶养人不履行或不完全履行协议中约定的扶养义务，那么遗赠方是可以在生前取消或修改其遗赠承诺的。

【法律依据】

《继承法》第三十一条　公民可以与扶养人签订遗赠扶养协议。按照协议，扶养人承担该公民生养死葬的义务，享有受遗赠的权利。

公民可以与集体所有制组织签订遗赠扶养协议。按照协议，集体所有制组织承担该公民生养死葬的义务，享有受遗赠的权利。

《继承法意见》第五十六条　扶养人或集体组织与公民订有遗赠扶养协议，扶养人或集体组织无正当理由不履行，致协议解除的，不能享有受遗赠的权利，其支付的供养费用一般不予补偿；遗赠人无正当理由不履行，致协议解除的，则应偿还扶养人或集体组织已支付的供养费用。

◎ 如何办理遗赠扶养协议公证？

【典型案例】

小江从小在山东一个小镇长大，邻居温大爷一直给了小江无微不至的照顾。可温大爷的子女一直对老人不闻不问。虽然小江大学毕业在北京工作、生活，但每年都要专门回去几次探望温大爷。最近温大爷家拆迁，分得新楼房一套。看见新房，儿女纷纷表示要照顾老人。温大爷决定和小江到北京生活，并且通过遗赠扶养协议的方式把新房留给小江。请问，这公证应该怎么办理呢？

【律师说法】

遗赠扶养协议公证是指国家公证机关根据当事人的申请，依法证明遗赠人与扶养人之间签订协议行为的真实性、合法性的活动。遗赠扶养协议公证，双方当事人应亲自到遗赠人或扶养人住所地公证处提出申请。遗赠人因年老、疾病等原因不能亲自到公证处的，公证员可到其住所办理。可见，江渊源可以在北京办理公证，并且爷爷出门不便的话，公证人员可以上门办理。办理遗赠扶养协议公证，当事人应提交以下证件和材料：(1)当事人(遗赠人、扶养人)的身份证明(身份证、户口本等。扶养人是集体所有制组织的，应提交法人资格证明、法定代表人身份证明，代理人应提交授权委托书及身份证明)；(2)遗赠人所在单位人事部门出具的其家庭成员情况证明及与扶养人相互关系的证明。遗赠人无工作单位的，以上证明可由其住所地街道办事处或乡镇人民政府出具；(3)扶养人所在单位人事部门出具的扶养人家庭成员、经济状况的证明及与遗赠人相互关系的证明；(4)遗赠财产的所有权凭证(如房屋产权证、存款单据、有价证券等)及财产清单；(5)遗赠扶养协议书草本。

办理遗赠扶养协议公证应注意的问题有:(1)扶养人应是遗赠人的法定继承人以外的公民或集体组织。(2)当事人的意思表示要真实,协议条款要完备,双方的权利义务要明确。(3)遗赠人处分的财产是否为个人所有,有无债务。(4)扶养人已婚,或有成年子女与之共同生活的,要征求其配偶及成年子女的意见,并应与其配偶共同为一方,与遗赠人签订协议。(5)协议如设立了担保条款,担保人的意思表示须真实,同时还应提供担保人的财产情况。

【法律依据】

《继承法》第三十一条　公民可以与扶养人签订遗赠扶养协议。按照协议,扶养人承担该公民生养死葬的义务,享有受遗赠的权利。

公民可以与集体所有制组织签订遗赠扶养协议。按照协议,集体所有制组织承担该公民生养死葬的义务,享有受遗赠的权利。

◎ 没有遗嘱的遗产该如何继承?

【典型案例】

赵宏的爷爷新中国成立前在上海开当铺,有4个儿子,当年建有16间房屋的一幢房产,除了天井、上厅堂、下厅堂公用外,其他的都按4个儿子分,赵宏的爸爸是老三也分得一份房产。爷爷去世后没有留下遗嘱,一大家老小达49口,相安无事,一直居住在这个院子里。现因城市改造政府征用,拆迁费达1960万元。请问,是按现有人口分,还是按当年的4份来分?

【律师说法】

如果长辈没有留下遗嘱,就按法定继承办理。也就是说先由爷爷继承,如果爷爷去世后没有遗嘱,就由爷爷的法定继承人继承。法定继承就是在死者没有留下遗嘱的情况下,其直系亲属按照法律规定，继承其遗产的行为。这些能够继承遗产的直系亲属就是法定继承人，即：第一顺序继承人配偶、子女、父母；第二顺序继承人：兄弟姐妹、祖父母、外祖父母。继承开始后，由第一顺序继承人继承，第二顺序继承人不继承。没有第一顺序继承人继承的，由第二顺序继承人继承。假设仅仅涉及遗产继承，那么就按照《继承法》办理，但拆迁往往是个很复杂的问题，有时候会涉及到这个房屋地址的户口内登记的人口数量，也就是说按人口补偿，因此，还应该看当地的拆迁政策。

【法律依据】

《继承法》第十条　遗产按照下列顺序继承：

第一顺序：配偶、子女、父母。

第二顺序：兄弟姐妹、祖父母、外祖父母。

继承开始后，由第一顺序继承人继承，第二顺序继承人不继承。没有第一顺序继承人继承的，由第二顺序继承人继承。

本法所说的子女，包括婚生子女、非婚生子女、养子女和有扶养关系的继子女。

本法所说的父母，包括生父母、养父母和有扶养关系的继父母。

本法所说的兄弟姐妹，包括同父母的兄弟姐妹、同父异母或者同母异父的兄弟姐妹、养兄弟姐妹、有扶养关系的继兄弟姐妹。

◎ 法定继承和遗嘱继承哪个效力优先？

【典型案例】

王大伯有 2 个儿子和 1 个女儿，3 个孩子都已成家单过，每月他们都给王大伯一些生活费。2010 年春节刚过，76 岁的王大伯不幸得了中风，瘫痪在床，2 个儿媳都嫌他累赘，没有一个人前来照顾，只有女儿把他接过去住。不料 2010 年 6 月女儿因车祸去世，王大伯承受不了这样的打击，也于12月病逝，生前留下遗嘱，将自己的全部积蓄、财产都留给女婿。儿子和儿媳知道这个消息后，找到女婿，说他是外姓人，就算有遗嘱也不能把本应属于亲生儿女的遗产都占了，从此纠纷不断，以致闹上法庭。

【律师说法】

根据我国的相关民事法律，自然人对自己的合法财产有完全的处分权，也就是说只要不违反法律规定和社会公共利益，就可以留给他认为合适的任何人或者单位，不会因为血缘关系的存在受到影响。因此，亲生子女反对是没有用的，老人把遗产留给女婿的遗嘱是合法有效的，我国遗嘱和遗赠扶养协议优于法定继承。

【法律依据】

《继承法》第五条　继承开始后，按照法定继承办理；有遗嘱的，按照遗嘱继承或者遗赠办理；有遗赠扶养协议的，按照协议办理。

◎ 遗嘱赠与和遗赠扶养协议哪个效力优先？

【典型案例】

家资丰厚的孤寡老人白阿婆，2011年6月与村委会订立了一份遗赠扶养协议，由村委会负责她的生养死葬，她死后，其全部财产归村委会所有。白阿婆的邻居李三经常帮她做家务，白阿婆很感激，于是于2011年9月自立遗嘱，将其遗产的一半赠与李三。白阿婆死后，李三持遗嘱要求接受遗赠，但村委会不同意。双方因此产生纠纷。请问，白阿婆同时留下的遗赠扶养协议和遗嘱，究竟哪个效力优先呢？

【律师说法】

遗赠扶养协议的效力高于遗赠。本案中，李三虽然持有白阿婆的遗嘱，但该遗嘱与白阿婆与村委会订立的遗赠扶养协议相抵触。所以，该遗嘱无效，应以遗赠扶养协议为准。白阿婆的遗产应当全部归村委舍所有，李三无权获得一半的遗产。

【法律依据】

《继承法》第五条　继承开始后，按照法定继承办理；有遗嘱的，按照遗嘱继承或者遗赠办理；有遗赠扶养协议的，按照协议办理。

《继承法意见》第五条　被继承人生前与他人订有遗赠扶养协议，同时又立有遗嘱的，继承开始后，如果遗赠扶养协议与遗嘱没有抵触，遗产分别按协议和遗嘱办理；如果有抵触，按协议处理，与协议抵触的遗嘱全部无效。

◎ 未成年人如何行使继承权？

【典型案例】

2006 年 8 月，周正与第三任妻子权圆圆离婚，7 岁的儿子涛涛由母亲权圆圆抚养。2009 年 3 月 14 日，周正因病去世，留下上亿遗产。周正去世后，遗产分别被涛涛的爷爷、奶奶、叔叔、周正的女友等人占有和使用。2009 年 6 月，权圆圆以涛涛的名义向人民法院提起诉讼，要求周正的弟弟等人返还目前占有的周正遗产，由涛涛继承应得的部分。权圆圆起诉后，涛涛的叔叔等人答辩称公司股份和财产周正生前已经转让给自己或处理给他人，因此不能算是遗产，并向法院提交了一份周正生前签订的“周正关于股权无偿转让及有关问题的约定”，该“约定”显示：周正将某商业广场有限公司股权的 90％及某房地产建设有限公司股权的 95％无偿转让给涛涛的叔叔，但在儿子涛涛结婚后，叔叔必须将上述两公司的股权无偿转让 50％给涛涛。在“约定”中，除公司股权外，周正也对其他的财产作了安排，涉及到涛涛的仅为成年后可以取得一块手表和几间房屋以及每年 5000 元的生活费用。该“约定”有周正、叔叔和几位公司董事的签名。权圆圆提出，周正去世前还对她说将大部分财产留给了唯一的儿子涛涛，周正生前还留有一份公证遗嘱，但目前的这份约定却没经过公证处公证。请问，涛涛如何行使自己的继承权呢？

【律师说法】

根据我国的民事法律，公民的民事行为能力分为三种：(1)完全民事行为能力。指能够通过自己独立的行为行使民事权利、履行民事义务的能力。18周岁以上的公民是成年人，可以独立进行民事活动，是完全民事行为能力人。16周岁以上不满18周岁的公民，以自己的劳动收入为主要生活来源的，视为完全民事行为能力人。(2)限制民事行为能力。指具备部分民事行为能力。10周岁以上的未成年人是限制民事行为能力人，可以进行与他的年龄、智力相适应的民事活动。不能完全辨认自己行为的精神病人是限制民事行为能力人，可以进行与他的精神健康状况相适应的民事活动。至于是否与其年龄、智力以及精神健康状况相适应，可以从民事行为标的的金额之大小、与个人生活相关联的程度、智力能否理解行为的性质和后果等方面认定。如果是超过“限制”的民事行为，均应由法定代理人代理或征得法定代理人同意，否则不发生法律效力。(3)无民事行为能力。指不具备以自己的独立行为取得民事权利、设定民事义务的能力。不满10周岁的未成年人是无民事行为能力人，由他的法定代理人代理民事活动。不能辨认自己行为的精神病人是无民事行为能力人，由他的法定代理人代理民事活动。无民事行为能力人、限制民事行为能力人的监护人是他的法定代理人。有关精神病人的民事行为能力的规定也适用于呆傻等智力不全的人。在本案中，涛涛只有7岁，属于无民事行为能力的人，他的继承权要由法定代理人代为行使，而无民事行为能力人的父母就是他的法定代理人。因此，涛涛的母亲可以作为代理人起诉、应诉，并管理涛涛最终分得的遗产。

【法律依据】

《继承法》第六条　无行为能力人的继承权、受遗赠权，由他的法定代理人代为行使。

限制行为能力人的继承权、受遗赠权，由他的法定代理人代为行使，或者征得法定代理人同意后行使。

《民法通则》第十二条　10周岁以上的未成年人是限制民事行为能力人，可以进行与他的年龄、智力相适应的民事活动；其他民事活动由他的法定代理人代理，或者征得他的法定代理人的同意。

不满10周岁的未成年人是无民事行为能力人，由他的法定代理人代理民事活动。

第十四条　无民事行为能力人、限制民事行为能力人的监护人是他的法定代理人。

◎ 没有法定继承人，远房侄子能继承遗产吗？

【典型案例】

45岁的薛林独身一人，于2006年突患急病不幸离世。他除了有一个堂兄外，无任何直系近亲属。其堂侄谢军，现年25岁，从薛林患病住院到去世一直护理在身边。薛林死后，谢军还披麻戴孝、摔盆打幡。薛林死后留有遗产16万人民币存款，债权3万余元，房产一处、家电以及其他物资。谢军本人和当地大多数群众认为，薛林的遗产应当由侍候他到死亡的谢军继承，谢军本人也以薛林的当然继承人自居，搬进了薛林的房屋居住，接管了薛林的存折及其他家产。2007年10月之后，谢军多次拿着村委会借薛林3万余元的借据，向村委会索要欠款，不但遭到拒绝，村委员会还向人民法院起诉，要求将薛林全部遗产转为无主财产收归村集体所有。

【律师说法】

薛林在世前一直是独身一人，死后当然也没有法定继承人，薛林的财产属于无人继承又无人受遗赠的无主财产，应归村委员会所有。但是被告人谢军对薛林在生病期间进行了护理照料，可按照《继承法》第十四条作为继承人以外的人分得适当遗产。法院通过调解无效后判决：薛林遗产中的房屋、家电等物资分给谢军所有，16 万元存款和 3 万余元债权为无主财产，归村集体所有。

【法律依据】

《民事诉讼法》第一百七十四条　申请认定财产无主，由公民、法人或者其他组织向财产所在地基层人民法院提出。

申请书应当写明财产的种类、数量以及要求认定财产无主的根据。

《继承法》第十条　遗产按照下列顺序继承：

第一顺序：配偶、子女、父母。

第二顺序：兄弟姐妹、祖父母、外祖父母。

继承开始后，由第一顺序继承人继承，第二顺序继承人不继承。没有第一顺序继承人继承的，由第二顺序继承人继承。

本法所说的子女，包括婚生子女、非婚生子女、养子女和有扶养关系的继子女。

本法所说的父母，包括生父母、养父母和有扶养关系的继父母。

本法所说的兄弟姐妹，包括同父母的兄弟姐妹、同父异母或者同母异父的兄弟姐妹、养兄弟姐妹、有扶养关系的继兄弟姐妹。

第十四条　对继承人以外的依靠被继承人扶养的缺乏劳动能力又没有生活来源的人，或者继承人以外的对被继承人扶养较多的人，可以分给他们适当的遗产。

第三十二条　无人继承又无人受遗赠的遗产，归国家所有；死者生前是集体所有制组织成员的，归所在集体所有制组织所有。

《继承法意见》第五十七条　遗产因无人继承收归国家或集体组织所有时，按继承法第十四条规定可以分给遗产的人提出取得遗产的要求，人民法院应视情况适当分给遗产。

◎ 嫁出去的女儿不能继承父母的遗产吗？

【典型案例】

苏姗姗家有兄妹6人，她是家里最小的女儿。母亲去世多年。2008年父亲用炒股赚的钱，购置了两处单元房。一处由她父亲与她二哥居住，一处用于出租。2011年8月份父亲因病去世，父亲生病期间一直由她和三个姐姐照顾。处理完她父亲的后事，她的两个哥哥只是将父亲的3万多元存款，在兄妹间作了分割。两处房产却被两个哥哥分别占住一处，苏姗姗和三个姐姐找两个哥哥商讨试图分得一些遗产，可两个哥哥说，房子是固定财产，嫁出去的女儿是没有权利分的。

【律师说法】

如果苏姗姗的父亲立有遗嘱，则应按照该遗嘱对财产进行分割。如果她父亲没立遗嘱，在他去世后，其遗产应按照法定继承办理。根据我国《继承法》第九条继承权男女平等的规定和《妇女权益保障法》第三十一条的规定，妇女享有的与男子平等的财产继承权受法律保护。在同一顺序法定继承人中，不得歧视妇女。苏姗姗的两个哥哥及姐姐作为子女享有同等的继承权，哥哥所说的"嫁出去的女儿没有权利分"的观点是不正确的，苏姗姗和三个姐姐对于父亲留下的两处房产享有继承权。

【法律依据】

《继承法》第九条　继承权男女平等。

《妇女权益保障法》第三十一条　在婚姻、家庭共有财产关系中，不得侵害妇女依法享有的权益。

◎ 妻子可以继承丈夫的婚前财产吗？

【典型案例】

王平与田晓芸结婚前拥有二层楼房一处，是他与前妻共同购置的，前妻去世后，王平一直单独居住。王平身患多种疾病，田晓芸结婚后，对其照顾护理直至去世，尽到了做妻子的义务，现要求继承丈夫和丈夫前妻的房屋产权份额。但三个继子女共同辩称，此房屋是其生父与生母的共同财产，是生父与继母结婚前生父的个人财产，因此继母无继承权。

【律师说法】

根据《继承法》相关规定，田晓芸和三个继子女都是胡的第一顺序法定继承人。一间二层楼房是王平与前妻的夫妻共同财产，该房屋产权的 1/2 归前妻所有。因前妻先于王平去世，前妻的产权份额由其继承人王平和三个亲生子女继承，每人继承全部房产的 1/8，王平拥有的产权份额共计 5/8。王平去世后，其产权份额由其继承人即田晓芸和三个继子女各继承 5/32。婚前财产也是一方的合法财产，在其死后没有遗嘱的情况下就应该作为遗产，由法定继承人继承。

【法律依据】

《继承法》第三条　遗产是公民死亡时遗留的个人合法财产，包括：

(一)公民的收入；

(二)公民的房屋、储蓄和生活用品；

(三)公民的林木、牲畜和家禽；

(四)公民的文物、图书资料；

(五)法律允许公民所有的生产资料；

(六)公民的著作权、专利权中的财产权利；

(七)公民的其他合法财产。

第十条　遗产按照下列顺序继承:

第一顺序:配偶、子女、父母。

第二顺序:兄弟姐妹、祖父母、外祖父母。

继承开始后,由第一顺序继承人继承,第二顺序继承人不继承。没有第一顺序继承人继承的,由第二顺序继承人继承。

本法所说的子女,包括婚生子女、非婚生子女、养子女和有扶养关系的继子女。

本法所说的父母,包括生父母、养父母和有扶养关系的继父母。

本法所说的兄弟姐妹,包括同父母的兄弟姐妹、同父异母或者同母异父的兄弟姐妹、养兄弟姐妹、有扶养关系的继兄弟姐妹。

◎ 什么是代位继承?

【典型案例】

经过10多年的打拼,卢先生的小加工厂从年产值不足万元,发展成年产值超亿元的大型连锁集团。卢旺与老伴有两个儿子和一个女儿,老伴已于10年前过世,大儿子现任集团副董事长兼总经理,二儿子因车祸在15年前离世,女儿在集团任财务总监。2010年底,卢旺因突发脑出血而死亡。大儿子继任集团董事长,并掌管父亲留下的所有家庭财产。二儿子死亡时留下两个女儿,一个在集团任职,一个在大学读书。两个孩子数次向自己的伯父提出继承爷爷的遗产,均遭到拒绝。于是两个孩子向法院起诉自己的伯父,要求继承自己的父亲应该继承的爷爷的遗产份额。请问,作为第二顺序继承人,在第一顺序继承人健在的情况下,怎么会继承爷爷的遗产呢?

【律师说法】

在本案中，两个孩子可以根据《继承法》关于代位继承的规定，要求继承爷爷的遗产。代位继承是指被继承人的子女先于被继承人死亡，由被继承人以死亡的子女的晚辈直系血亲代其参加继承，并继承其已去世的父母应继承的份额的一种继承制度。本案卢旺的老伴死亡在先，属于其老伴的遗产应由卢旺与其子女按份继承；卢旺死亡时，其第一顺序的继承人是大儿子和女儿，本属于第一顺序的二儿子先于被继承人死亡，但其晚辈直系血亲还在，可以由其孙子、孙女代替已经去世的儿子继承。

【法律依据】

《继承法》第十一条　被继承人的子女先于被继承人死亡的，由被继承人的子女的晚辈直系血亲代位继承。代位继承人一般只能继承他的父亲或者母亲有权继承的遗产份额。

◎ 哪些人可以行使代位继承权？

【典型案例】

为避免儿女子孙等后人争夺遗产引发家庭内部纷争，刘老汉在临终前留下遗嘱声明，自己 260 平方米的房产及所有财产全部由其老伴儿刘阿婆继承。刘老汉有两个儿子和两个女儿：长子刘军、次子刘民，长女刘梅、次女刘兰。长子刘军生有一子刘晓辉，刘军于 1982 年去世，刘晓辉成家后生育两女刘佩佩、刘佳佳，刘晓辉在 1999 年死亡；次子刘民结婚后生育女儿刘星星，刘民于 1989 年底去世，刘星星婚后有继子虎虎（形成扶养关系）、婚生子龙龙，刘星星于 2010 年去世；刘梅有亲生女媛媛、养子磊磊，刘梅于 2003 年死亡；刘兰未曾结婚并于 2002 年死亡。2011 年 12 月刘阿婆无疾而终，2012 年 3 月因城市改造，刘阿婆留下的房屋以货币安置形式补偿，房屋安置款为 150 万元。媛媛、磊磊、刘佩佩、刘佳佳、虎虎、龙龙等为此款的分配事宜争论不休，最后向法院提起诉讼，均要求继承刘阿婆遗产。

【律师说法】

刘老汉死亡前留下遗嘱将自己所有的财产全部由其妻刘阿婆继承，目的就是为了避免子孙因争夺遗产产生矛盾，防止刘阿婆无人赡养，这样一来所有家产均由刘阿婆所有，这幢最有价值的房屋因此属于刘阿婆个人财产了。刘阿婆死亡后，因该房屋并没有分割继承，国家城市建设征用了房屋，而对该房屋以货币形式安置补偿 150 万元，其实就是该房屋价值转换成了货币，应属于刘阿婆遗产。媛媛系刘阿婆外孙女，其母亲刘梅先于刘阿婆死亡，媛媛享有代位继承权；磊磊虽是刘梅养子但是享有与生子女相同的权利，磊磊也享有代位继承权；刘佩佩、刘佳佳和龙龙系刘阿婆的曾孙女、外曾孙子，由于刘军、刘民、刘晓辉、刘星星均先于刘阿婆死亡，因代位继承不受辈数限制，三人也享有代位继承权；虎虎虽是刘星星的继子但是与其形成扶养关系，依法享有继承权，仍然有权代位继承；上述代位继承人都对刘阿婆尽过不同程度赡养义务，其中刘佩佩、刘佳佳尽了较多义务，可适当多分。法院判决，刘阿婆遗产由刘佩佩、刘佳佳各继承 27 万元；媛媛、磊磊、虎虎和龙龙分别继承 24 万元。

【法律依据】

《继承法》第十一条　被继承人的子女先于被继承人死亡的，由被继承人的子女的晚辈直系血亲代位继承。代位继承人一般只能继承他的父亲或者母亲有权继承的遗产份额。

《继承法意见》第二十五条　被继承人的孙子女、外孙子女、曾孙子女、外曾孙子女都可以代位继承，代位继承人不受辈数的限制。

第二十六条　被继承人的养子女、已形成扶养关系的继子女的生子女可代位继承；被继承人亲生子女的养子女可代位继承；被继承人养子女的养子女可代位继承；与被继承人已形成扶养关系的继子女的养子女也可以代位继承。

第二十七条　代位继承人缺乏劳动能力又没有生活来源，或者对被继承人尽过主要赡养义务的，分配遗产时，可以多分。

第二十八条　继承人丧失继承权的，其晚辈直系血亲不得代位继承。如该代位继承人缺乏劳动能力又没有生活来源，或对被继承人尽赡养义务较多的，可适当分给遗产。

◎ 子女丧失继承权，孙子女能代位继承吗？

【典型案例】

孙婆婆早年丧夫，有戴金土、戴金莎两个子女。老人含辛茹苦把他们抚养成人，戴金莎出嫁成家，戴金土与杨阳结婚后生育姑娘戴洋，孙婆婆和戴金土祖孙三代一起生活。戴金土生性脾气暴躁，并因经常虐待、遗弃老人被判刑两年。在狱中戴金土与人发生争执失控，犯故意杀人罪被依法判处死刑，立即执行。杨阳改嫁到远方，12 岁的戴洋不愿随母亲改嫁他乡，因此，随祖母孙婆婆相依为命。在戴金土被执行死刑的两个月后孙婆婆病逝。留有房产 3 间，家具等财物若干。孙婆婆死后戴金莎多次登门找到戴洋，称自己是孙婆婆遗产的唯一合法继承人，并说戴金土虐待、遗弃被继承人已丧失继承权，戴洋无权代位继承祖母孙婆婆的遗产。戴洋坚决不同意，戴金莎遂向人民法院依法提起诉讼。

【律师说法】

戴金土、戴金莎作为孙婆婆的子女，依法享有孙婆婆遗产的继承权。戴金土先于被继承人孙婆婆死亡，戴金土的儿子戴洋按照法律规定本来可代位继承戴金土应当继承之份额，但因为戴金土遗弃、虐待被继承人孙婆婆而丧失了继承权。所以戴洋无权代位继承遗产。但是，考虑到戴洋尚未成年，生活比较困难，而且与被继承人孙婆婆长期生活尽了较多的赡养义务，可以适当分给遗产。最终，法院判决戴洋分得房屋一间和所有家具等物，戴金莎继承房屋两间。

【法律依据】

《继承法》第七条　继承人有下列行为之一的，丧失继承权：

（一）故意杀害被继承人的；

（二）为争夺遗产而杀害其他继承人的；

（三）遗弃被继承人的，或者虐待被继承人情节严重的；

（四）伪造、篡改或者销毁遗嘱，情节严重的。

第十一条　被继承人的子女先于被继承人死亡的，由被继承人的子女的晚辈直系血亲代位继承。代位继承人一般只能继承他的父亲或者母亲有权继承的遗产份额。

第十三条第二款　对生活有特殊困难的缺乏劳动能力的继承人，分配遗产时，应当予以照顾。

第十四条　对继承人以外的依靠被继承人扶养的缺乏劳动能力又没有生活来源的人，或者继承人以外的对被继承人扶养较多的人，可以分给他们适当的遗产。

《继承法意见》第二十八条　继承人丧失继承权的，其晚辈直系血亲不得代位继承。如该代位继承人缺乏劳动能力又没有生活来源，或对被继承人尽赡养义务较多的，可适当分给遗产。

◎ 胎儿能继承遗产吗？

【典型案例】

白丽丽结婚后，与公婆关系闹得很僵。在白丽丽怀孕8个月时，丈夫不幸因车祸死亡。在继承遗产问题上纷争不下，竟然诉至法院。公公婆婆认为，白丽丽夫妻共同财产的一半是白丽丽丈夫的遗产，儿子也没有遗嘱，应该分成三份，由公公婆婆和白丽丽平均继承。白丽丽则认为，自己还有孩子，应该多分，孩子是丈夫的孩子，也应该有继承权。公公婆婆却说，孩子还没生下来，谈不上继承权。

【律师说法】

《继承法》和相关司法解释明确规定："遗产分割时，应当保留胎儿的继承份额。胎儿出生时是死体的，保留的份额按照法定继承办理"；"应当为胎儿保留的遗产份额没有保留的，应从继承人所继承的遗产中扣回"；"为胎儿保留的遗产份额，如胎儿出生后死亡的，由其继承人继承；如胎儿出生时就是死体的，由被继承人的继承人继承。"因此，白丽丽丈夫死亡后，分割遗产时，应当为白丽丽的胎儿保留遗产份额，且由于孩子出生后还有抚养、教育问题，依法应予多分，而不是保留平均份额。因此，在本案中，法院判决遗产由胎儿继承 1/2，公公婆婆白丽丽共同继承另 1/2。

【法律依据】

《继承法》第二十八条　遗产分割时，应当保留胎儿的继承份额。胎儿出生时是死体的，保留的份额按照法定继承办理。

◎ 哪些财产可以继承？

【典型案例】

马老先生和老伴儿刘氏均系某中央企业退休职工，有一儿一女。2009 年 6 月，马老先生因病去世。因生前住房未达到享受面积，2010 年 1 月份，马老先生原所在单位补发其住房补贴款 8 万元。在对该款分割时其儿子与她产生了重大分歧。儿子认为，房子现在由他居住，该款应由他一人所得。陈老太认为，该款是她与丈夫的夫妻共同财产，应先分给她一半，另一半再按丈夫的遗产处理。双方为此争执不下，最终刘氏把儿子告上法庭，要求法院判决这笔房补的分割。

【律师说法】

首先必须明确的是，只有死者个人的合法财产，才能作为遗产用于继承，如果是夫妻共同财产，就应该先将配偶方的划出，剩余部分才能作为遗产进行分配。根据《最高人民法院关于〈中华人民共和国婚姻法〉若干问题的解释》的规定，婚姻关系存续期间，男女双方实际取得或者应当取得的住房补贴、住房公积金，属于婚姻法规定的“其他应当归共同所有的财产”。在本案中，马老先生的住房补贴是因为其生前住房面积未达标而产生的，也就是说仍然属于其夫妻关系存续期间应得的财产，就应当首先分给陈老太 4 万元，其余的 4 万元在陈老太和其子女中均分。

【法律依据】

《继承法》第三条　遗产是公民死亡时遗留的个人合法财产，包括：

（一）公民的收入；

（二）公民的房屋、储蓄和生活用品；

（三）公民的林木、牲畜和家禽；

（四）公民的文物、图书资料；

（五）法律允许公民所有的生产资料；

（六）公民的著作权、专利权中的财产权利；

（七）公民的其他合法财产。

第二十六条　夫妻在婚姻关系存续期间所得的共同所有的财产，除有约定的以外，如果分割遗产，应当先将共同所有的财产的一半分出为配偶所有，其余的为被继承人的遗产。

遗产在家庭共有财产之中的，遗产分割时，应当先分出他人的财产。

《婚姻法解释（二）》第十一条　婚姻关系存续期间，下列财产属于婚姻法第十七条规定的“其他应当归共同所有的财产”：

（一）一方以个人财产投资取得的收益；

（二）男女双方实际取得或者应当取得的住房补贴、住房公积金；

（三）男女双方实际取得或者应当取得的养老保险金、破产安置补偿费。

◎ 夫妻一方去世，另一方能否继承其在公司中的股份？

【典型案例】

马老先生是某有限责任公司的股东，并持有公司70%的股份，担任公司的董事长，另外的三个股东持有公司股份的30%。马老先生死亡后，其妻作为继承人要求继承其丈夫在公司的股份额，并行使其丈夫在公司的股东权利，成为公司的董事长。另外的三名股东对此有异议。请问，马老先生的妻子能否继承其股份，并行使董事长的一切权利？

【律师说法】

马老先生的妻子能够继承其丈夫在公司的股份额，并行使其丈夫在公司的股东权利，成为公司的董事长。《中华人民共和国公司法》第七十六条明确规定，自然人股东死亡后，其合法继承人可以继承股东资格；但是，公司章程另有规定的除外。也就是说，如果公司章程没有相反规定，股份就可以继承，这种继承是全面的、概括的，不仅仅是继承单一的财产权利，也包括参与、决定公司事务的权利。

【法律依据】

《中华人民共和国公司法》（以下简称《公司法》）第七十六条

自然人股东死亡后，其合法继承人可以继承股东资格；但是，公司章程另有规定的除外。

◎ 不可分割的遗产该如何继承？

【典型案例】

姚大爷有一个儿子和一个女儿，女儿已嫁人。老伴儿去世后，儿子一家三口一直随姚大爷居住在一套面积为130平方米的单元房里，房产证上写着姚大爷的名字。2011年8月，姚大爷去世，女儿提出要分割这套单元房，但儿子说，他一直在此房内居住，姚大爷单位房改时，他们夫妻二人也出了5000元钱，这套房子房改一共才需要8000元，因此该房屋不能按照通常的情况进行分割，双方为此争执不下。请问，这种财产该如何继承呢？

【律师说法】

在本案中，如果儿子夫妇的确为购房出过钱，也未必就成为共有人，因为房屋的产权必须以登记为准，他们并没有登记为共有人，并且与姚大爷之间也没有关于出资的协议。根据我国的相关法规，房屋遗产分割不同于其他财产的分割，因为房屋是不动产，不能随意移动，可因继承人的实际需要，并兼顾各继承人的利益，采取折价补偿的方法。一般是归居住使用者所有，由其按各继承人应继承的房屋遗产份额折价补偿。房屋作价标准可以由继承人自行协商确定，或根据房屋所在地人民政府规定的房屋估价标准，并参照当地市场价格合理评定。

【法律依据】

《继承法》第二十九条　遗产分割应当有利于生产和生活需要，不损害遗产的效用。

不宜分割的遗产，可以采取折价、适当补偿或者共有等方法处理。

◎ 财产保险金能继承吗?

【典型案例】

钟德于前年将夫妇共有的房屋投保。去年房屋失火,保险公司赔付保险金6万元。前不久,钟德因一起事故死亡。在清理遗产时,钟德的父母提出6万元保险金应属钟德遗产,他们有权继承。请问,保险金能否作为遗产继承?

【律师说法】

在财产保险中,夫妻为家庭财产投保,不论以男方名义还是女方名义投保,一旦发生保险事故,保险公司按保险合同进行理赔,支付保险金。该保险金应作为夫妻共同财产,当一方死亡时,即将属于一方的保险金划分出来,剩余的保险金才能作为遗产。钟德为夫妇共有的家庭财产——房屋投保,发生火灾事故后所得的6万元保险金依法应属于夫妻共同财产,不能全部作为钟德的遗产予以继承。应先对6万元保险金进行析产,划出3万元归其妻子所有,剩下的3万元才属于钟德的遗产,由其妻子和父母继承。

【法律依据】

《继承法》第二十六条　夫妻在婚姻关系存续期间所得的共同所有的财产,除有约定的以外,如果分割遗产,应当先将共同所有的财产的一半分出为配偶所有,其余的为被继承人的遗产。

遗产在家庭共有财产之中的,遗产分割时,应当先分出他人的财产。

《最高人民法院关于保险金能否作为被保险人遗产的批复》

二、财产保险与人身保险不同。财产保险不存在指定受益人的问题。因而,财产保险金属于被保险人的遗产。

◎ 没有指定受益人的人身保险金该如何分配?

【典型案例】

王伟婚后一直与父母生活在一起。2010年,王伟在一次交通事故中当场死亡。保险公司赔偿了5.6万元人身保险金及2.2万元财产保险金。当年王伟投保人身保险并未指定受益人,但妻子认为:作为配偶这5.6万元应归她个人所有,而王伟父母认为这笔钱是儿子用命换来的,和2.2万元财产保险金一样都是儿子的遗产,做父母的享有继承权,应当和妻子平分这部分钱,双方因此发生争执诉至法院。

【律师说法】

投保人在保险合同中未明确指定受益人的,在发生保险事故后理赔所得的保险金就成为投保人的财产,此时,人身保险金就可作为遗产,依法由投保人的法定继承人继承。根据《最高人民法院关于保险金能否作为保险人遗产的批复》,结合本案,5.6万元保险金未指定受益人,就和财产保险的保险金一样是王伟的遗产,由其继承人——王伟的妻子和父母共同继承。

【法律依据】

《继承法》第二条 继承从被继承人死亡时开始。

第三条 遗产是公民死亡时遗留的个人合法财产,包括:

(一)公民的收入;

(二)公民的房屋、储蓄和生活用品;

(三)公民的林木、牲畜和家禽;

(四)公民的文物、图书资料;

(五)法律允许公民所有的生产资料;

(六)公民的著作权、专利权中的财产权利;

(七)公民的其他合法财产。

《最高人民法院关于保险金能否作为被保险人遗产的批复》一、根据我国保险法规有关条文规定的精神，人身保险金能否列入被保险人的遗产，取决于被保险人是否指定了受益人。指定了受益人的，被保险人死亡后，其人身保险金应付给受益人；未指定受益人的，被保险人死亡后，其人身保险金应作为遗产处理，可以用来清偿债务或者赔偿。

二、财产保险与人身保险不同。财产保险不存在指定受益人的问题。因而，财产保险金属于被保险人的遗产。

《中华人民共和国保险法》(以下简称《保险法》)第六十一条 人身保险的受益人由被保险人或者投保人指定。

投保人指定受益人时须经被保险人同意。

被保险人为无民事行为能力人或者限制民事行为能力人的，可以由其监护人指定受益人。

第六十四条 被保险人死亡后，遇有下列情形之一的，保险金作为被保险人的遗产，由保险人向被保险人的继承人履行给付保险金的义务。

(一)没有指定受益人的；

(二)受益人先于被保险人死亡，没有其他受益人的；

(三)受益人依法丧失受益权或者放弃受益权，没有其他受益人的。

◎ 受益人先于投保人死亡，保险金如何继承？

【典型案例】

蒋波经母亲黄花同意为其投了一份简易人身保险，保单载明："投保人、保险受益人均为蒋波，被保险人为黄花，保险期间为5年，自2007年3月6日至2012年3月5日。"2012年8月14日，蒋波因突发心脏病死亡，其后黄花便和儿媳韩笑笑生活在一起，儿媳对婆婆照顾入微。谁知2012年12月的一天早晨，黄花外出锻炼，不慎跌入路边深壕中窒息身亡。事故发生后，韩笑笑迅速通知了保险公司，并在处理完婆婆的丧事后向保险公司提出保险金给付请求。保险公司则认为，保险受益人即蒋波现已经死亡，而韩笑笑又不在保险受益人之列，故自己没有付保险金的责任。韩笑笑无奈之下把保险公司诉至法院。

【律师说法】

我国《保险法》对没有受益人时保险金的处理作了详细的规定。具体到本案，被保险人为黄花，保险受益人为其子蒋波，受益了先于被保险人死亡，此情况符合《保险法》第六十四条第二项的规定，因此黄花的保险金应作为她的遗产由其继承人受领。而本案的特殊点就在于黄花没有近亲属，这就导致了保险公司和韩笑笑之间的争执。那么，韩笑笑是否享有继承权呢？根据《继承法》第十二条的规定，被保险人黄花的日常生活主要靠韩笑笑照顾，可以讲韩笑笑对黄花尽了主要的赡养义务，故韩笑笑有权作为其婆婆黄花的第一顺序继承人继承这笔保险金。因此，保险公司负有将保险金给付于黄花之继承人韩笑笑的责任。

【法律依据】

《保险法》第六十四条　被保险人死亡后，遇到下列情形之一的，保险金作为被保险人的遗产，由保险人向被保险人的继承人履行给付保险金的义务：

（一）没有指定受益人的；

（二）受益人先于被保险人死亡，没有其他受益人的；

（三）受益人依法丧失受益权或者放弃受益权，没有其他受益人的。

《继承法》第十二条　丧偶儿媳对公、婆，丧偶女婿对岳父、岳母，尽了主要赡养义务的，作为第一顺序继承人。

◎ 保险金能偿还死者生前的欠款吗?

【典型案例】

赵四因为生意常年在外奔波,他向朋友借了50万元为自己购买了一份40万元的人身保险,并在保单的受益人这一项上填写了自己的妻子和儿子的名字,并约定受益均等,即各得一半。同年10月,赵四买了一辆30多万元的轿车,同时也在保险公司投了车损险。“天有不测风云”,2004年5月,赵四在一次特大交通事故中车毁人亡,赵四的妻子和儿子从赵四生前投保的寿险公司获得了30万元的理赔款,在财产保险公司获得了25万元的理赔款,总计55万元的赔偿金。于是,债主听到这一消息后,要求赵四儿子以该笔保险金归还其父亲生前所欠债务的本金和利息。但被赵四的儿子以“那张借款字据上的借款人并非自己”为由拒绝。双方各执一词,闹上法庭。

【律师说法】

赵四的儿子是否应以该保险金清偿欠款,取决于他获得保险金是否应作为被保险人赵四的遗产。我国《继承法》没有将保险金列为遗产,但最高人民法院在相关文件中指出:“财产保险与人身保险不同。财产保险不存在指定受益人的问题。因而,财产保险金属于被保险人的遗产。”因此,赵四生前投保的车损险,在车辆发生事故后所获得的赔偿,即由其儿子领取的25万元的理赔金应被视为遗产,而遗产则应该在清偿被继承人生前的债务后,才能由其继承人继承。但是人身保险已经指定了受益人,就应该由受益人领取,而不能作为遗产用于偿还债务。

【法律依据】

《最高人民法院关于保险金能否作为被保险人遗产的批复》一、根据我国保险法规有关条文规定的精神,人身保险金能否列入被保险人的遗产，取决于被保险人是否指定了受益人。指定了受益人的，被保险人死亡后，其人身保险金应付给受益人；未指定受益人的，被保险人死亡后，其人身保险金应作为遗产处理，可以用来清偿债务或者赔偿。

二、财产保险与人身保险不同。财产保险不存在指定受益人的问题。因而，财产保险金属于被保险人的遗产。

《继承法》第三十三条　继承遗产应当清偿被继承人依法应当缴纳的税款和债务，缴纳税款和清偿债务以他的遗产实际价值为限。超过遗产实际价值部分，继承人自愿偿还的不在此限。

继承人放弃继承的，对被继承人依法应当缴纳的税款和债务可以不负偿还责任。

◎ 抚恤金是否可以作为遗产继承？

【典型案例】

离休干部曾金与李姗姗女士再婚不久，被查出肝癌晚期，两个月后经抢救无效死亡。单位按照规定发给其家属抚恤金2.8万元。分割此款时，曾金的子女与李姗姗女士发生了争执。李姗姗女士认为，曾金子女均有一定的收入，该抚恤金应由自己享有。曾金子女认为继母已享有每月170元的遗属补助金，且继母与父亲结婚时间短，父亲生病期间他们都尽了赡养义务，该抚恤金继母应与他们平分，经单位多次调解未果，李姗姗女士诉至法院。

【律师说法】

抚恤金是指公民因工伤、交通或其他意外事故的发生造成伤残或死亡的，国家或有关单位按相关法规规定发给伤残者本人或死者家属一定金额的慰问金及生活补助费。发给死者家属的抚恤金和生活补助费不是对死者的经济补偿，而是有关单位给予其家属的物质帮助和精神安慰，具体应该属于哪些家属与死者生前抚养人的范围、亲属关系、谋生能力都有关系；从发给之日起该种抚恤金已成为家属的个人财产，而不能作为死者的遗产被继承了。而发给伤残者本人的抚恤金在其死亡后，可以作为遗产继承。本案中，李姗姗女士作为配偶是与曾金关系最密切的近亲属，根据《因工死亡职工供养亲属范围规定》，属于可以申请抚恤金的亲属范围，因此，最终法院判决李姗姗女士应得的抚恤金为2.24万元。

【法律依据】

《因工死亡职工供养亲属范围规定》第二条　本规定所称因工死亡职工供养亲属，是指该职工的配偶、子女、父母、祖父母、外祖父母、孙子女、外孙子女、兄弟姐妹。

本规定所称子女，包括婚生子女、非婚生子女、养子女和有抚养关系的继子女，其中，婚生子女、非婚生子女包括遗腹子女；

本规定所称父母，包括生父母、养父母和有抚养关系的继父母；

本规定所称兄弟姐妹，包括同父母的兄弟姐妹、同父异母或者同母异父的兄弟姐妹、养兄弟姐妹、有抚养关系的继兄弟姐妹。

第三条　上条规定的人员，依靠因工死亡职工生前提供主要生活来源，并有下列情形之一的，可按规定申请供养亲属抚恤金：

(一)完全丧失劳动能力的；

(二)工亡职工配偶男年满60周岁、女年满55周岁的；

(三)工亡职工父母男年满60周岁、女年满55周岁的；

(四)工亡职工子女未满18周岁的；

(五)工亡职工父母均已死亡，其祖父、外祖父年满60周岁，祖母、外祖母年满55周岁的；

(六)工亡职工子女已经死亡或完全丧失劳动能力，其孙子女、外孙子女未满18周岁的；

(七)工亡职工父母均已死亡或完全丧失劳动能力，其兄弟姐妹未满18周岁的。

◎“五保户”死亡后，其财产如何继承？

【典型案例】

刘志明老汉丧失劳动能力后，村委会将其定为“五保户”实行“五保”，但双方未签订扶养协议。刘老汉病故后，留下房屋4间，财物若干，并留下遗嘱将全部遗产留给远嫁外地20年的女儿，但村委会认为遗产应归集体所有。

【律师说法】

“五保户”是指农村中既无劳动能力，又无经济来源的老、弱、孤、残的农民，其生活由集体供养，实行保吃、保穿、保住、保医、保葬(孤儿保教)，简称“五保”。享受五保待遇的家庭叫五保户。根据《继承法意见》第五十五条关于“五保户”遗产继承问题的规定，村委会只能要求扣回“五保费用”。其全部遗产由刘老汉的女儿继承。

【法律依据】

《继承法意见》第五十五条　集体组织对“五保户”实行“五保”时，双方有扶养协议的，按协议处理；没有扶养协议，死者有遗嘱继承人或法定继承人要求继承的，按遗嘱继承或法定继承处理，但集体组织有权要求扣回“五保”费用。

◎ 如何处理既无遗嘱又无继承人的财产？

【典型案例】

86岁的马大伯多年来一直独自居住在小区一处房里。2011年5月，邻居好几天没有见到马大伯出门，便通知居委会后才发现他已经死亡。马大伯生前没有留下遗嘱，也没说过他有任何亲戚，居委会为马大伯办理了后事。过了两年，仍然没有人来继承遗产或寻亲，房子一直空着。请问，马大伯的房产该如何处理呢？

【律师说法】

首先应当用来支付必要的丧葬费用，清偿死者生前欠下的债务，对死者生前尽过一定照料责任的人给以适当补偿。根据我国《继承法》第三十二条的规定，在向法院提出申请并被确认后，如果死者生前是集体所有制组织成员的则归他生前所在的集体所有制组织所有；如果死者生前是全民所有制组织成员或城镇无业居民、个体劳动者，则归国家所有。根据我国《民事诉讼法》第一百七十四条、第一百七十五条的规定，首先，关于认定无人继承又无人受遗赠的遗产的案件，应当由公民、法人或其他组织向遗产所在地基层人民法院提出申请。该人民法院应予受理。无论是法人、其他组织还是公民个人申请认定无人继承又无人受遗赠的遗产为无主财产，都应当提出书面申请书，在申请书上应写明财产的种类、数量以及要求认定无人继承又无人受遗赠的遗产为无主财产的根据。人民法院对无人继承又无人受遗赠的遗产的认定申请，经审查核实，公布认领公告。公告满一年后无人要求继承和接受遗赠的，即判决认定该项遗产为无主财产。根据我国《继承法》的规定，该项无人继承又无人受遗赠的遗产，收归国家或者集体所有。

【法律依据】

《继承法》第三十二条　无人继承又无人受遗赠的遗产，归国家所有；死者生前是集体所有制组织成员的，归所在集体所有制组织所有。

《民事诉讼法》第一百七十四条　申请认定财产无主，由公民、法人或者其他组织向财产所在地基层人民法院提出。

申请书应当写明财产的种类、数量以及要求认定财产无主的根据。

第一百七十五条　人民法院受理申请后，经审查核实，应当发出财产认领公告。公告满一年无人认领的，判决认定财产无主，收归国家或者集体所有。

◎ 丧失继承权的情形有哪些？

【典型案例】

杜阿婆去世前多年来一直独自居住，也没有亲人来往，一向被视为“孤老”看待。因此，去世后留下的17万元拆迁款和4万余元存款，都由市城建局和居委会分别保管。杜阿婆去世半年后，一位自称杜阿婆丈夫的郑先生来到市城建局和居委会，要求以配偶的身份继承杜阿婆的遗产。经多方核实，郑先生确系杜阿婆的合法丈夫，早在20年前就与另一女子另行结婚，存在重婚行为。多年来与杜阿婆毫无往来。于是，财产代管单位对郑先生的继承资格产生了怀疑，不承认他的继承权利。随之，郑先生诉至法院。

【律师说法】

根据《继承法》的规定，导致继承权丧失的法定事由有下列情形：故意杀害被继承人的；为争夺遗产而杀害其他继承人的；遗弃被继承人的，或者虐待被继承人情节严重的；伪造、篡改或者销毁遗嘱，情节严重的。重婚行为并不在此列，可见“重婚”不是丧失继承权的法定事由，不能导致继承权的丧失；但在本案中，郑先生多年来与年迈的杜阿婆无来往，应该认定为一种遗弃行为，并且其重婚行为也给被继承人造成了很大的伤害，不应该确认其继承权。我国刑法规定了遗弃罪，具体是指对于老年、年幼、患病或者其他没有独立生活能力的人，负有扶养义务而拒绝扶养，情节恶劣的行为。虽然《继承法》没有规定遗弃行为的具体内容，但比照刑法，应该将对年老的人有扶养义务不扶养的行为认定为遗弃。

【法律依据】

《继承法》第七条　继承人有下列行为之一的，丧失继承权：

(一)故意杀害被继承人的；

(二)为争夺遗产而杀害其他继承人的;

(三)遗弃被继承人的,或者虐待被继承人情节严重的;

(四)伪造、篡改或者销毁遗嘱,情节严重的。

《继承法意见》第九条　在遗产继承中,继承人之间因是否丧失继承权发生纠纷,诉讼到人民法院的,由人民法院根据继承法第七条的规定,判决确认其是否丧失继承权。

第十条　继承人虐待被继承人情节是否严重,可以从实施虐待行为的时间、手段、后果和社会影响等方面认定。

虐待被继承人情节严重的,不论是否追究刑事责任,均可确认其丧失继承权。

◎ 遗产继承权可以随意放弃吗?

【典型案例】

2010 年 8 月,刘三因生意周转需要向朋友胡某借款 12 万元,并约定半年内偿还。2011 年 3 月,胡某催讨多次,但刘三却因生意亏损无力还债。2011 年 5 月,刘三的母亲去世,遗有价值 40 万元的两套房屋。但是,刘三向姐姐书面表示,要求放弃继承权。胡某获悉此事后,要求刘三接受继承,以偿还欠款,但刘三仍放弃继承。于是胡某诉至法院。胡某认为,刘三放弃继承权的行为,目的在于逃避对自己债务的履行,是无效的民事法律行为。刘三则辩称,放弃继承权是继承法赋予公民的法定权利,任何人都无权干涉。

【律师说法】

依据《继承法意见》放弃继承权行为的规定,刘三放弃继承的行为将导致不能偿还债务,因此这种恶意的放弃继承的行为是无效的。

【法律依据】

《继承法意见》第四十六条　继承人因放弃继承权，致其不能履行法定义务的，放弃继承权的行为无效。

◎ 遗产纠纷案件的诉讼时间是多长？

【典型案例】

周老于2008年去世，生前与再婚老伴刘女士有一套两居室住房。周老去世后，刘女士回到了老家湖南。周老的姑娘周静打算搬来居住，便打电话与在湖南的继母说明自己的想法，继母说从湖南回来后给她钥匙。周静等了半年，继母却说不回来了。于是周静于2012年3月将继母刘女士告上了法庭。刘女士称，这个房子确系周老和刘女士在婚姻存续期间取得的，但刘女士将房子的产权证直接变更到了自己名下，因此这个房屋应该确认为刘女士的房屋。并且，按照法律规定，已经超过了法定诉讼时效，所以周静提出诉讼也没有用。

【律师说法】

诉讼时效，是指民事诉讼中权利人请求人民法院保护自己的合法民事权益的法定期限。超过了诉讼时效，虽可提起诉讼，但所主张的权利则不受法律保护。遗嘱继承的诉讼时效，适用的也是同一的诉讼时效制度，这就是《继承法》第八条的规定。一般的诉讼时效是两年，最长诉讼时效是20年。继承诉讼时效的起始时间，是从继承人知道或者应当知道继承权被侵害之日起计算，而不是从被继承人死亡的时候开始。在周静没有知道或者不可能知道其父的房产已经被登记为刘女士单独所有之前，不能计算诉讼时效。因为刘女士将其与周老共有的房产登记为自己所有，是秘密进行的，周静无法知道。因此，只有在自己知道了房产产权变更的时候，才能够计算诉讼时效期间。本案并没有超过诉讼时效，周静可以向法院提出诉讼。

【法律依据】

《继承法》第八条　继承权纠纷提起诉讼的期限为2年,自继承人知道或者应当知道其权利被侵犯之日起计算。但是,自继承开始之日起超过20年的,不得再提起诉讼。

《继承法意见》第十五条　在诉讼时效期间内,因不可抗拒的事由致继承人无法主张继承权利的,人民法院可按中止诉讼时效处理。

◎ 诉讼应提交哪些证据?

【典型案例】

赵丽的丈夫去世后,一直与公公婆婆住在一起,二位老人去世后,子女未通知赵丽就把老人的存款全部分割,赵丽与他们多次争执无果后准备提出诉讼。请问,赵丽在诉讼中应提交哪些证据呢?

【律师说法】

继承纠纷案件的案由是多种多样的,当事人的主张也不同,我国民事诉讼法律对于证据的一般要求是,谁主张谁举证,也就是说,必须有充分的证据证明自己的主张。而在一般的遗产纠纷案中,需要提供以下证据:

一、证明当事人(原被告及第三人)诉讼主体资格的证据,如:(1)证明当事人是合法继承人的,应提交结婚证、户口本、身份证或公安机关、村委会、居委会等有关部门出具的证明。(2)当事人为无行为能力、限制行为能力或精神病人的还应提交监护人的身份证明资料,如身份证或户口本。

二、证明法定继承或遗嘱继承法律关系成立的证据:(1)证明法定继承法律关系成立的证据:①被继承人死亡证明书。②证明是被继承人养子女的,应提交收养关系证明书。③证明是继承人以外的依靠被继承人抚养的缺乏劳动能力又没有生活来源的人的，或证明是继承人以外的对被继承人抚养较多的人的，应提交居委会、村委会或被继承人单位出具的相关证明。(2)遗嘱继承的，除应提交被继承人死亡证明书外，应提出如下证据：①公证遗嘱的，应提交公证机关的公证书。②代书遗嘱的，应提交代书遗嘱书并提供两个以上无利害关系的在场见证人。③自书遗嘱的，应提交由遗嘱人亲笔书写、签名并注明年月日的自书遗嘱书。④以录音形式立遗嘱的，除应提交有关录音外，还应提供两个以上无利害关系的在场见证人。⑤口头遗嘱的，应提供两个以上无利害关系的在场见证人。

三、证明被继承人财产范围的证据：(1)证明有房产的，还应提交房产证或购房合同、交款发票或出资证明。(2)证明有银行存款并申请法院调查的，应提交银行账号。(3)证明有股票并申请法院调查的，应提交股东代码、资金账号。(4)证明有车辆的，应提交行驶证、车牌号。(5)证明被继承人在公司拥有股权的，应提交公司的工商登记情况、出资的证明等。(6)证明被继承人有债权债务的，除提交借据以外，必须有相关的证据佐证。

四、有具体的诉讼请求金额的，应提交诉讼请求金额的计算清单。在本案中，赵丽还需要证明自己赡养了老人的事实，如居委会证明、邻居的证言、为老人看病、购买物品的发票等。

【法律依据】

《民事诉讼法》第六十三条　证据有下列几种：

(一)书证；

(二)物证；

(三)视听资料；

(四)证人证言；

(五)当事人的陈述；

(六)鉴定结论；

(七)勘验笔录。

以上证据必须查证属实,才能作为认定事实的根据。

第六十四条　当事人对自己提出的主张,有责任提供证据。

当事人及其诉讼代理人因客观原因不能自行收集的证据,或者人民法院认为审理案件需要的证据,人民法院应当调查收集。

人民法院应当按照法定程序,全面地、客观地审查核实证据。

◎ 出国就算诉讼时效中止吗?

【典型案例】

赵四去世后,只留下一栋房产。他有两个儿子,老人去世后,因为老大有住房,老二就跟老大商量,要求搬进父亲的住房,老大没有异议,老二就一直在父亲的房子里居住,后来老大出国留学。老大回国后,要求分割父亲的这套房子,并且说,他并没有放弃继承权,他没有提出分割是因为出国。

【律师说法】

在本案中,房产并没有被实际过户到老二名下,老大也只是同意老二居住,并没有出具书面的放弃遗嘱声明,所以现在老大要求实际分割房产是有法律依据的。如果老二不同意,老大这时可以向法院提出诉讼,因为这个房产纠纷是因老大提出分割才产生的,也就是说,老大的权利在这时才受到侵犯,所以不存在诉讼时效中止的问题。

诉讼时效中止是指在诉讼时效进行中,由于发生了法定事由而使权利人无法行使请求权,暂时停止计算诉讼时效期间,待停止计算的事由消除后,继续计算诉讼时效期间。能够作为诉讼时效中止的法定事由一般是不可抗力,如战争、自然灾害等。在继承纠纷中,除了不可抗力,人民调解委员会进行调解也可以导致诉讼时效中止,而出国显然不是诉讼时效中止的原因。我国《继承法》第八条规定的二年诉讼时效，因一定的事件出现可以中止，也可以中断。与中止不同，诉讼时效的中断是指在诉讼时效进行之中，因发生某种法定事由，致使已经经过的诉讼时效期间完全失效，诉讼时效期间重新计算的一种法律制度。

【法律依据】

《继承法》第八条　继承权纠纷提起诉讼的期限为二年，自继承人知道或者应当知道其权利被侵犯之日起计算。但是，自继承开始之日起超过二十年的，不得再提起诉讼。

《继承法意见》第十五条　在诉讼时效期间内，因不可抗拒的事由致继承人无法主张继承权利的，人民法院可按中止诉讼时效处理。

第十六条　继承人在知道自己的权利受到侵犯之日起的二年之内，其遗产继承权纠纷确在人民调解委员会进行调解期间，可按中止诉讼时效处理。

◎ 不继承遗产就没有赡养义务吗？

【典型案例】

年近九旬的郑阿婆有一个儿子和一个女儿。老伴去世后，儿子胡大海以放弃遗产继承权为由，拒绝履行赡养母亲的义务。于是郑阿婆一直在女儿胡美玲家生活，由其夫妻二人照顾。请问，胡大海这样做合法吗？

【律师说法】

根据《老年人权益保障法》的规定，胡大海以放弃继承权为理由，拒绝履行赡养义务，这是违反法律规定的。其次，我国立法有一项权利与义务相一致的原则。《婚姻法》第二十一条规定了权利与义务的一致性。继承权是法律赋予公民的一项权利，公民自愿放弃享受某种权利，在法律上是允许的。但是法律规定的公民应履行的义务则不能放弃，因为义务是国家法律规定的公民必须履行的责任，它具有国家的强制性，受法律制约。胡大海以放弃继承权为由拒绝履行赡养义务，是法律所不允许的。如果他坚持不履行赡养义务，郑阿婆可以依法提起诉讼。

【法律依据】

《中华人民共和国老年人权益保障法》（以下简称《老年人权益保障法》）第十五条　赡养人不得以放弃继承权或者其他理由，拒绝履行赡养义务。

赡养人不履行赡养义务，老年人有要求赡养人付给赡养费的权利。

赡养人不得要求老年人承担力不能及的劳动。

《婚姻法》第二十一条　父母对子女有抚养教育的义务，子女对父母有赡养扶助的义务。

父母和子女有相互继承遗产的权利。

◎ 死者生前的债务由谁偿还？

【典型案例】

2011 年春天，老林为了进城购买春耕的种子和化肥，借了同村杨伟的一辆客货车和大儿子一起进城，在途中因山路湿滑，老林驾车不慎翻落深谷，与儿子一同车毁人亡。后来经过了解，杨伟该客货车在当年并未依照规定进行年检和保险。

在办理完老林和两个儿子的后事之后，老林的妻子刘玲玲决定将 16 间房产予以分配，刘玲玲认为，该 16 间房产是其丈夫的，应该归她所有，她同意将其中的一间房产借给大儿媳妇和孙子住，但是她提出如果大儿媳妇再嫁就要把这间房子腾出来，并且女儿已经出嫁不能继承。此时杨伟也找到刘玲玲要求刘玲玲赔偿其客货车的损失，刘玲玲答复他：“车是老林损坏的，现在人都死了，还有什么可赔的”，拒绝赔偿。于是杨伟将刘玲玲诉至法院。请问，16间房产该如何分割？杨伟的损失如何赔偿？

【律师说法】

这16间房产是老林夫妇的共同财产，因此，其中有8间是老林的遗产，对于老林女儿的诉求，根据《继承法》《妇女权益保障法》有关男女平等的规定，老林的女儿也有合法继承权，与其他第一顺序的继承人享有均等的继承权。对于杨伟的诉讼请求，虽然杨伟未按照相关规定办理车辆年检和保险手续，本身存在过错，但是老林确实毁坏了杨伟的车辆，考虑到老林的收入主要用于老林和刘玲玲的生活使用，因此刘玲玲作为老林的妻子应当承担全部的赔偿责任，最终法院判决刘玲玲从其继承的遗产中赔偿杨伟车损的一半，价值按照杨伟购车时的车价和相关费用的总数计算。

【法律依据】

《继承法》第三十三条　继承遗产应当清偿被继承人依法应当缴纳的税款和债务，缴纳税款和清偿债务以他的遗产实际价值为限。超过遗产实际价值部分，继承人自愿偿还的不在此限。

继承人放弃继承的，对被继承人依法应当缴纳的税款和债务可以不负偿还责任。

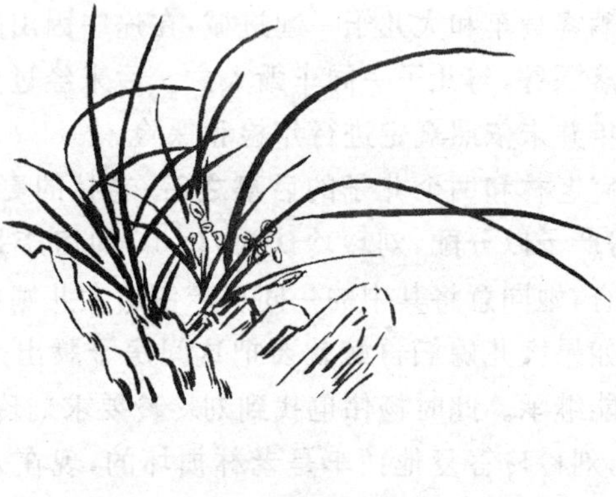

劳动保障篇

◎ 用人单位应当告知求职者哪些内容？

【典型案例】

2010 年 6 月，高先生接到一家公司的面试通知。在面试中，该公司只介绍了自己的发展历程，以及公司的企业文化。当高先生问及工作地点及劳动报酬时，公司负责人称："只要成为公司的员工就要服从分配，地点不确定，报酬根据个人表现和业绩来定。"听完之后高先生很迷惑。

【律师说法】

用人单位故意隐瞒与订立合同有关的重要事实，致使劳动者在应聘时不能全面了解信息，这样在履行劳动合同时就会出现纠纷，给用人单位和劳动者造成不必要的麻烦。因此，用人单位在招聘时的如实告知义务包括两部分：一是法定告知内容；二是劳动者要求了解的与工作相关的内容。

【法律依据】

《中华人民共和国劳动合同法》（以下简称《劳动合同法》）第八条　用人单位招用劳动者时，应当如实告知劳动者工作内容、工作条件、工作地点、职业危害、安全生产状况、劳动报酬，以及劳动者要求了解的其他情况；用人单位有权了解劳动者与劳动合同直接相关的基本情况，劳动者应当如实说明。

◎ 单位可以扣押职工的身份证吗?

【典型案例】

佳佳在一家纺织企业打工,公司以加强管理为由扣留了她的身份证。工作一段时间后,佳佳出去办什么事都感觉很不方便。那么,用人单位以加强内部管理为由扣押职工身份证的做法合法吗?

【律师说法】

用人单位扣押职工身份证是不合法的。用人单位建立完善内部规章管理制度,加强对职工的管理是必要的,但不得违反法律、法规,不得侵犯职工的合法权益。用人单位以加强管理为曲,扣押职工身份证,变相限制工人的人身自由和择业自由,侵犯了职工的合法权益,也违反了国家法规。佳佳有权向有关部门反映情况,要回自己的身份证,维护自己的合法权益。

【法律依据】

《劳动合同法》第九条　用人单位招用劳动者,不得扣押劳动者的居民身份证和其他证件,不得要求劳动者提供担保或者以其他名义向劳动者收取财物。

◎ 新员工就必须交风险抵押金吗?

【典型案例】

小李去某公司应聘,一切手续办妥后,公司却让小李交 2000 元风险抵押金。公司人事主管告诉小李,这是公司的规定,新来的员工都必须交纳风险抵押金,不交就不录用。

【律师说法】

企业在招录员工与之签劳动合同的时候不能收取风险抵押金

等。本案中，小李应聘的公司要求小李交纳风险抵押金，否则就不录用，这实际上是对劳动者一种变相的要挟、强迫。不仅违背了订立劳动合同应当遵循的平等、自愿、协商一致的原则，而且也违反了不得收取任何形式财物的法律、法规。

【法律依据】

《劳动合同法》第九条　用人单位招用劳动者，不得扣押劳动者的居民身份证和其他证件，不得要求劳动者提供担保或者以其他名义向劳动者收取财物。

◎ 职前培训就不算正式工作吗？

【典型案例】

小王在面试合格后，公司人事告诉他，新员工要进行为期 2 个月的培训，培训期间不算正式工作，每个月只发 500 元生活费。培训期满后，工厂按照他在培训期间的表现，决定是否聘用。请问，他们的做法有法律依据吗？

【律师说法】

他们的做法没有法律依据，因为自小王他们参加培训的第一天起即与工厂建立了劳动关系。根据有关法律规定，用人单位未在用工的同时订立书面劳动合同，与劳动者约定的劳动报酬不明确的，新招用的劳动者的劳动报酬，按照集体合同规定的标准执行，没有集体合同或集体合同未规定的，实行同工同酬。

【法律依据】

《中华人民共和国劳动法》（以下简称《劳动法》）第三条第一款　劳动者享有平等就业和选择职业的权利、取得劳动报酬的权利、休息休假的权利、获得劳动安全卫生保护的权利、接受职业技能培训的权利、享受社会保险和福利的权利、提请劳动争议处理的权利以及法律规定的其他劳动权利。

《劳动合同法》第七条　用人单位自用工之日起即与劳动者建立劳动关系。用人单位应当建立职工名册备查。

◎ 企业招工不签合同怎么办?

【典型案例】

小张和朋友好不容易找到一份适合自己的工作,可上班的第一天,工厂负责人就对他们说:"工厂有规定,不与工人签订劳动合同,你们谁要签合同,就立刻走人。"他们害怕被辞退,都不敢提签合同的事。那么,企业招工不签合同怎么办?

【律师说法】

不签订劳动合同的情况,是严重的违法行为。《劳动法》规定,劳动合同应当以书面形式订立,明确劳动合同的必备条款和约定条款。这样依法订立的劳动合同便于操作,可以起到维护劳动者合法权益以及在发生劳动争议后分清双方法律责任的作用。本案中,工人可以就订立劳动合同以及和劳动合同有关的合法权益等事项,向企业行政方面提出合理的要求,也可请厂工会出面协商解决这些问题,或者直接向当地政府和劳动行政管理部门反映情况,请他们依法给予公正解决。

【法律依据】

《劳动法》第十六条　劳动合同是劳动者与用人单位确立劳动关系、明确双方权利和义务的协议。

建立劳动关系应当订立劳动合同。

◎ 什么时候开始签劳动合同?

【典型案例】

小胡到公司上班一个多月了,但公司对签合同一事只字不提。

他到人事部门去询问究竟，人事主管却说三个月试用期满后签订。小胡也不知道是否一上班就与公司签订劳动合同，还是试用期满签订。

【律师说法】

按照我国《劳动合同法》的规定，用人单位自用工之日起即与劳动者建立劳动关系。建立劳动关系，应当订立书面劳动合同。已建立劳动关系，未同时订立书面劳动合同的，应当自用工之日起一个月内订立书面劳动合同。因此，本案中，小胡自到该公司正式工作之日起即可与公司签订劳动合同，若当时未签劳动合同，小胡自他工作之日起一个月内可以要求与公司签订劳动合同。若公司自聘用他之日起，超过一个月不满一年未与他订立劳动合同，应当向他每月支付2倍的工资。

【法律依据】

《劳动合同法》第七条　用人单位自用工之日起即与劳动者建立劳动关系。用人单位应当建立职工名册备查。

第十条　建立劳动关系，应当订立书面劳动合同。

已建立劳动关系，未同时订立书面劳动合同的，应当自用工之日起一个月内订立书面劳动合同。

用人单位与劳动者在用工前订立劳动合同的，劳动关系自用工之日起建立。

第八十二条　用人单位自用工之日起超过一个月不满一年未与劳动者订立书面劳动合同的，应当向劳动者每月支付二倍的工资。

◎ 什么样的劳动合同是无效的？

【典型案例】

小李到公司应聘，在公司领导的多项承诺下，与该单位签订了劳动合同。合同明确规定，给员工缴纳社会保险。可上班后同事才告诉他，单位从来不负责职工养老和医疗保险，职工受伤，责任自负。请问这样的劳动合同有效吗？

【律师说法】

该合同无效。依据我国《劳动合同法》的相关规定，以欺诈、胁迫或者乘人之危的手段，使对方在违背真实意思的情况下订立或者变更劳动合同的，无效或部分无效。小李是在被欺骗的情况下与公司签订劳动合同的，因此，该合同是无效的。

【法律依据】

《劳动法》第十八条　下列劳动合同无效：(一)违反法律、行政法规的劳动合同；(二)采取欺诈、威胁等手段订立的劳动合同。

《合同法》第二十六条　下列劳动合同无效或者部分无效：

(一)以欺诈、胁迫的手段或者乘人之危，使对方在违背真实意思的情况下订立或者变更劳动合同的；

(二)用人单位免除自己的法定责任、排除劳动者权利的；

(三)违反法律、行政法规强制性规定的。

对劳动合同的无效或者部分无效有争议的，由劳动争议仲裁机构或者人民法院确认。

◎ 劳动合同没有明确具体劳动条件怎么办？

【典型案例】

马莉在与某公司签订劳动合同时，除约定每月基本工资为3000元外，具体奖金的发放规则和休假制度都没有明确。正式上班后，公司有时双休，有时又轮休。马莉工作了一个月，都不知道自己的职位，具体做什么工作，只是一味地做些打杂的工作。

【律师说法】

根据我国《劳动合同法》的规定，马莉可就职位、报酬等与用人单位协商，协商不成的，则适用集体合同规定；没有集体合同或者集体合同未规定劳动报酬的，实行同工同酬。

【法律依据】

《劳动合同法》第十八条　劳动合同对劳动报酬和劳动条件等标准约定不明确，引发争议的，用人单位与劳动者可以重新协商；协商不成的，适用集体合同规定；没有集体合同或者集体合同未规定劳动报酬的，实行同工同酬；没有集体合同或者集体合同未规定劳动条件等标准的，适用国家有关规定。

第五十五条　集体合同中劳动报酬和劳动条件等标准不得低于当地人民政府规定的最低标准；用人单位与劳动者订立的劳动合同中劳动报酬和劳动条件等标准不得低于集体合同规定的标准。

◎ 无效合同，就拿不到工资吗？

【典型案例】

立东的朋友是一名知名律师，一次在立东家无意中看到了他签订的劳动合同有重大瑕疵，是无效合同。立东很着急，他与公司签订的合同约定的薪金是按年计算。1年的期限将到，合同无效还能拿到工资吗？

【律师说法】

有付出，就有回报。本案中，即使立东与该公司签订的合同被确认为无效合同，但对于立东已付出的劳动，还是要给予相应报酬的。

【法律依据】

《劳动合同法》第二十八条　劳动合同被确认无效，劳动者已付出劳动的，用人单位应当向劳动者支付劳动报酬。劳动报酬的数额，参照本单位相同或者相近岗位劳动者的劳动报酬确定。

◎ 能随便与劳动者约定违约金吗？

【典型案例】

某家公司在与小王签订合同时，规定了这样的条款："在合同履行期间，出现违约行为，无条件支付违约金5万元。"请问，用人单位能任意与劳动者约定违约金吗？

【律师说法】

为了维护劳动者的利益，我国《劳动合同法》明确规定，除法律规定的特定情况外，用人单位不得与劳动者约定由劳动者承担违约金。

【法律依据】

《劳动合同法》第二十二条　用人单位为劳动者提供专项培训费用，对其进行专业技术培训的，可以与该劳动者订立协议，约定服务期。

劳动者违反服务期约定的，应当按照约定向用人单位支付违约金。违约金的数额不得超过用人单位提供的培训费用。用人单位要求劳动者支付的违约金不得超过服务期尚未履行部分所应分摊的培训费用。

用人单位与劳动者约定服务期的，不影响按照正常的工资调整机制提高劳动者在服务期期间的劳动报酬。

◎ 没签合同，如何证明劳动关系？

【典型案例】

小赵转正后公司本应给小赵发全额工资，但一直未发，而且找各种理由不与小赵签订劳动合同。更让小赵不能理解的是，转正后刚一个月，公司竟以干不下去为借口，让小赵另谋职业。请问，小赵如果申请仲裁，如何证明双方存在劳动关系呢？

【律师说法】

《劳动和社会保障部关于确立劳动关系有关事项的通知》的规定，用人单位未与劳动者签订劳动合同，认定双方存在劳动关系时可参照下列凭证：工资支付凭证或记录、缴纳各项社会保险费的记录；用人单位向劳动者发放的“工作证”、“服务证”等证件；用人单位招工招聘“登记表”、“报名表”等；考勤记录；其他劳动者的证言等。因此，如果用人单位未与小赵签订劳动合同，他可以通过以上途径证明双方存在劳动关系。

【法律依据】

《劳动和社会保障部关于确立劳动关系有关事项的通知》第二条　用人单位未与劳动者签订劳动合同，认定双方存在劳动关系时可参照下列凭证：

（一）工资支付凭证或记录（职工工资发放花名册）、缴纳各项社会保险费的记录；

（二）用人单位向劳动者发放的“工作证”、“服务证”等能够证明身份的证件；

（三）劳动者填写的用人单位招工招聘“登记表”、“报名表”等招用记录；

（四）考勤记录；

（五）其他劳动者的证言等。

其中，（一）、（三）、（四）项的有关凭证由用人单位负举证责任。

◎ 没有续签的合同如何认定？

【典型案例】

小王与公司签订为期 3 年的劳动合同已满，双方既没有续签，也没有办理终止手续，但小王仍在公司工作。这种情况要如何认定？

【律师说法】

我国有关法律规定，当事人双方履行了合同义务，劳动合同终止、解除以后，用人单位应当与劳动者办理终止或解除劳动合同的手续，为劳动者出具终止、解除劳动合同证明书。如果用人单位愿意与劳动者继续维持劳动关系，就应该续签合同。如果合同期满后，双方对此没有任何异议，一切照旧，则认定为双方默认按照劳动合同的约定继续履行。

【法律依据】

《最高人民法院关于审理劳动争议案件适用法律若干问题的解释（一）》（以下简称《劳动争议解释（一）》）第十六条　劳动合同期满后，劳动者仍在原用人单位工作，原用人单位未表示异议的，视为双方同意以原条件继续履行劳动合同。一方提出终止劳动关系的，人民法院应当支持。

根据《劳动法》第二十条之规定，用人单位应当与劳动者签订无固定期限劳动合同而未签订的，人民法院可以视为双方之间存在无固定期限劳动合同关系，并以原劳动合同确定双方的权利义务关系。

◎ 公司不给劳动合同怎么办？

【典型案例】

杨军通过面试，被录用为某公司职员。人事主管告诉他，工资每月 2000 元，包吃包住，上班时间为 18 点到凌晨 2 点。可在签订合同时这些都没有写上合同，而且也没有约定社会保险。更让杨军不解的是合同只有一份，公司保管。请问，杨军该怎么办？

【律师说法】

我国有关法律规定，劳动合同期限、工作时间、社会保险等是劳动合同的必备条款，而本案中签订的劳动合同中并没有载明，而且合同只有一份，违反法律规定，因此给杨军造成的权益损害，用人单位应当承担赔偿责任。

【法律依据】

《劳动合同法》第八十一条　用人单位提供的劳动合同文本未载明本法规定的劳动合同必备条款或者用人单位未将劳动合同文本交付劳动者的，由劳动行政部门责令改正；给劳动者造成损害的，应当承担赔偿责任。

◎ 公司可以随便调换员工的工作岗位吗？

【典型案例】

曲静以 8000 元的月薪与公司签订了为期 3 年的设计师合同。可曲静工作不到 1 年，公司在没有任何理由的情况下，将曲静降职为普通的设计人员，月薪也随之下调。曲静与公司多次协商无果，遂向劳动仲裁委员会提出了申诉。

【律师说法】

用人单位不能随便调换劳动者的职位。依法签订的劳动合同是具有法律效力的，签订合同的双方当事人必须严格履行合同中规定的义务。没有法定的变更事由，也没有经过双方当事人协商，任何一方都不能随意变更合同的内容。工作职位是劳动合同中十分重要的内容，对其更改可以视为对合同的变更。本案中，这家公司在没有其他事由，也没有与曲静协商的情况下，擅自变更了曲静的工作岗位，这是法律所不允许的。

【法律依据】

《劳动合同法》第二十九条　用人单位与劳动者应当按照劳动合同的约定，全面履行各自的义务。

《劳动法》第十七条　订立和变更劳动合同，应当遵循平等自愿、协商一致的原则，不得违反法律、行政法规的规定。

劳动合同依法订立即具有法律约束力，当事人必须履行劳动合同规定的义务。

◎ 公司能终止劳动合同吗？

【典型案例】

洪浩与一家超市签订了3年的劳动合同。临近年底，超市将合同收回，重新与洪浩签订了一份1年的合同。现在合同已到期，超市不再与洪浩续签，而且无任何补偿。请问，超市能终止劳动合同吗？

【律师说法】

不能。《劳动合同法》第四十六条第五项规定，自然终止固定期限劳动合同的也要支付经济补偿金。洪浩所在的超市为了尽可能降低解雇成本，将合同期限缩短至半年，是为了避免解除劳动合同时支付劳动者经济补偿金。按照原合同的规定，自然终止时间应该为3年，现在该超市等于是提前终止合同。因此，洪浩可以向劳动保障部门仲裁。

【法律依据】

《劳动合同法》第四十六条　有下列情形之一的，用人单位应当向劳动者支付经济补偿：

（一）劳动者依照本法第三十八条规定解除劳动合同的；

（二）用人单位依照本法第三十六条规定向劳动者提出解除劳动合同并与劳动者协商一致解除劳动合同的；

（三）用人单位依照本法第四十条规定解除劳动合同的；

（四）用人单位依照本法第四十一条第一款规定解除劳动合同的；

（五）除用人单位维持或者提高劳动合同约定条件续订劳动合

同，劳动者不同意续订的情形外，依照本法第四十四条第一项规定终止固定期限劳动合同的；

（六）依照本法第四十四条第四项、第五项规定终止劳动合同的；

（七）法律、行政法规规定的其他情形。

◎ 合同无固定期限是否可以提前解除？

【典型案例】

由于周浩波工作能力强，公司就把与他签订的劳动合同，由固定期限改为无固定期限。自此之后，周浩波无视公司劳动纪律，经常迟到早退，无辜旷工，有事外出也不请假。不久，公司以他累计旷工10天，严重违反公司制度为由予以辞退。请问，无固定期限的劳动合同可以提前解除吗？

【律师说法】

可以提前解除。无固定期限的劳动合同是用人单位与劳动者约定无确定终止时间的劳动合同，它的法律效力可以一直延续到劳动者退出工作岗位或者因发生意外事故而丧失劳动能力时为止。但如果出现法定解除合同的情形，无固定期限的劳动合同也可以提前解除。本案中，公司虽然与周浩波签订了无固定的劳动合同，但他严重违反了公司制度，根据《劳动合同法》第三十九条规定，公司可以提前解除。

【法律依据】

《劳动合同法》第三十九条　劳动者有下列情形之一的，用人单位可以解除劳动合同：

（一）在试用期间被证明不符合录用条件的；

（二）严重违反用人单位的规章制度的；

（三）严重失职，营私舞弊，给用人单位造成重大损害的；

（四）劳动者同时与其他用人单位建立劳动关系，对完成本单位工作任务造成严重影响，或者经用人单位提出，拒不改正的；

（五）因本法第二十六条第一款第一项规定的情形致使劳动合同无效的；

（六）被依法追究刑事责任的。

◎ 员工兼职就应当解除劳动合同吗？

【典型案例】

经朋友推荐，肖华利用双休日到一家公司做兼职。肖华所在单位知道后，提出要与肖华解除劳动合同。请问，员工兼职就解除劳动合同吗？

【律师说法】

根据《劳动合同法》的规定，用人单位要解除兼职者的劳动合同，必须符合以下两条：一是同时与其他用人单位建立劳动关系，严重影响了本单位工作任务的完成；二是发现劳动者有兼职现象时，先向劳动者提出，如果劳动者拒不改正，则可以解除合同。本案中，除非肖华原单位能证明肖华因为兼职而严重影响了对本单位工作任务的完成，或经提出肖华拒不改正时才可以与肖华解除劳动合同，否则不予解除。

【法律依据】

《劳动合同法》第三十九条　劳动者有下列情形之一的，用人单位可以解除劳动合同：

（一）在试用期间被证明不符合录用条件的；

（二）严重违反用人单位的规章制度的；

（三）严重失职，营私舞弊，给用人单位造成重大损害的；

（四）劳动者同时与其他用人单位建立劳动关系，对完成本单位的工作任务造成严重影响，或者经用人单位提出，拒不改正的；

（五）因本法第二十六条第一款第一项规定的情形致使劳动合同无效的；

（六）被依法追究刑事责任的。

◎ 只要合同到期就必须按期终止吗？

【典型案例】

马莉按预产期推算马上就要分娩，正好与公司签的合同还有1个月就要到期。请问，在这种情况下，公司可否按期终止合同呢？

【律师说法】

公司不可以终止合同。我国《劳动法》的相关司法解释规定，劳动者在医疗期、孕期、产期和哺乳期内，劳动合同期限届满时，用人单位不得终止劳动合同。劳动合同的期限应自动延续至医疗期、孕期、产期和哺乳期期满为止。本案中，马莉分娩时劳动合同期限届满，公司不但在产期不得终止与她的劳动合同，就是整个哺乳期也不得终止，应当给她补发工资并报销医疗费。

【法律依据】

《关于贯彻执行〈中华人民共和国劳动法〉若干问题的意见》（以下简称《劳动法意见》）第三十四条　除劳动法第二十五条规定的情形外，劳动者在医疗期、孕期、产期和哺乳期内，劳动合同期限届满时，用人单位不得终止劳动合同。劳动合同的期限应自动延续至医疗期、孕期、产期和哺乳期期满为止。

◎ 企业兼并重组就该解除劳动合同吗？

【典型案例】

某公司是一家国有企业，按照国际惯例企业要实施兼并重组。请问，企业能否与职工解除劳动关系，并支付职工经济补偿吗？

【律师说法】

按照我国有关法律的规定，用人单位兼并重组后，应当由重组后的单位继续与职工履行原劳动合同。由于重组导致原劳动合同不能履行的，企业与职工应当依法变更劳动合同。不能变更的，企业可解除劳动合同，但应当支付给职工经济补偿。

【法律依据】

《劳动法》第二十六条　有下列情形之一的，用人单位可以解除劳动合同，但是应当提前三十日以书面形式通知劳动者本人：

（一）劳动者患病或者非因工负伤，医疗期满后，不能从事原工作也不能从事由用人单位另行安排的工作的；

（二）劳动者不能胜任工作，经过培训或者调整工作岗位，仍不能胜任工作的；

（三）劳动合同订立时所依据的客观情况发生重大变化，致使原劳动合同无法履行，经当事人协商不能就变更劳动合同达成协议的。

◎ 董事会决议就能辞退员工吗？

【典型案例】

老孙在企业转制前已经在公司工作了20个年头。企业转制后，为了给企业注入新的血液，公司董事会决定，将大规模招收应届毕业生，凡职工年龄超过55周岁便不再继续录用。今年已56周岁的老孙，依公司规定就失业了吗？

【律师说法】

企业裁员或者与本单位职工解除劳动合同，应当符合《劳动法》等相关的法律、法规规定的法定条件和程序。老孙所在公司在不符合裁员的法定条件的情况下，只是通过董事会决议作出凡职工年龄超过55周岁便不再继续录用的决定没有法律依据，不符合有关法律的要求。因此,公司不能辞退老孙。

【法律依据】

《劳动合同法》第四十二条　劳动者有下列情形之一的,用人单位不得依照本法第四十条、第四十一条的规定解除劳动合同:

(一)从事接触职业病危害作业的劳动者未进行离岗前职业健康检查,或者疑似职业病病人在诊断或者医学观察期间的;

(二)在本单位患职业病或者因工负伤并被确认丧失或者部分丧失劳动能力的;

(三)患病或者非因工负伤,在规定的医疗期内的;

(四)女职工在孕期、产期、哺乳期的;

(五)在本单位连续工作满十五年,且距法定退休年龄不足五年的;

(六)法律、行政法规规定的其他情形。

◎ 职工可以随时解除劳动合同吗?

【典型案例】

高洪经过3个月试用期后与公司签订了正式劳动合同,工资也按转正工资发放。前不久,公司在高洪不同意的情况下强行给其调岗,并告知高洪,如不到调岗后的部门报到就算旷工。高洪决定辞职。请问,高洪应当如何与公司解除劳动合同呢?

【律师说法】

《劳动法》第三十二条规定了劳动者可以随时解除劳动合同的三种情形,如果高洪符合其中情形之一,就可以随时解除合同。否则,他要解除劳动合同,应当提前60天以书面形式通知用人单位。

【法律依据】

《劳动法》第三十二条　有下列情形之一的,劳动者可以随时通知用人单位解除劳动合同:

（一）在试用期内的；

（二）用人单位以暴力、威胁或者非法限制人身自由的手段强迫劳动的；

（三）用人单位未按照劳动合同约定支付劳动报酬或者提供劳动条件的。

◎ 合同解除后，押金还能要回吗？

【典型案例】

小于在公司工作了3个月没有领过一次工资。她左思右想决定辞职。可她与公司签订劳动合同时缴纳了2000元的押金。请问，小于辞职后，他缴纳的押金还能要回来吗？

【律师说法】

能要回来。根据法律有关规定，用人单位招用劳动者，不得扣押劳动者的居民身份证和其他证件，不得要求劳动者提供担保或者以其他名义向劳动者收取财物。本案中，小于所在公司收取押金的行为是违法的，无论他是否离开，押金都应如数返还。

【法律依据】

《劳动合同法》第九条　用人单位招用劳动者，不得扣押劳动者的居民身份证和其他证件，不得要求劳动者提供担保或者以其他名义向劳动者收取财物。

◎ 劳动仲裁超过时效，工资就要不回吗？

【典型案例】

高先生所在单位因经营困难，已拖欠高先生好几个月的工资，后高先生决定辞职，单位同意，但还是没给工资，高先生便让单位打了张欠条。1年后高先生再去找单位要，仍然不给，高先生只好申请劳动仲裁，但仲裁机构却说已超过时效。请问，高先生该怎么办？

【律师说法】

根据有关法律规定，劳动争议申请仲裁的时效为1年，因此，高先生在1年后申请劳动仲裁确已超过时效。但有关司法解释规定，劳动者以用人单位的工资欠条为证据直接向人民法院起诉，诉讼请求不涉及劳动关系其他争议的，视为拖欠劳动报酬争议，按照普通民事纠纷受理。因此，高某可以把该欠条作为证据，采取诉讼方式解决。

【法律依据】

《中华人民共和国劳动争议调解仲裁法》（以下简称《劳动争议调解仲裁法》）第二十七条第一款　劳动争议申请仲裁的时效期间为一年。仲裁时效期间从当事人知道或者应当知道其权利被侵害之日起计算。

《最高人民法院关于审理劳动争议案件适用法律若干问题的解释（二）》第三条　劳动者以用人单位的工资欠条为证据直接向人民法院起诉，诉讼请求不涉及劳动关系其他争议的，视为拖欠劳动报酬争议，按照普通民事纠纷受理。

◎ 工资能用实物代替吗？

【典型案例】

某厂因缺乏对市场的调查和预测盲目生产，导致大量新产品积压，致使资金周转不开，无力向职工发放工资。为此，该厂决定：本月职工工资用产品来代替。请问，该厂的行为合法吗？

【律师说法】

这种行为是不合法的。该厂的做法违反了《劳动法》的相关规定。《劳动法》对工资的概念作了明确的解释，是指用人单位依据国家有关规定或劳动合同的约定，以货币形式直接支付给本单位劳动者的劳动报酬，一般包括计时工资、计件工资、奖金、津贴和补贴、延长工作时间的工资报酬以及特殊情况下支付的工资等。工资的支付只能采取货币形式，不能以任何物品代替。

【法律依据】

《劳动法》第五十条　工资应当以货币形式按月支付给劳动者本人。不得克扣或者无故拖欠劳动者的工资。

◎ 员工单方解除合同需要赔偿吗？

【典型案例】

小乔与公司双方约定的工作岗位为办公室主任。但上班后公司却让他管理仓库。小乔向公司提出异议，公司却拿出劳动合同称：不干可以，但必须按照劳动合同赔偿单位损失 1000 元。请问，小乔解除劳动合同后是否要赔偿呢？

【律师说法】

不予赔偿。我国《劳动合同法》第三十八条规定，用人单位的规章制度违反法律、法规的规定，损害劳动者权益的，劳动者可以解除劳动合同。用人单位以暴力、威胁或者非法限制人身自由的手段强迫劳动者劳动的，或者用人单位违章指挥、强令冒险作业危及劳动者人身安全的，劳动者可以立即解除劳动合同，不需事先告知用人单位。本案中，小乔去公司工作后，用人单位未按承诺安排工作，对此，小乔可以理直气壮地解除劳动合同，不必赔偿单位损失。

【法律依据】

《劳动合同法》第三十八条　用人单位有下列情形之一的，劳动者可以解除劳动合同：

（一）未按照劳动合同约定提供劳动保护或者劳动条件的；

（二）未及时足额支付劳动报酬的；

（三）未依法为劳动者缴纳社会保险费的；

（四）用人单位的规章制度违反法律、法规的规定，损害劳动者权益的；

（五）因本法第二十六条第一款规定的情形致使劳动合同无效的；

（六）法律、行政法规规定劳动者可以解除劳动合同的其他情形。

用人单位以暴力、威胁或者非法限制人身自由的手段强迫劳动者劳动的，或者用人单位违章指挥、强令冒险作业危及劳动者人身安全的，劳动者可以立即解除劳动合同，不需事先告知用人单位。

◎ 解除合同后单位就不予提供证明吗？

【典型案例】

老李与公司协商解除了劳动合同。之后老李到另一家企业应聘，但是该企业要老李提供与原公司解除劳动合同的证明，而原公司拒绝提供。请问，老李该怎么办？

【律师说法】

我国《劳动合同法》有关规定，用人单位未向劳动者出具解除或者终止劳动合同的书面证明，由劳动行政部门责令改正；给劳动者造成损害的，应当承担赔偿责任。老李与原公司协商一致后解除了劳动合同，该公司以各种理由不提供与老李解除劳动合同的证明，这种行为是违法的。因此，老李可以向劳动行政部门求助，责令原公司为他出具解除劳动合同的证明。

【法律依据】

《劳动合同法》第五十条第一款　用人单位应当在解除或者终止劳动合同时出具解除或者终止劳动合同的证明，并在十五日内为劳动者办理档案和社会保险关系转移手续。

第八十九条　用人单位违反本法规定未向劳动者出具解除或者终止劳动合同的书面证明，由劳动行政部门责令改正；给劳动者造成损害的，应当承担赔偿责任。

◎ 企业可以辞退即将退休的老员工吗？

【典型案例】

老王是某工厂30多年的老员工，再过2年就要退休了。万万没想到，金融危机的出现使工厂陷入了困境，工厂决定裁减职工。那么，工厂可以辞退老王吗？

【律师说法】

不能辞退老王。本案中，老王作为老职工，如果被辞退，再就业的可能性不大。其社会保险以及基本生活来源无法保障，老王的生活就会陷入困境。对此，我国有关法律规定，凡在本单位连续工作满15年，且距法定退休年龄不足5年的职工，用人单位不能与其解除劳动合同。所以工厂不能辞退老王。

【法律依据】

《劳动合同法》第四十二条　劳动者有下列情形之一的，用人单位不得依照本法第四十条、第四十一条的规定解除劳动合同：

(一)从事接触职业病危害作业的劳动者未进行离岗前职业健康检查，或者疑似职业病病人在诊断或者医学观察期间的；

(二)在本单位患职业病或者因工负伤并被确认丧失或者部分丧失劳动能力的；

(三)患病或者非因工负伤，在规定的医疗期内的；

(四)女职工在孕期、产期、哺乳期的；

(五)在本单位连续工作满十五年，且距法定退休年龄不足五年的；

（六）法律、行政法规规定的其他情形。

◎ 劳动者患精神病，公司可以辞退吗？

【典型案例】

在一次施工事故中，老马的头部受到重撞。手术后，也未见效果，经医疗机构鉴定老马将成为植物人。请问，公司可以解除与老马的劳动关系吗？

【律师说法】

该公司可以将老马辞退。我国法律上有一种情况，即劳动者在工作中没有过失，但合同已经无法正常履行，用人单位只能单方面解除劳动合同，这种情况被称为非过失性辞退。本案中，老马已经不能从事原来的工作，不能正常地履行合同义务，公司不得不与其解除劳动合同。必须注意的是，导致劳动者失去工作能力的疾病不能是职业病或因公负伤，不能与用人单位有任何关系，否则用人单位不能将其辞退；另外，劳动者患病、负伤、失去工作能力后，用人单位不能立即解除合同，必须给予一定的医疗期，医疗期结束后，再商谈解除。

【法律依据】

《劳动合同法》第四十条　有下列情形之一的，用人单位提前三十日以书面形式通知劳动者本人或者额外支付劳动者一个月工资后，可以解除劳动合同：

（一）劳动者患病或者非因工负伤，在规定的医疗期满后不能从事原工作，也不能从事由用人单位另行安排的工作的；

（二）劳动者不能胜任工作，经过培训或者调整工作岗位，仍不能胜任工作的；

（三）劳动合同订立时所依据的客观情况发生重大变化，致使劳动合同无法履行，经用人单位与劳动者协商，未能就变更劳动合同内容达成协议的。

◎ 员工在试用期内有哪些权利？

【典型案例】

小俞与公司就工作内容、工作条件等问题达成一致后，约定试用期为3个月。试用期间，小俞按约定履行了义务。可试用期结束后，公司以试用期间没有约定薪金为由拒绝支付小俞的劳动报酬。请问，小俞试用期就没有工资吗？试用期应享有哪些权利？

【律师说法】

试用期内有权领取薪金。员工在试用期应当享有的权利，主要有以下四方面：有享受保险待遇的权利。用人单位与劳动者建立了劳动关系以后，即应按月为劳动者缴纳养老、失业等社会保险费用；享受与其他职工相同的保险福利待遇；用人单位一方如有违反法律、法规及合同约定的行为并对劳动者造成损害的，劳动者有权获得赔偿；劳动者可以随时提出解除劳动合同终止劳动关系。

【法律依据】

《劳动合同法》第二十条　劳动者在试用期的工资不得低于本单位相同岗位最低档工资或者劳动合同约定工资的80%，并不得低于用人单位所在地的最低工资标准。

第二十一条　在试用期中，除劳动者有本法第三十九条和第四十条第一项、第二项规定的情形外，用人单位不得解除劳动合同。用人单位在试用期解除劳动合同的，应当向劳动者说明理由。

◎ 试用期间能否随时辞职？

【典型案例】

小冉在试用期间发现公司的经营理念存在问题，实际运营情况也不好，便向老板提出辞职。可老板让小冉得工作满一个月，等公司招到了新员工才能离职。请问，老板的说法是否符合法律规定？小冉的工资该如何结算？

【律师说法】

老板的说法不合法。由于小冉是在试用期内，他可以随时辞职，不用等到公司招到新员工后再辞职。试用期内的工资标准不能低于当地最低工资标准，小冉在公司工作满1个月的按月结算工资；如果工作不满1个月或者满1个月但不满2个月，公司应当按照他的实际工作天数支付工资。

【法律依据】

《劳动法》第三十二条　有下列情形之一的，劳动者可以随时通知用人单位解除劳动合同：

（一）在试用期内的；

（二）用人单位以暴力、威胁或者非法限制人身自由的手段强迫劳动的；

（三）用人单位未按照劳动合同约定支付劳动报酬或者提供劳动条件的。

◎ 试用期内离职必须赔偿培训费吗？

【典型案例】

小贡各方面能力表现都不错，在试用期间，公司就派他出国培训1个月。培训回来后，在试用期满前一周，小贡提出要与公司解除劳动合同。请问，试用期内离职是否应赔偿公司培训费？

【律师说法】

《劳动部办公厅关于试用期内解除劳动合同处理依据问题的复函》规定，用人单位出资（指有支付货币凭证的情况）对职工进行各类技术培训，职工提出与单位解除劳动关系的，如果在试用期内，则用人单位不得要求劳动者支付该项培训费用。如果试用期满，在合同期内，则用人单位可以要求劳动者支付该项培训费用。因此，本案中，小贡不需要赔偿公司培训费。

【法律依据】

《劳动部办公厅关于试用期内解除劳动合同处理依据问题的复函》第三条　关于解除劳动合同涉及的培训费用问题。

用人单位出资（指有支付货币凭证的情况）对职工进行各类技术培训，职工提出与单位解除劳动关系的，如果在试用期内，则用人单位不得要求劳动者支付该项培训费用。

◎ 如何计算工作日？

【典型案例】

曲静月工资标准1500元。公司实行日工资制后，曲静的工资竟然才1046元，比以前少了454元。曲静找到老板询问此事。老板振振有词：用你工资1500元除以每月30天得出日工资50元，每月除去公休日的平均实际工作天数为20.92天，按日工资制计算，50元乘以20.92天，你的月工资当然就是1046元。请问，老板这样计算工作日对吗？

【律师说法】

工作日这样计算不对。正确的计算方式应是全年日历天数365天减去法定休息日10天，再减去公休日104天，所得天数再除以12，最终得出的是每月平均工作天数20.92天。本案中公司老板恶意混淆概念，用1500元的基准工资除以30天得出工资数额为50元，这种算法是错误的。应该用1500元除以每月平均工作天数20.92天，这样得出正确的日平均工资数额71.70元，再乘以实际工作天数20.92，得出曲静的工资还是1500元，没有减少。

【法律依据】

《劳动法》第三十六条　国家实行劳动者每日工作时间不超过八小时、平均每周工作时间不超过四十四小时的工时制度。

◎ 非全日制用工的薪酬是如何计算的?

【典型案例】

高阿姨工作内容是按照雇佣人的要求,从事清洁工作。因此,没有固定的工作时间和工作地点,薪金按照月结算是不现实的。请问,她的薪酬该怎么计算?

【律师说法】

高阿姨属于非全日制用工。根据《劳动法》的规定,非全日制用工,以小时计酬为主,但也不排除其他合理的计算方式。尽管是按小时计酬,但是每小时的酬金不能低于用人单位所在地人民政府规定的最低小时工资标准。

【法律依据】

《劳动合同法》第六十八条　非全日制用工,是指以小时计酬为主,劳动者在同一用人单位一般平均每日工作时间不超过四小时,每周工作时间累计不超过二十四小时的用工形式。

第七十二条　非全日制用工小时计酬标准不得低于用人单位所在地人民政府规定的最低小时工资标准。

◎ 加班工资应按照什么标准计算?

【典型案例】

因有突击性任务,小贡这个周末基本上都在加班。可是在月底结算工资时,公司财务给他的加班日工资是按小贡的月工资除以30天计算的。请问,公司财务计算的加班工资对吗?

【律师说法】

不对。根据《劳动部对〈工资支付暂行规定〉有关问题的补充规定》的规定，应当按照他的月工资标准除以21.5天进行折算。

【法律依据】

《劳动部对〈工资支付暂行规定〉有关问题的补充规定》第二条

安排劳动者在法定工作日延长工作时间或安排在休息日工作而又不能补休的，均应支付给劳动者不低于劳动合同规定的劳动者本人小时或日工资标准150%、200%的工资；安排在法定休假节日工作的，应另外支付给劳动者不低于劳动合同规定的劳动者本人小时或日工资标准300%的工资。

劳动者日工资可统一按劳动者本人的月工资标准除以每月制度工作天数进行折算。

根据国家关于职工每日工作8小时，每周工作时间40小时的规定，每月制度工时天数为21.5天。

◎ 什么情况下工资可以延迟支付?

【典型案例】

小赵到某文化公司从事编辑工作半年来，从来不知道该公司工资发放的具体时间，当月的工资总是无故拖延到下个月的20号以后发放，甚至拖到月底才发。请问，公司无故延迟工资发放合法吗?

【律师说法】

不合法。根据劳动部《关于印发对〈工资支付暂行规定〉有关问题的补充规定的通知》，用人单位可以延迟支付工资的情况有以下情形：遇到非人力所能抗拒的自然灾害、战争等原因，无法按时支付工资；确因生产经营困难、资金周转受到影响，在征得本单位工会同意后，可暂时延期支付劳动者工资。本案公司无任何理由，且并非偶然，无故延迟工资发放存在占有员工工资性质。

【法律依据】

《工资支付暂行规定》第十八条　各级劳动行政部门有权监察用人单位工资支付的情况。用人单位有下列侵害劳动者合法权益行为的，由劳动行政部门责令其支付劳动者工资和经济补偿，并可责令其支付赔偿金：

（一）克扣或者无故拖欠劳动者工资的；

（二）拒不支付劳动者延长工作时间工资的；

（三）低于当地最低工资标准支付劳动者工资的。经济补偿和赔偿金的标准，按国家有关规定执行。

《劳动部对〈工资支付暂行规定〉有关问题的补充规定》第四条　《规定》第十八条所称“无故拖欠”系指用人单位无正当理由超过规定付薪时间未支付劳动者工资。不包括：

（1）用人单位遇到非人力所能抗拒的自然灾害、战争等原因，无法按时支付工资；

（2）用人单位确因生产经营困难、资金周转受到影响，在征得本单位工会同意后，可暂时延期支付劳动者工资，延期时间的最长限制可由各省、自治区、直辖市劳动行政部门根据各地情况确定。其他情况下拖欠工资均属无故拖欠。

◎ 自愿加班能获得加班费吗？

【典型案例】

1 年多来，小郝经常在下班后自动加班工作。他要求公司支付其 1 年内延长工作时间的加班工资。请问，小郝能否获得加班费？

【律师说法】

小郝自愿加班不能获得加班费。用人单位支付加班工资的前提是用人单位根据实际需要安排劳动者在法定标准工作时间以外工作，即由用人单位安排加班的，用人单位才应支付加班工资。如果不是用人单位安排加班，而由劳动者自愿加班的，用人单位依据以上规定可以不支付加班工资。

【法律依据】

《劳动法》第四条　用人单位应当依法建立和完善规章制度，保障劳动者享有劳动权利和履行劳动义务。

《工资支付暂行规定》第十三条　用人单位在劳动者完成劳动定额或规定的工作任务后，根据实际需要安排劳动者在法定标准工作时间以外工作的，均应支付给劳动者不低于劳动合同规定的劳动者本人小时或日工资标准150%、200%的工资；安排在法定休假节日工作的，应另外支付给劳动者不低于劳动合同规定的劳动者本人小时或日工资标准300%的工资。

◎ 未休年假公司给予补偿吗？

【典型案例】

胡氏在公司工作已经5年多，按照规定公司每年都安排他休假。今年由于负责的项目棘手，没有安排休假。他想知道，在规定的年休假内没有休假，公司是否应当给予适当的补偿？

【律师说法】

公司应给予胡氏适当的补偿。根据《职工带薪年休假条例》的规定，单位确因工作需要不能安排职工休年休假的，公司应当补偿。

【法律依据】

《职工带薪年休假条例》第五条　单位根据生产、工作的具体情况，并考虑职工本人意愿，统筹安排职工年休假。

年休假在1个年度内可以集中安排，也可以分段安排，一般不跨年度安排。单位因生产、工作特点确有必要跨年度安排职工年休假的，可以跨1个年度安排。

单位确因工作需要不能安排职工休年休假的，经职工本人同意，可以不安排职工休年休假。对职工应休未休的年休假天数，单位应当按照该职工日工资收入的300%支付年休假工资报酬。

◎ 职工拒绝加班，公司可以扣发工资吗？

【典型案例】

因公司新书急着上订货会，老板通知职工周六加班。小俞因要照顾孩子，周六无法加班，便与领导协商未果。星期六，小俞没去加班。周一老板告知：未加班扣发小俞的工资。请问，老板的做法合法吗？

【律师说法】

不合法。老板的做法违反了《劳动法》的相关规定。我国《劳动法》规定，用人单位不能随意安排加班。确实要加班，必须要与职工协商同意，并且支付相应的加班费。本案中公司领导与职工小俞协商未果，不得以扣发工资的手段强迫职工加班。

【法律依据】

《劳动合同法》第三十一条　用人单位应当严格执行劳动定额标准，不得强迫或者变相强迫劳动者加班。用人单位安排加班的，应当按照国家有关规定向劳动者支付加班费。

◎ 拖欠工资可要求赔偿吗？

【典型案例】

某公司因经营不善，资金周转出现了问题，导致员工工资连续一个季度没有发放。员工遂向法院提起诉讼，要求公司立即支付拖欠的工资，并且作出相应的赔偿。请问，员工这样的要求合理吗?

【律师说法】

员工的要求是合理的。我国实行按劳分配的原则，是法定的权利。对于被拖欠的工资，应按数支付。同时，劳动者依法取得报酬的权利受到侵犯，按规定也应该支付赔偿。本案中，该公司扣押了员工一个季度的工资，无论基于什么样的理由也是不能免责的。除了将拖欠的工资如数发放外，还应该对职工们作出一定的赔偿。

【法律依据】

《工资支付暂行规定》第十八条　各级劳动行政部门有权监察用人单位工资支付的情况。用人单位有下列侵害劳动者合法权益行为的，由劳动行政部门责令其支付劳动者工资和经济补偿，并可责令其支付赔偿金：

(一)克扣或者无故拖欠劳动者工资的；

(二)拒不支付劳动者延长工作时间工资的；

(三)低于当地最低工资标准支付劳动者工资的。

经济补偿和赔偿金的标准，按国家有关规定执行。

◎ 春节加班，能列为补休范围吗?

【典型案例】

2011 年春节长假期间，公司安排小刘加班。假期过后，老板安排她多休息了三天。之后，她向老板提出加班费的要求，老板却说，已经安排补休了，公司就不再支付加班费了。请问，老板的说法正确吗?

【律师说法】

老板的说法是不正确的。元旦、春节、国际劳动节和国庆节为法定节假日，根据《劳动法》的有关规定，单位应当依法安排劳动者休假。法定节假日加班的只能支付法律规定的加班工资报酬，不能以安排补休为由不支付高于正常工作时间工资的加班工资。按国务院规定，春节假期为3天。因此，小刘在补休之后仍有权要求公司支付3天的加班报酬。

【法律依据】

《劳动法》第四十四条　有下列情形之一的，用人单位应当按照下列标准支付高于劳动者正常工作时间工资的工资报酬：

（一）安排劳动者延长工作时间的，支付不低于工资的150％的工资报酬；

（二）休息日安排劳动者工作又不能安排补休的，支付不低于工资的200％的工资报酬；

（三）法定休假日安排劳动者工作的，支付不低于工资的300％的工资报酬。

◎ 病假工资如何发放？

【典型案例】

老陈是国家公务员，因在一次交通事故中住院一个多月未能上班。出院时医生给他开了1个月的假条。上班后，单位只给老陈发了50％的工资。请问，单位的这种做法合理吗？

【律师说法】

不合理。根据《劳动法意见》相关规定，职工患病或非因工负伤治疗期间，在规定的医疗期内由企业按有关规定支付其病假工资或疾病救济费；病假工资或疾病救济费可以低于当地最低工资标准支付，但不能低于最低工资标准的80％。根据《国务院国家机关工作人员病假期间生活待遇的规定》，工作人员病假在2个月以内的，发给原工资。

【法律依据】

《最高人民法院关于执行〈劳动法〉的若干意见》(以下简称《劳动法意见》)第五十九条　职工患病或非因工负伤治疗期间，在规定的医疗期内由企业按有关规定支付其病假工资或疾病救济费，病假工资或疾病救济费可以低于当地最低工资标准支付，但不能低于最低工资标准的80％。

◎最低工资包括福利待遇吗？

【典型案例】

小马因月工资800元实在太少，就向公司领导要求提高工资。公司领导则以他的基本工资、保险、福利待遇等总额已超过当地最低工资标准，拒绝了小马的请求。请问，最低工资包括福利待遇吗？

【律师说法】

不包括。最低工资是指劳动者在法定工作时间内，提供了正常劳动的前提下，用人单位支付给劳动者的最低劳动报酬。但有几项不能包括在最低工资里，例如，加班费、在特殊条件下工作的津贴，再有就是劳动者福利待遇。国家规定最低工资标准，是为了使劳动者所得工资能够维持基本的生活需要，这是强制性规定，不能用约定的形式来抗辩，否则就是无效协议。

【法律依据】

《最低工资规定》第十二条　在劳动者提供正常劳动的情况下，用人单位应支付给劳动者的工资在剔除下列各项以后，不得低于当地最低工资标准：

(一)延长工作时间工资；

(二)中班、夜班、高温、低温、井下、有毒有害等特殊工作环境、条件下的津贴；

（三）法律、法规和国家规定的劳动者福利待遇等。

◎ 国家规定了发工资的具体日期吗？

【典型案例】

小刘是一家文化公司的录排人员，上班1年多来公司发工资从来没有固定时间。每月领取工资的时间最早是次月的20日，最晚是月底。而他朋友小丽每月领取工资的时间却是次月的5日。小刘有点不解：国家规定了发工资的具体日期吗？

【律师说法】

国家没有规定发工资的具体日期。国家在《劳动法》中规定了工资以货币形式按月支付给劳动者本人。这里所说的按月支付并不仅指每月支付一次，而是还要按照固定的日期将工资支付给劳动者。至于具体时间由劳动者与用人单位约定。本案中，小李应要求用人单位按固定的时间发放工资，这样才能尽可能地保证劳动者的合法权益。

【法律依据】

《劳动法》第五十条　工资应当以货币形式按月支付给劳动者本人。不得克扣或者无故拖欠劳动者的工资。

◎ 婚假就不发工资吗？

【典型案例】

小乐取工资时发现自己上月的工资有误，遂找老板询问，谁曾想老板竟然把小乐休婚假的时间算作旷工。请问，休婚假期间不发工资吗？

【律师说法】

工资照发。根据我国法律规定，享受婚假是劳动者的基本权利。劳动者结婚时，用人单位一般给予1～3天的带薪假期。为了鼓励晚婚晚育，对于晚婚的青年，有的地方除了国家规定的6天假期外，会另给10天左右的带薪假。本案中，曾某结婚，依照国家法律休婚假，工资应该照常结算，该公司不能将婚假算作旷工。

【法律依据】

《劳动法》第五十一条　劳动者在法定休假日和婚丧假期间以及依法参加社会活动期间，用人单位应当依法支付工资。

《工资支付暂行规定》第十一条　劳动者依法享受年休假、探亲假、婚假、丧假期间，用人单位应按劳动合同规定的标准支付劳动者工资。

◎ 产假能休多少天？还有工资吗？

【典型案例】

小于在北京某公司工作多年，现已怀孕9个月，由于身体不适，医生建议她多休息。于是小于准备向公司提出休产前假，可是她不知道能休多少天，也不知道休产假是否要扣工资。

【律师说法】

我国有关法律规定，女职工产假为90天，其中产前休假15天。难产的，增加产假15天。多胞胎生育的，每多生育一个婴儿，增加产假15天。产前假一般不得放到产后使用。若孕妇提前生产，可将不足的天数和产后假合并使用；若孕妇推迟生产，可将超出的天数按病假处理。至于工资需要说明的是：如果有集体合同约定的，按照集体合同约定的加班工资基数以及休假期间工资标准确定；如果劳动合同、集体合同均未约定的，按照劳动者本人正常劳动应得的工资确定。如果公司给小于缴纳了生育保险，则产假期间的工资由生育保险基金支付。如果小于领到的生育津贴低于劳动合同约定工资的，公司还要予以补足。

【法律依据】

《女职工劳动保护规定》第八条　女职工产假为90天，其中产前休假15天。难产的，增加产假15天。多胞胎生育的，每多生育一个婴儿，增加产假15天。

女职工怀孕流产的，其所在单位应当根据医务部门的证明，给予一定时间的产假。

《北京市工资支付规定》第四十四条　根据本规定第十四条计算加班工资的日或者小时工资基数、根据第十九条支付劳动者休假期间工资，以及根据第二十三条第一款支付劳动者产假、计划生育手术假期间工资，应当按照下列原则确定：

（一）按照劳动合同约定的劳动者本人工资标准确定；

（二）劳动合同没有约定的，按照集体合同约定的加班工资基数以及休假期间工资标准确定；

（三）劳动合同、集体合同均未约定的，按照劳动者本人正常劳动应得的工资确定。

依照前款确定的加班工资基数以及各种假期工资不得低于本市规定的最低工资标准。

◎ 流产不能休假吗？休假就扣工资吗？

【典型案例】

小于怀孕不慎流产，医生建议在家休息。而公司却以工作忙为由不同意小于休假，如果休假视旷工论处，扣除当月全部工资。请问，公司的行为合理吗？

【律师说法】

公司的行为不合理。女职工怀孕时不慎流产，依照规定，应当休假。流产同样会给女职工的身体造成严重影响，女职工流产后，用人单位应当根据医院证明，给予一定时间的产假，休产假期间，薪金照发。本案中，小于意外流产，公司应当让其休假，并按正常情况支付工资。

【法律依据】

《女职工劳动保护规定》第八条　女职工产假为90天，其中产前休假15天。难产的，增加产假15天。多胞胎生育的，每多生育一个婴儿，增加产假15天。

女职工怀孕流产的，其所在单位应当根据医务部门的证明，给予一定时间的产假。

◎ 未签合同，辞职后能要求补偿吗？

【典型案例】

张伟在某文化公司从事排版工作，因没有社会保险，公司也没跟他签劳动合同，他打算主动提出辞职。请问，如果辞职，能否得到经济补偿？

【律师说法】

能够得到经济补偿。我国有关法律规定，用人单位未及时足额支付劳动报酬和未依法为劳动者缴纳社会保险费的，劳动者可以解除劳动合同。根据《劳动合同法》第三十八条规定解除劳动合同的，用人单位应当向劳动者支付经济补偿。经济补偿按劳动者在本单位工作的年限，每满1年支付1个月工资的标准向劳动者支付。此外，用人单位自用工之日起超过1个月不满1年未与劳动者订立书面劳动合同的，应当向劳动者每月支付2倍的工资。本案中，张伟如与公司协商不成，可申请劳动仲裁，如果仲裁不服，可向法院起诉。

【法律依据】

《劳动合同法》第三十八条　用人单位有下列情形之一的，劳动者可以解除劳动合同：

(一)未按照劳动合同约定提供劳动保护或者劳动条件的；

(二)未及时足额支付劳动报酬的；

(三)未依法为劳动者缴纳社会保险费的；

(四)用人单位的规章制度违反法律、法规的规定，损害劳动者权益的；

(五)因本法第二十六条第一款规定的情形致使劳动合同无效的；

(六)法律、行政法规规定劳动者可以解除劳动合同的其他情形。

用人单位以暴力、威胁或者非法限制人身自由的手段强迫劳动者劳动的，或者用人单位违章指挥、强令冒险作业危及劳动者人身安全的，劳动者可以立即解除劳动合同，不需事先告知用人单位。

第四十七条　经济补偿按劳动者在本单位工作的年限，每满一年支付一个月工资的标准向劳动者支付。六个月以上不满一年的，按一年计算；不满六个月的，向劳动者支付半个月工资的经济补偿。

劳动者月工资高于用人单位所在直辖市、设区的市级人民政府公布的本地区上年度职工月平均工资三倍的，向其支付经济补偿的标准按职工月平均工资三倍的数额支付，向其支付经济补偿的年限最高不超过十二年。

本条所称月工资是指劳动者在劳动合同解除或者终止前十二个月的平均工资。

◎ 员工泄密如何赔偿？

【典型案例】

小戴利用工作上的便利，将公司新产品研发的技术参数和配方出卖给朋友，给公司带来极大的经济损失。公司以违反劳动合同中的保密条款为由要求小戴赔偿。请问，小戴赔偿标准如何确定？

【律师说法】

依照《违反〈劳动法〉有关劳动合同规定的赔偿办法》第五条的规定，劳动者违反劳动合同中约定的保密事项，对用人单位造成经济损失的，按《反不正当竞争法》第二十条的规定赔偿用人单位的经济损失。

【法律依据】

《中华人民共和国反不正当竞争法》第二十条　经营者违反本法规定，给被侵害的经营者造成损害的，应当承担损害赔偿责任，被侵害的经营者的损失难以计算的，赔偿额为侵权人在侵权期间因侵权所获得的利润；并应当承担被侵害的经营者因调查该经营者侵害其合法权益的不正当竞争行为所支付的合理费用。

被侵害的经营者的合法权益受到不正当竞争行为损害的，可以向人民法院提起诉讼。

日常消费篇

◎ 处理的商品能退吗?

【典型案例】

某厂家处理一批因仓库漏雨出现污渍的衣物。他们告示"因仓库漏雨,商品出现瑕疵,售出概不退换"。刘小姐买了一条裙子,回家才发现颜色有明显的反差。她找商家退货却遭到了拒绝。请问,处理的商品就不能退货吗?

【律师说法】

商家对出售时已明确告知存在瑕疵的处理品不承担退货责任。如果没有说明,一旦出现质量问题或者被有关机关认定为不合格产品,消费者有权向经营者提出退货和赔偿要求,商家应当无条件退货。刘小姐在买裙子时,明知是处理品、而且有瑕疵,所以无权向商家要求退货。

【法律依据】

《中华人民共和国消费者权益保护法》(以下简称《消费者权益保护法》)第二十二条　经营者应当保证在正常使用商品或者接受服务的情况下其提供的商品或者服务应当具有的质量、性能、用途和有效期限;但消费者在购买该商品或者接受该服务前已经知道其存在瑕疵的除外。

◎ 特价商品有质量问题，也不能退换吗？

【典型案例】

杨小姐在某名品折扣店买了一条打5折的连衣裙，不料只穿了一个上午裙子就开线了，杨小姐遂去商店退换，售货员却说不能退换。当杨小姐拿出票据时才发现上面写着“打折不退不换”的字样。杨小姐还能要求退换吗？

【律师说法】

杨小姐可以要求退换。商家的“打折商品不退不换”的声明是无效的，该声明不能免除其保证质量的义务。促销商品并不意味着质量有问题，商家仍然要保证特价商品的质量。商品出现质量问题时仍然要为消费者退换商品或承担其他民事责任。商家不能单纯以促销为理由拒绝退换商品。

【法律依据】

《零售商促销行为管理办法》第十二条　零售商开展促销活动，不得降低促销商品（包括有奖销售的奖品、赠品）的质量和售后服务水平，不得将质量不合格的物品作为奖品、赠品。

《消费者权益保护法》第二十四条　经营者不得以格式合同、通知、声明、店堂告示等方式作出对消费者不公平、不合理的规定，或者减轻、免除其损害消费者合法权益应当承担的民事责任。

格式合同、通知、声明、店堂告示等含有前款所列内容的，其内容无效。

◎ 促销价格比平时价格高，是价格欺诈吗？

【典型案例】

小胡看好了一款羽绒服，因本月开销太大没买。没过两天商场开始促销，小胡心想：真是天助我耶！谁知，她看好的羽绒服促销前售价一直是488元，现在促销竟然是618元。小胡心想，这不是价格欺诈吗。

【律师说法】

是商家欺诈。商场打折促销商品售价应该会比正常价格低，可是如果商家虚构原价，使促销价格反而更高，则严重损害了消费者的合法权益。商家在提供商品或服务时有欺诈行为的，应该承担“退一赔一”的民事责任，即双倍赔偿责任。

【法律依据】

《禁止价格欺诈行为的规定》第七条　经营者收购、销售商品和提供有偿服务，采取下列价格手段之一的，属于价格欺诈行为：

（一）虚构原价，虚构降价原因，虚假优惠折价，谎称降价或者将要提价，诱骗他人购买的；

（二）收购、销售商品和提供服务前有价格承诺，不履行或者不完全履行的；

（三）谎称收购、销售价格高于或者低于其他经营者的收购、销售价格，诱骗消费者或者经营者与其进行交易的；

（四）采取掺杂、掺假，以假充真，以次充好，短缺数量等手段，使数量或者质量与价格不符的；

（五）对实行市场调节价的商品和服务价格，谎称为政府定价或者政府指导价的；

（六）其他价格欺诈手段。

《零售商促销行为管理办法》第十一条　零售商开展促销活动，不得利用虚构原价打折或者使人误解的标价形式或价格手段欺骗、诱导消费者购买商品。

◎由于衣物质量问题造成损害怎么办?

【典型案例】

李老汉最近全身皮肤出现红斑,经确诊为皮炎,系刚买的保暖内衣所致。经质检部门鉴定,该保暖内衣的甲醛含量严重超标。李老汉遂带着2000多元的医疗费,到商场索赔。

【律师说法】

根据《中华人民共和国产品质量法》的规定,因产品存在缺陷造成人身、缺陷产品以外的其他财产(以下简称他人财产)损害的,生产者应当承担赔偿责任。《纺织品甲醛含量的限定》对保暖内衣等纺织品的甲醛含量有明确限定。李老汉购买的这套保暖内衣甲醛含量超标,不符合国家制定的行业标准,存在危及人身安全的不合理危险,是典型的产品缺陷。商家应当予以赔偿。

【法律依据】

《中华人民共和国产品质量法》(以下简称《产品质量法》)第四十一条　因产品存在缺陷造成人身、缺陷产品以外的其他财产(以下简称他人财产)损害的,生产者应当承担赔偿责任。

《消费者权益保护法》第四十四条　经营者提供商品或者服务,造成消费者财产损害的,应当按照消费者的要求,以修理、重作、更换、退货、补足商品数量、退还货款和服务费用或者赔偿损失等方式承担民事责任。消费者与经营者另有约定的,按照约定履行。

◎"行规"也合法吗?

【典型案例】

小琴到干洗店洗了一件价值5800余元的皮衣,并支付了120

元的干洗费。等到小琴去取衣服时，却被告知皮衣丢失了。于是小琴出示发票要求该店照价赔偿，但该店却说洗衣行业有“行规”，只能按干洗费的5倍赔偿。请问，该洗衣“行规”是否合法？

【律师说法】

该“行规”是违法的。小琴的皮衣被丢失，其责任在于该干洗店保管不慎所致。所以，小琴有权就该皮衣丢失向干洗店索赔。同时，由于该店并未向小琴提供干洗服务，因而也不能收取120元干洗费，干洗费应予退还。

【法律依据】

《消费者权益保护法》第二十四条　经营者不得以格式合同、通知、声明、店堂告示等方式作出对消费者不公平、不合理的规定，或者减轻、免除其损害消费者合法权益应当承担的民事责任。

格式合同、通知、声明、店堂告示等含有前款所列内容的，其内容无效。

第四十四条　经营者提供商品或者服务，造成消费者财产损害的，应当按照消费者的要求，以修理、重作、更换、退货、补足商品数量、退还货款和服务费用或者赔偿损失等方式承担民事责任。消费者与经营者另有约定的，按照约定履行。

◎ 找不到租赁者，赔偿责任由谁负？

【典型案例】

王大爷在商场花1280元买了一件羽绒服，两天后发现该羽绒服有严重的质量问题，便去商场调换。可王大爷当初购买羽绒服的柜台已换了别人，于是王大爷找到商场经理，要求商场负赔偿责任？

【律师说法】

应由商场向王大爷承担赔偿责任。从王大爷的情况可以看出，王大爷到商场购物，在没有标明真实名称和标记的租赁柜台购买了一件不合格的羽绒服。根据《消费者权益保护法》的规定，凡是出租柜台的承租者在租赁期内损害消费者权益的，若消费者找不到承租者，无论对消费者的行为是否负有直接责任，出租者都有先行赔偿消费者全部损失的义务。

【法律依据】

《消费者权益保护法》第三十八条　消费者在展销会、租赁柜台购买商品或者接受服务，其合法权益受到损害的，可以向销售者或者服务者要求赔偿。展销会结束或者柜台租赁期满后，也可以向展销会的举办者、柜台的出租者要求赔偿。展销会的举办者、柜台的出租者赔偿后，有权向销售者或者服务者追偿。

◎ 过期食品导致生病住院，找谁赔偿？

【典型案例】

王大妈因食物中毒住进了医院，经查是吃了过期的火腿肠所致，王大妈出院后拿着证据找超市索赔。请问，超市能承担责任吗？

【律师说法】

超市应当承担赔偿责任。我国有关法律规定，销售者不得销售国家明令淘汰并停止销售的产品和失效、变质的产品。消费者购买、使用商品和接受服务时享有人身、财产安全不受损害的权利。违反规定，生产、经营不符合卫生标准的食品，造成食物中毒事故或者其他食源性疾患的，消费者可以向销售者要求赔偿。本案中，超市销售过期食品的行为，客观上给顾客身体健康和经济上造成了较大损害，超市应对王大妈承担赔偿责任。

【法律依据】

《产品质量法》第三十五条　销售者不得销售国家明令淘汰并

停止销售的产品和失效、变质的产品。

《中华人民共和国食品安全法》(以下简称《食品安全法》)第八十五条　违反本法规定，有下列情形之一的，由有关主管部门按照各自职责分工，没收违法所得、违法生产经营的食品和用于违法生产经营的工具、设备、原料等物品；违法生产经营的食品货值金额不足一万元的，并处二千元以上五万元以下罚款；货值金额一万元以上的，并处货值金额五倍以上十倍以下罚款；情节严重的，吊销许可证：

……

(七)经营超过保质期的食品；

……

《消费者权益保护法》第四十一条　经营者提供商品或者服务，造成消费者或者其他受害人人身伤害的，应当支付医疗费、治疗期间的护理费、因误工减少的收入等费用，造成残疾的，还应当支付残疾者生活自助具费、生活补助费、残疾赔偿金以及由其扶养的人所必需的生活费等费用；构成犯罪的，依法追究刑事责任。

◎ 饭店就餐被烫伤，由谁赔偿？

【典型案例】

涛涛去饭店就餐时，被服务员小红端的汤泼出来，刚好洒在涛涛的面部。事后，涛涛住院治疗，出院后他向饭店提出索赔。

【律师说法】

根据有关法律规定，经营者提供商品或者服务，造成消费者或者其他受害人人身伤害的，应当支付医疗费、治疗期间的护理费、因误工减少的收入等费用。服务员小红与饭店应当承担主要责任。小红的过失行为是造成涛涛损害的直接原因，侵害了涛涛的生命健康权。所以，服务员小红应当承担赔偿责任。本案中，饭店与服务员小红之间存在雇佣关系，服务员小红是在工作中由于过失造成了他人损害，作为雇主的饭店应当负责赔偿。

【法律依据】

《消费者权益保护法》第四十一条　经营者提供商品或者服务，造成消费者或者其他受害人人身伤害的，应当支付医疗费、治疗期间的护理费、因误工减少的收入等费用，造成残疾的，还应当支付残疾者生活自助具费、生活补助费、残疾赔偿金以及由其扶养的人所必需的生活费等费用；构成犯罪的，依法追究刑事责任。

◎"最低消费"是否合法？

【典型案例】

小马和朋友去某餐馆就餐，结账时发现多收取小马6元，于是小马找该饭店收银员理论。她告诉小马餐馆的基本消费额度：无论顾客消费了多少都要支付其规定的最低消费金额50元。请问，餐馆的规定合法吗？

【律师说法】

不合法。该饭店单方面制定这样的条款损害了消费者的合法利益，限制了消费者的自主选择权。可以通过以下途径解决：(一)与经营者协商和解；(二)请求消费者协会调解；(三)向有关行政部门申请；(四)根据与经营者达成的仲裁协议提请仲裁机构仲裁；(五)向人民法院提起诉讼。

【法律依据】

《消费者权益保护法》第十条　消费者享有公平交易的权利。

消费者在购买商品或者接受服务时，有权获得质量保障、价格合理、计量正确等公平交易条件，有权拒绝经营者的强制交易行为。

◎“免费酒水”惹祸，谁来赔偿？

【典型案例】

炎热的夏天，某大排档为招徕顾客，推出了吃火锅免费喝啤酒的优惠活动。小军和朋友一同去吃消夜。当小军喝尽一瓶酒，喉咙感觉有异物。遂到附近诊所检查，结果证明：一细毛发卡在喉咙，小军要求大排档赔偿损失。请问，大排档能赔偿小军的损失吗？

【律师说法】

酒店经营者应当承担赔偿责任。因酒店提供的酒中有异物而遭到人身损害，尽管该酒店对酒水存在瑕疵没有过错，而且是免费提供，但这免费的酒水是属于酒店所提供服务的一部分。当然，酒水含有瑕疵（酒中有毛发），酒水的生产厂家有过错，同样也要承担损害赔偿责任。但作为消费者小军来讲，他有权按照自己的意愿选择索赔对象。既然小军选择酒店赔偿，酒店就得承担赔偿责任。

【法律依据】

《消费者权益保护法》第十一条　消费者因购买、使用商品或者接受服务受到人身、财产损害的，享有依法获得赔偿的权利。

◎ 就餐时被他人打伤，找谁索赔？

【典型案例】

小王在某饭店就餐时，邻桌发生斗殴，致使小王头部受伤住院。饭店老板既未上前制止，又未及时报警，使肇事者逃脱。请问，小王住院的医疗费、误工费、精神损失费、营养费等该找谁赔偿？

【律师说法】

我国有关法律规定，从事餐饮、娱乐等经营活动的自然人、法人和其他组织在其经营场所内对消费者的人身和财产负有合理的安全保障义务。本案中，饭店老板在邻桌客人发生斗殴时，既没有及时劝阻，也未及时报警，导致肇事者逃脱，违反了其合理的安全保障义务，应当承担相应的赔偿责任，其在承担责任之后，可以向侵权的第三人追偿。

【法律依据】

《人身损害赔偿解释》第六条　从事住宿、餐饮、娱乐等经营活动或者其他社会活动的自然人、法人、其他组织，未尽合理限度范围内的安全保障义务致使他人遭受人身损害，赔偿权利人请求其承担相应赔偿责任的，人民法院应予支持。

因第三人侵权导致损害结果发生的，由实施侵权行为的第三人承担赔偿责任。安全保障义务人有过错的，应当在其能够防止或者制止损害的范围内承担相应的补充赔偿责任。安全保障义务人承担责任后，可以向第三人追偿。赔偿权利人起诉安全保障义务人的，应当将第三人作为共同被告，但第三人不能确定的除外。

◎ 就餐时丢失物品，谁来赔偿？

【典型案例】

小高在饭店吃完饭，准备结账时发现公文包不见了。内有手机两部、身份证及部分现金等物品，价值约 6000 元。小高遂要求饭店赔偿其损失。但饭店老板却以“请顾客妥善保管好自己的私人物品，谨防小偷”的告示为由，拒不赔偿。请问，小高能得到赔偿吗？

【律师说法】

不能得到赔偿。本案中，该快餐厅以醒目的文字提醒顾客应当注意自己的财物，可认为其已经履行了安全保障义务。顾客对自己随身携带的物品负有主要的保管义务，消费者小高是由于自己的疏忽行为才直接导致丢包。

【法律依据】

《消费者权益保护法》第十八条 经营者应当保证其提供的商品或者服务符合保障人身、财产安全的要求。对可能危及人身、财产安全的商品和服务，应当向消费者作出真实的说明和明确的警示，并说明和标明正确使用商品或者接受服务的方法以及防止危害发生的方法。

经营者发现其提供的商品或者服务存在严重缺陷，即使正确使用商品或者接受服务仍然可能对人身、财产安全造成危害的，应当立即向有关行政部门报告和告知消费者，并采取防止危害发生的措施。

◎ 预订的酒席被取消，可双倍索还定金吗？

【典型案例】

李小姐在某高档酒店交了500元的押金，预订了一桌盛宴，准备宴请从海外归来的朋友。在朋友回来的前一天，酒店通知李小姐，该酒店被一家结婚的包下，不能承办李小姐的酒席。李小姐非常气愤，要求酒店双倍返还定金。

【律师说法】

李小姐有权要求酒店双倍返还定金。《消费者权益保护法》规定了经营者应遵循诚实信用原则。所谓的诚实信用原则是指经营者在与消费者进行交易时，应该诚实守信，不得恶意违反法律的规定与双方的约定。本案中，李小姐已经向酒店预订了酒席并交付了定金，酒店没有经过李小姐同意就擅自取消，其行为显然有违诚信，应该承担《合同法》中规定的定金罚则，即向李小姐双倍返还定金。

【法律依据】

《合同法》第一百一十五条　当事人可以依照《中华人民共和国担保法》约定一方向对方给付定金作为债权的担保。债务人履行债务后，定金应当抵作价款或者收回。给付定金的一方不履行约定的债务的，无权要求返还定金；收受定金的一方不履行约定的债务的，应当双倍返还定金。

◎"谢绝自带酒水"合法吗？

【典型案例】

李小姐与朋友到一家酒店吃饭，自带了一瓶红酒，正拿出来准备要喝，酒店的服务员指着墙上"谢绝自带酒水"的告示，告诉李小姐，该酒店禁止顾客自带酒水。请问，酒店的做法合法吗？

【律师说法】

酒店的做法是不合法的。目前很多酒店都以"谢绝自带酒水"的店堂告示禁止消费者自带酒水，这其实侵犯了消费者的自主选择权，违背了《消费者权益保护法》的规定。消费者进入餐馆、酒店消费，饭菜和酒水是两个完全不同的消费项目，当其选定其中的一项进行消费时，就有权不选择另外一项消费。"谢绝自带酒水"，作为交易的附加条件，违背了我国民法通则有关公平、自愿、等价有偿的基本原则。《餐饮、修理业价格行为规则》明确规定，经营者应尊重消费者对服务项目、服务价格的自愿选择权。"谢绝自带酒水"显然违背了这一条款。是否自带酒水进酒楼、饭店消费是消费者的权利，经营者不得进行限制。虽然顾客在就餐消费时可以不选择酒水，但酒店谢绝自带酒水，实际上就是强迫消费者接受服务和商品，这一做法也侵害了消费者的公平交易权。"谢绝自带酒水"显然是一种不公平的格式合同。

【法律依据】

《消费者权益保护法》第九条　消费者享有自主选择商品或者服务的权利。

消费者有权自主选择提供商品或者服务的经营者，自主选择商品品种或者服务方式，自主决定购买或者不购买任何一种商品、接受或者不接受任何一项服务。

消费者在自主选择商品或者服务时，有权进行比较、鉴别和挑选。

第十条　消费者享有公平交易的权利。

消费者在购买商品或者接受服务时，有权获得质量保障、价格合理、计量正确等公平交易条件，有权拒绝经营者的强制交易行为。

第二十四条　经营者不得以格式合同、通知、声明、店堂告示等方式作出对消费者不公平、不合理的规定，或者减轻、免除其损害消费者合法权益应当承担的民事责任。

格式合同、通知、声明、店堂告示等含有前款所列内容的，其内容无效。

◎ 消费者可以通过哪些途径维权？

【典型案例】

小李全家6口人都出现了不同程度的腹泻，经检验是在商场买回的食品大肠杆菌超标所致。后小李要求商场赔偿自己购物的价款及全家的医疗费、误工费等共计损失8000余元，他多次与商家交涉，但商场总以各种理由推拖。请问，小李应如何维护自己的权益？

【律师说法】

根据《消费者权益保护法》的规定，小李可以向消费者协会求助，也可以向有关行政部门申诉。如果曾与经营者达成仲裁协议，可以提请仲裁。还可以向人民法院提出诉讼。

【法律依据】

《消费者权益保护法》第三十四条　对消费者和经营者发生消费者权益争议的，可以通过下列途径解决：

（一）与经营者协商和解；

（二）请求消费者协会调解；

（三）向有关行政部门申诉；

（四）根据与经营者达成的仲裁协议提请仲裁机构仲裁；

（五）向人民法院提起诉讼。

◎ 免费优惠券收费，是违约吗？

【典型案例】

娟娟拿着一张免费做一次皮肤护理的优惠券到某皮肤护理中心做皮肤护理。工作人员告诉她凭优惠券是可以免费做一次皮肤护理，但所需的精油等 50 元的材料费需要自己支付。娟娟当场提出质疑。

【律师说法】

皮肤护理中心的行为属于违约。从法律关系的角度来分析，商家通过派发优惠券搞促销，属于要约行为。要约是指希望和他人订立合同的意思表示，经受要约人承诺，要约人即受该意思表示的约束。如果商家不按照优惠券载明的内容履行，应当承担违约责任。

【法律依据】

《合同法》第二十六条　承诺通知到达要约人时生效。承诺不需要通知的，根据交易习惯或者要约的要求作出承诺的行为时生效。

《消费者权益保护法》第二十三条　经营者提供商品或者服务，按照国家规定或者与消费者的约定，承担包修、包换、包退或者其他责任的，应当按照国家规定或者约定履行，不得故意拖延或者无理拒绝。

◎促销的商品套装不能拆开看吗？

【典型案例】

一家商场举行化妆品套装促销活动，商场有言：购买的促销套装买前不能拆开看实物，买后不能退货。请问，该商场的做法对吗？

【律师说法】

该商场的行为侵害了消费者的合法权益。根据我国《消费者权益保护法》的有关规定，消费者在自主选择商品或者服务时，有权进行比较、鉴别和挑选。

【法律依据】

《消费者权益保护法》第八条　消费者享有知悉其购买、使用的商品或者接受的服务的真实情况的权利。

消费者有权根据商品或者服务的不同情况，要求经营者提供商品的价格、产地、生产者、用途、性能、规格、等级、主要成分、生产日期、有效期限、检验合格证明、使用方法说明书、售后服务，或者服务的内容、规格、费用等有关情况。

第二十二条　经营者应当保证在正常使用商品或者接受服务的情况下其提供的商品或者服务应当具有的质量、性能、用途和有效期限；但消费者在购买该商品或者接受该服务前已经知道其存在瑕疵的除外。

经营者以广告、产品说明、实物样品或者其他方式表明商品或者服务的质量状况的，应当保证其提供的商品或者服务的实际质量与表明的质量状况相符。

◎ 购买了假冒商品，需要消费者举证吗？

【典型案例】

最近，小青满脸出现了红斑、搔痒等症，经检验是使用假冒化妆品所致。于是小青拿着检验证明和发票，到购买化妆品的商场要求赔偿。商场辩称小青所出具货品不是自己售出的，而是被调了包，商场让小青出示足够的证据方可赔偿，否则拒绝赔偿。请问，小青该怎么办？

【律师说法】

无需举证。小青有商场开具的购物发票和关于化妆品是假冒产品的证明以及那一套引起纠纷的化妆品等证据材料，依照生活常理，消费者一般只能提供这些证据，根据这些事实，可以推定出商场在出售化妆品给小青时以假充真的事实。

【法律依据】

《关于民事诉讼证据的若干规定》第九条　下列事实，当事人无需举证证明：

（一）众所周知的事实；

（二）自然规律及定理；

（三）根据法律规定或者已知事实和日常生活经验法则，能推定出的另一事实；

（四）已为人民法院发生法律效力的裁判所确认的事实；

（五）已为仲裁机构的生效裁决所确认的事实；

（六）已为有效公证文书所证明的事实。

前款（一）、（三）、（四）、（五）、（六）项，当事人有相反证据足以推翻的除外。

◎ 美容变毁容，怎么办？

【典型案例】

邵小姐在某美容院“手术绝对安全，不留痕迹”的一再承诺下做了双眼皮手术。没过几天，邵小姐就感到刀口疼痛难忍，出现红肿。遂之邵小姐将美容院诉之法院，要求美容院进行人身损害和精神损害赔偿。请问，邵小姐能够获得赔偿吗？

【律师说法】

能够得到赔偿。根据《消费者权益保护法》第四十一条的规定，经营者提供商品或者服务，造成消费者或者其他受害人人身伤害的，应当支付医疗费、治疗期间的护理费、因误工减少的收入等费用。美容损害又不同于一般的人身损害。首先，美容机构没有完全履行与消费者之间形成的美容法律关系中的义务而造成了消费者的人身损害。其次，美容损害赔偿责任既包括对人的容貌即人身损害的物质赔偿责任，还包括对容貌受损而带来的精神损害的经济补偿责任。

【法律依据】

《消费者权益保护法》第四十一条　经营者提供商品或者服务，造成消费者或者其他受害人人身伤害的，应当支付医疗费、治疗期间的护理费、因误工减少的收入等费用，造成残疾的，还应当支付残疾者生活自助具费、生活补助费、残疾赔偿金以及由其扶养的人所必需的生活费等费用；构成犯罪的，依法追究刑事责任。

◎ 租车旅行发生事故，旅行社不承担责任吗？

【典型案例】

赵先生在参加旅行社组织的旅游中，因司机违章发生交通事故，赵先生受伤住院。出院后赵先生向旅行社索赔，旅行社却以提供车辆服务的是某汽车租赁公司为由，拒绝赔偿，要求赵先生向汽车租赁公司索赔。请问，赵先生该怎么办呢？

【律师说法】

赵先生既可以提起侵权之诉，也可以提起违约之诉。需要提醒的是，选择侵权之诉的人身损害赔偿，受害人可以主张精神损害赔偿；而选择违约之诉，除法律有特别规定的外，不能主张精神损害赔偿。从违约的构成来看，只要合同一方违反了合法有效的合同约定，并且不具有不可抗力等责任免除的情形即构成了违约。即使该违约是由于第三方的原因造成的，旅行社也应当向赵先生承担违约责任。

【法律依据】

《合同法》第一百二十一条　当事人一方因第三人的原因造成违约的，应当向对方承担违约责任。当事人一方和第三人之间的纠纷，依照法律规定或者按照约定解决。

◎ 免费游园受伤，公园是否赔偿？

【典型案例】

王大爷凭借老年证去公园游玩，漫步游走到一低洼处，不慎跌了一跤，造成左脚脚踝严重扭伤，为此花去医疗费 2000 余元。事后，王大爷以公园未尽到安全保障义务，将公园诉之法院，要求公园支付相应的医疗费用。但公园方却认为，王大爷是免费游园，公园没有义务保障其安全。请问，公园不承担赔偿负责吗？

【律师说法】

公园应承担赔偿责任。正常经营的公园对老年人提供免费游玩是一种优惠待遇，不能作为免责理由，也不能减轻对其的责任，因为确定责任的标准，是针对所有的游玩者确定的，不能因为对这些人员的优惠而减轻其责任。王大爷进入公园游玩，如果公园未尽安全保障义务，存在过失，应当承担损害赔偿责任。王大爷可以按照这一规定，请求有过错的公园管理者承担侵权责任。

【法律依据】

《人身损害赔偿解释》第六条　从事住宿、餐饮、娱乐等经营活动或者其他社会活动的自然人、法人、其他组织，未尽合理限度范围内的安全保障义务致使他人遭受人身损害，赔偿权利人请求其承担相应赔偿责任的，人民法院应予支持。

因第三人侵权导致损害结果发生的，由实施侵权行为的第三人承担赔偿责任。安全保障义务人有过错的，应当在其能够防止或者制止损害的范围内承担相应的补充赔偿责任。安全保障义务人承担责任后，可以向第三人追偿。赔偿权利人起诉安全保障义务人的，应当将第三人作为共同被告，但第三人不能确定的除外。

◎“12 点后退房加收半天住宿费”的惯例合法吗？

【典型案例】

郝先生下午 6 时多入住一家宾馆，次日下午 3 时退房离开，服务台向郝先生收了一天半的住宿费。郝先生说：“我实际住宿不到一天，应收一天的住宿费。”服务小姐说：“凡住本宾馆的顾客在中午 12 时后退房的，按惯例加收半天住宿费。”请问，宾馆的做法合法吗？

【律师说法】

宾馆的做法不合法。宾馆的做法不仅违背了《民法通则》关于期间的规定，而且也与《民法通则》第四条所规定的公平、等价有偿的基本法律原则相悖。顾客住宿一天，实际就是在旅馆停留一天的时间，这一段时间在法律上就是一个期间。一天的时间应为 24 小时，住宿时间不超过 24 小时，只能按一天的房价计算。本案中，郝先生实际住宿时间不足 24 小时，宾馆却要其交一天半的住宿费，明显是违法行为。

【法律依据】

《民法通则》第四条　民事活动应当遵循自愿、公平、等价有偿、诚实信用的原则。

第一百五十四条　民法所称的期间按照公历年、月、日、小时计算。规定按照小时计算期间的，从规定时开始计算。

◎ 住宿时被盗，能否向宾馆索赔？

【典型案例】

钟工入住某宾馆的第二天，发现自己装有重要凭证和 5000 元现金的公文包不见了。向公安机关报警后，案子一直未能侦破。请问，钟工能否要求宾馆索赔？

【律师说法】

钟工可以向宾馆索赔。顾客在宾馆这一特定场所被盗，是与宾馆本身防盗措施不力、管理不善有关，宾馆方面是有过错的，其违反法定义务，构成了违约。顾客按规定向宾馆支付了费用，双方就形成了消费合同关系。顾客据此享有人身财产受安全保障的权利。

【法律依据】

《人身损害赔偿解释》第六条　从事住宿、餐饮、娱乐等经营活动或者其他社会活动的自然人、法人、其他组织，未尽合理限度范围内的安全保障义务致使他人遭受人身损害，赔偿权利人请求其承担相应赔偿责任的，人民法院应予支持。

◎ 知假买假是否还能获得双倍赔偿？

【典型案例】

胡先生在某商场购买一台饮水机，回家后才发现是“三无产品”，质次价高。胡先生觉得商场有意对其进行欺诈，随后胡先生又返回商场一次性买了10台同样的饮水机，购买以后，要求商场双倍赔偿。请问，胡先生能否获得赔偿？

【律师说法】

胡先生不能获得双倍赔偿。胡先生第一次的购买是属于为生活需要而进行的，而第二次的购买，很明显具有了盈利性。本案中，胡先生第二次购买的10台饮水机不属于“生活消费”的范畴。因此，胡先生要求双倍赔偿的要求不能得到支持。

【法律依据】

《消费者权益保护法》第二条　消费者为生活消费需要购买、使用商品或者接受服务，其权益受本法保护；本法未作规定的，受其他有关法律、法规保护。

◎ 能以产品开封为由拒退商品吗？

【典型案例】

小李在某网上商城订了一套化妆品套餐。小李打开包装，详细阅读了产品说明后发现不像网上说的那样，觉得不适合自己的皮肤，遂后要求商城退货，但商城却说已经开封的正品不给退货。请问，该商城能以产品开封为由拒绝退货吗？

【律师说法】

不能。该公司的行为侵犯了消费者的合法权益。经营者通过引人误解的虚假宣传使消费者购买该产品，无效后又以正品已经开封为由不给退货，损害了消费者的合法权益。所以，小李可以请求消费者协会调解，或者向有关行政部门申诉，也可以通过诉讼或仲裁解决。

【法律依据】

《消费者权益保护法》第十九条　经营者应当向消费者提供有关商品或者服务的真实信息，不得作引人误解的虚假宣传。

经营者对消费者就其提供的商品或者服务的质量和使用方法等问题提出的询问，应当作真实、明确的答复。

商店提供商品应当明码标价。

《网络商品交易及有关服务行为管理暂行办法》第十七条　网络商品经营者和网络服务经营者发布的商品和服务交易信息应当真实准确，不得作虚假宣传和虚假表示。

《欺诈消费者行为处罚办法》第三条　经营者在向消费者提供商品中，有下列情形之一的，属于欺诈消费者行为：……（五）以虚假的商品说明、商品标准、实物样品等方式销售商品的；……（九）利用广播、电视、电影、报刊等大众传播媒介对商品作虚假宣传的；……

第六条　经营者提供商品或者服务有欺诈行为的，应当按照消费者的要求增加赔偿其受到的损失，增加赔偿的金额为消费者购买商品的价款或者接受服务的费用的一倍。

◎ 在展会上买的伪劣商品，能退吗？

【典型案例】

伍大妈在展销会上买了一套木质沙发，运回家第二天便出现开裂，质量存在严重缺陷。伍大妈遂后到展销会退货，但展销会已经结束，卖家已撤柜。请问，伍大妈该怎么办？

【律师说法】

可以找销售者进行退换，如果联系不到销售者，可以找展销会的举办方要求赔偿。我国相关法律规定，经有关行政部门认定为不合格的商品，消费者要求退货的，经营者应当负责退货。本案中，展销会结束了，商家也联系不上，伍大妈可以到负责举办展销会的承办方要求索赔。

【法律依据】

《消费者权益保护法》第三十八条　消费者在展销会、租赁柜台购买商品或者接受服务，其合法权益受到损害的，可以向销售者或者服务者要求赔偿。展销会结束或者柜台租赁期满后，也可以向展销会的举办者、柜台的出租者要求赔偿。展销会的举办者、柜台的出租者赔偿后，有权向销售者或者服务者追偿。

◎“售出概不退换”就不能退吗？

【典型案例】

陆小姐在一家电器商城促销活动中，买了一台冰箱，当时牌子上写着“促销产品售出概不退换”。但使用第二天放在冷冻箱的肉不但没有上冻，而且已经淌血水变质。陆小姐于是找到商城要求退货，但店长却以“促销产品售出概不退换”为由，拒不退货。请问，商城能免责吗？

【律师说法】

商家不能免责。这家商城以店堂告示的方式声明“促销商品售出概不负责”，不具备任何法律效力，不能以此对抗消费者的索赔请求。本案中，这家柜台只是告诉陆小姐正在搞促销，但是并没有说商品是次品，存在质量问题，陆小姐正是基于这种信任才购买了这台冰箱，因此商场不能免除其保证质量的义务。

【法律依据】

《消费者权益保护法》第二十二条第一款　经营者应当保证在正常使用商品或者接受服务的情况下其提供的商品或者服务应当具有的质量、性能、用途和有效期限；但消费者在购买该商品或者接受该服务前已经知道其存在瑕疵的除外。

第二十四条　经营者不得以格式合同、通知、声明、店堂告示等方式作出对消费者不公平、不合理的规定，或者减轻、免除其损害消费者合法权益应当承担的民事责任。

格式合同、通知、声明、店堂告示等含有前款所列内容的，其内容无效。

◎ 宣传效果与实际商品性能不符，怎么办？

【典型案例】

马大姐在网上商城购买了一台"多功能豆浆机"，收货使用后发现该产品只有一种功能，遂向商城提出退货。商城答复称："网上详情是复制粘贴时搞错了，我们没有涉嫌价格诈骗，而且商品质量没有问题，所以不予退换。"请问，马大姐怎么办？

【律师说法】

根据有关法律法规，不但可以要求退货，还可以网上商城涉嫌欺诈为由要求"退一赔一"。本案中，商城涉嫌虚假宣传导致马大姐误解并购买，马大姐完全有权要求退货，并由商城承担相应的费用。

【法律依据】

《消费者权益保护法》第十九条　经营者应当向消费者提供有关商品或者服务的真实信息，不得作引人误解的虚假宣传。

第二十二条　经营者以广告、产品说明、实物样品或者其他方式表明商品或者服务的质量状况的。应当保证其提供的商品或者服务的实际质量与表明的质量状况相符。

第四十九条　经营者提供商品或者服务有欺诈行为的，应当按照消费者的要求增加赔偿其受到的损失，增加赔偿的金额为消费者购买商品的价款或者接受服务的费用的一倍。

《网络商品交易及有关服务行为管理暂行办法》第十七条　网络商品经营者和网络服务经营者发布的商品和服务交易信息应当真实准确，不得作虚假宣传和虚假表示。

《欺诈消费者行为处罚办法》第三条　经营者在向消费者提供商品中，有下列情形之一的，属于欺诈消费者行为：……（五）以虚假的商品说明、商品标准、实物样品等方式销售商品的；……（九）利用广播、电视、电影、报刊等大众传播媒介对商品作虚假宣传的；……

第六条　经营者提供商品或者服务有欺诈行为的，应当按照消费者的要求增加赔偿其受到的损失，增加赔偿的金额为消费者购买商品的价款或者接受服务的费用的一倍。

◎ 赠品有质量问题能否索赔？

【典型案例】

大林在某商场购买了一台电视，商场为促销还随赠了一盒礼品，内装巧克力、瓜子、花生、核桃等食品。小红回家后发现花生等食品有异味且部分霉变，要求商场退换，或予赔偿。商场则认为礼盒是赠送品，不属赔偿范畴，拒绝退货或赔偿。

【律师说法】

商场应给予退换或赔偿。从《合同法》角度来说，商家所谓“赠与”与一般的赠与不同，消费者只有根据商家要求，在指定地点、指定商品消费总额达到一定数量时，才能获得“赠与”商品，因此商家的这一“赠与”是附条件的，而不是无偿的。商场应当对赠与商品的质量负责。

【法律依据】

《合同法》第一百九十一条　赠与的商品有瑕疵,赠与人不承担责任。附义务的赠与,赠与的商品有瑕疵的,赠与人在附义务的限度内承担与出卖人相同的责任。

赠与人故意不告知瑕疵或者保证无瑕疵,造成受赠人损失的,应当承担损害赔偿责任。

◎ 售出七日后,能退货吗?

【典型案例】

钟工在某电器商城买了一台彩电,但看了两周后怎么也开不了机,于是钟工找到商城要求退货。商场的负责人说已经售出 7 日了,不能退货,只能换一台或者免费修理。请问 7 日以后就不能退货了吗?

【律师说法】

不能退货。根据《部分商品修理更换退货责任规定》,产品自售出之日起 7 日内,发生性能故障,消费者可以选择退货、换货或修理;产品自售出之日起 15 日内,发生性能故障,消费者可选择换货或者修理。本案中,钟工购买的电视机已经超过了 7 天,所以不能要求商家退货,而又在售出后 15 日内,因此商城不予退货是有依据的,行为是成立的。

【法律依据】

《部分商品修理更换退货责任规定》第九条　产品自售出之日起 7 日内,发生性能故障,消费者可以选择退货、换货或修理。退货时,销售者应当按发票价格一次退清货款,然后依法向生产者、供货者追偿或者按购销合同办理。

第十条　产品自售出之日起 15 日内,发生性能故障,消费者可选择换货或者修理。换货时，销售者应当免费为消费者调换同型号同规格的产品，然后依法向生产者、供货者追偿或者按购销合同办理。

◎ 商品未开箱检查，质量问题由谁负？

【典型案例】

马先生从某电器商城购买了一款空调，由于正值新居装修，收货时未来得及开包检查验收。半个月后装修完毕，安装空调时安装人员调试发现不能制冷。遂后马先生找到商城要求退换空调，商城声称购买已超过 15 天，不予退换。请问，马先生是否有权要求换货？

【律师说法】

马先生有权要求换货。销售者在出售商品时，应当开箱检验，正确调试，介绍使用及维修事项等。也就是说，销售者负有验货义务，应该对售出的商品进行开箱检验，调试商品功能是否完好、配件是否齐全等。在本案中，商场没有履行验货义务，应视为有过失，应该为此承担责任。

【法律依据】

《合同法》第一百五十八条　当事人约定检验期间的，买受人应当在检验期间内将标的物的数量或者质量不符合约定的情形通知出卖人。买受人怠于通知的，视为标的物的数量或者质量符合约定。

◎ 消费者有权要求商家兑现“假一赔十”的承诺吗？

【典型案例】

温先生在一家“假一赔十”的手机店购买了一款手机。事后鉴定该手机并非原装，入网许可证标志也都是伪造的。温先生拿着手机和鉴定书找到商家兑现承诺，却遭到拒绝。请问，温先生有权要求商家兑现“假一赔十”的承诺吗？

【律师说法】

有权要求商家兑现承诺。《消费者权益保护法》规定，经营者和消费者有约定的按约定履行。“假一赔十”是商家取信于消费者而自愿作出的承诺，应当理解为买卖合同内容之一，是约定责任。因此，商家应兑现承诺。

【法律依据】

《消费者权益保护法》第十六条　经营者向消费者提供商品或者服务，应当依照《中华人民共和国产品质量法》和其他有关法律、法规的规定履行义务。

经营者和消费者有约定的，应当按照约定履行义务，但双方的约定不得违背法律、法规的规定。

◎ 退还手机交纳“换壳费”吗？

【典型案例】

小胡买了一款品牌手机，用了不到 1 个月，发现手机发不出短信。小胡遂要求商家换货，商家确认手机故障后同意换货，但要求小胡必须交 50 元的“换壳费”。理由是小胡的手机外壳有细小的划痕。请问，商家能向小胡收取“换壳费”吗？

【律师说法】

不能收取“换壳费”。小胡手机上的细小划痕属于自然磨损而非人为损坏。《移动电话机商品修理更换退货责任规定》中明确指出，在三包有效期内，如因手机出现特定的性能故障，经两次修理仍不能正常使用的，消费者可以要求商家免费更换同型号、同规格的手机。如果商家认为磨损是消费者不正当使用或者人为破坏造成的，应当承担举证责任。

【法律依据】

《移动电话机商品修理更换退货责任规定》第十三条　在三包有效期内，移动电话机主机出现附录3《移动电话机商品性能故障表》所列性能故障，经两次修理，仍不能正常使用的，凭三包凭证中修理者提供的修理记录，由销售者负责为消费者免费更换同型号同规格的移动电话机主机。

◎ 免费存包丢失，超市是否应赔偿？

【典型案例】

高先生到某超市购物，将其在另一家商场购买的价值680元的高级旅行杯寄存在了服务台。当高先生购物出来到服务台拿杯时，服务员发现杯不见了。高先生遂向超市索赔，而超市则认为，为顾客存包是无偿服务，不应承担赔偿的责任。请问，高先生是否能获得赔偿？

【律师说法】

高先生能够获得赔偿。虽然超市的保管行为系无偿保管行为，但保管行为会给超市带来潜在商业利益，作为经营者，超市提供的服务应该是安全的。故不能将超市保管行为按一般的无偿保管行为来对待，而应按照有偿保管行为来对待，所以超市应承担赔偿责任。

【法律依据】

《消费者权益保护法》第四十四条　经营者提供商品或者服务，造成消费者财产损害的，应当按照消费者的要求，以修理、重作、更换、退货、补足商品数量、退还货款和服务费用或者赔偿损失等方式承担民事责任。消费者与经营者另有约定的，按照约定履行。

◎ 顾客是否可以拒领有瑕疵的奖品?

【典型案例】

小刘在某商城购物中幸运地中了三等奖,奖品是一台微波炉。小刘发现它的配件不足,因此要求商城换台新机。商家则认为,这台微波炉作为奖品一直摆在现场,消费者对奖品的瑕疵也能看得到。为此,商场不愿提供新机。

【律师说法】

该商城的行为已涉嫌违法。商城用于促销的奖品实际上已被计入销售成本中,奖品实质上也是商城用于销售的商品,即便奖品可以正常使用,只要存在瑕疵,商城也应采取相应措施向消费者明确告知。基于商城销售商品时一般都会提供样品这一商业惯例,以及《合同法》中关于格式合同的相关规定,消费者将其告示的奖品理解为奖品样品是合法的。所以,小刘可以拒绝领取。

【法律依据】

《消费者权益保护法》第三十九条　采用格式条款订立合同的,提供格式条款的一方应当遵循公平原则确定当事人之间的权利和义务,并采取合理的方式提请对方注意免除或者限制其责任的条款,按照对方的要求,对该条款予以说明。

格式条款是当事人为了重复使用而预先拟定,并在订立合同时未与对方协商的条款。

◎ 商场可以对消费者“搜身”吗?

【典型案例】

佳佳离开商场时,门口的电子警报器响了起来。随后,商场保安与值班经理对佳佳的背包进行搜查,什么也没有搜出来。于是经理与保安把佳佳带到值班室，强制要求佳佳脱衣检查。请问，商场有权对消费者“搜身”吗？

【律师说法】

商场无权对消费者进行“搜身”。《消费者权益保护法》赋予了消费者受尊重权，即消费者在购买、使用商品和接受服务时享有人格尊严、民族风俗习惯受尊重的权利。本案中，商场的搜查行为是违法的，明显侵犯了佳佳的受尊重权，佳佳可以依法要求商场赔礼道歉，并赔偿精神损失。

【法律依据】

《消费者权益保护法》第二十五条　经营者不得对消费者进行侮辱、诽谤，不得搜查消费者的身体及其携带的物品，不得侵犯消费者的人身自由。

第四十三条　经营者违反本法第二十五条规定，侵害消费者的人格尊严或者侵犯消费者人身自由的，应当停止侵害、恢复名誉、消除影响、赔礼道歉，并赔偿损失。

◎ 商品打折就不给发票吗？

【典型案例】

某商场周年庆典所有商品一律 8 折优惠。安东在该商场购买了一批办公用品，结账时安东要收银台开具发票。收银员说“商场有规定，如果开发票，就不能享受打折优惠。”请问，商场的行为合法吗？

【律师说法】

商场的行为不合法。商场酬宾期间向消费者承诺以 8 折销售商品，发生《合同法》关于要约、承诺的效力，应受其约束。而为消费者出具发票，是商场的法定义务。即从合同的约定上讲，商场应以 8 折的价格出售商品；从法律规定上讲，商场应该为消费者出具发票。

【法律依据】

《消费者权益保护法》第二十一条　经营者提供商品或者服务，应当按照国家有关规定或者商业惯例向消费者出具购货凭证或者服务单据；消费者索要购货凭证或者服务单据的，经营者必须出具。

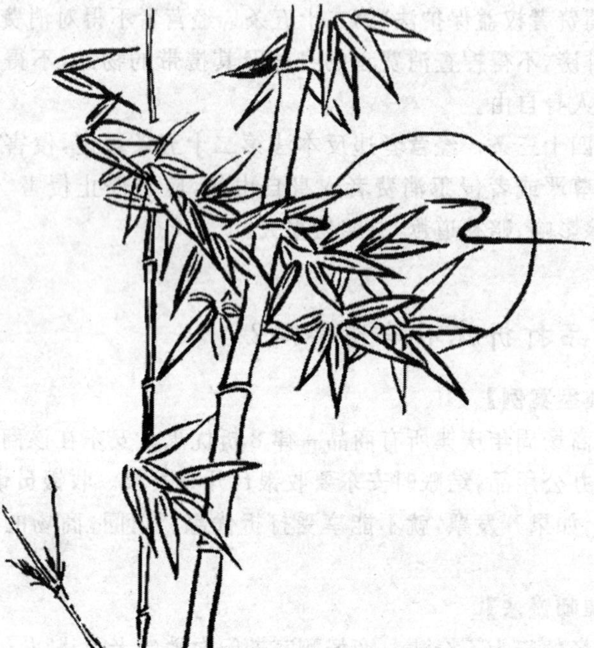

损害赔偿篇

◎ 违章停车遭遇酒后驾车，责任如何承担？

【典型案例】

一天傍晚，贡先生驾驶摩托车回家途中，感觉后轮缠绕上异物，随后下来在机动车道上清理。此时，酒后的大林驾驶小轿车快速驶来，将贡先生与摩托车一起撞飞，车毁人亡。请问，该事故责任如何承担？

【律师说法】

大林酒后驾车导致判断力下降，其行为是严重违章的，是造成该事故的主要原因，应承担该事故的主要责任。贡先生在清除故障时虽然未按规定将车停在不妨碍交通的地方，但其主观上不存在违章的故意，其过错应属于过失，应承担次要责任。

【法律依据】

《中华人民共和国道路交通安全法》(以下简称《道路交通安全法》)第二十二条　机动车驾驶人应当遵守道路交通安全法律、法规的规定，按照操作规范安全驾驶、文明驾驶。

饮酒、服用国家管制的精神药品或者麻醉药品，或者患有妨碍安全驾驶机动车的疾病，或者过度疲劳影响安全驾驶的，不得驾驶机动车。

任何人不得强迫、指使、纵容驾驶人违反道路交通安全法律、法规和机动车安全驾驶要求驾驶机动车。

第五十二条　机动车在道路上发生故障，需要停车排除故障时，驾驶人应当立即开启危险报警闪光灯，将机动车移至不妨碍交通的地方停放;难以移动的,应当持续开启危险报警闪光灯,并在来车方向设置警告标志等措施扩大示警距离,必要时迅速报警。

◎ 自行车与机动车共同违章,责任谁来承担?

【典型案例】

代先生驾车行驶至一路口时,与骑自行车正拐弯的乔某相撞,乔某当场死亡。经公安机关现场勘查发现,事发路段设有时速40公里的限速标志,而代先生当时时速为60公里;而乔某是在交通信号灯红灯时强行通过的。请问,该事故责任应如何承担?

【律师说法】

代先生应负此次事故的全部责任。根据《道路交通安全法》规定,机动车与非机动车驾驶人、行人之间发生交通事故的,由机动车一方承担责任。除非代先生能证明乔某是故意撞上代先生的而造成交通事故,否则没有理由推脱责任。

【法律依据】

《道路交通安全法》第七十六条第一款第二项 机动车与非机动车驾驶人、行人之间发生交通事故,非机动车驾驶人、行人没有过错的,由机动车一方承担赔偿责任;有证据证明非机动车驾驶人、行人有过错的,根据过错程度适当减轻机动车一方的赔偿责任;机动车一方没有过错的,承担不超过百分之十的赔偿责任。

交通事故的损失是由非机动车驾驶人、行人故意碰撞机动车造成的,机动车一方不承担赔偿责任。

◎ 出租车占用公交站点,事故责任谁承担?

【典型案例】

冯女士由于急着赶公交车,被停在公交车站揽客的一辆出租车挤倒在公交车轮下，当场死亡。请问，该事故责任谁来承担？

【律师说法】

出租车与公交车承担同等责任。出租车占用公交车站，影响了公交车进站，是造成该事故的重要原因。但是，并不是说出租车违法停车就一定会导致事故。根据法律规定，机动车应当在规定地点停放。在道路上临时停车的，不得妨碍其他车辆和行人通行。车辆、行人应当在确保安全的原则下通行。而公交车一方显然没有尽到确保安全的义务，对该事故的发生有不可推卸的责任，也应承担责任。

【法律依据】

《道路交通安全法》第三十八条　车辆、行人应当按照交通信号通行；遇有交通警察现场指挥时，应当按照交通警察的指挥通行；在没有交通信号的道路上，应当在确保安全、畅通的原则下通行。

第五十六条　机动车应当在规定地点停放。禁止在人行道上停放机动车；但是，依照本法第三十三条规定施划的停车泊位除外。

在道路上临时停车的，不得妨碍其他车辆和行人通行。

◎ 在小区内被车撞伤如何维权？

【典型案例】

强大妈和街坊正在小区聊天。一辆出租车忽然倒车，将来不及躲闪的强大妈撞倒在地，造成大腿骨折，出租车司机只给了强大妈 2000 元，其他的费用及赔偿只字未提。请问，强大妈如何维护自己的权益？

【律师说法】

强大妈可以找公安部门处理，或者以损害赔偿为由，向人民法院起诉，通过诉讼程序解决。《道路交通安全法》中所指的“道路”是指公路、城市道路和虽在单位管辖范围但允许社会机动车通行的地方，包括广场、公共停车场等用于公众通行的场所。车辆在法定道路以外通行时发生的事故不属道路交通事故，而属于非道路交通事故。

【法律依据】

《道路交通安全法》第七十七条　车辆在道路以外通行时发生的事故，公安机关交通管理部门接到报案的，参照本法有关规定办理。

◎ 高速公路上撞伤行人可以免责吗？

【典型案例】

小胡为抄近路回家，越过高速公路护栏进入高速公路，结果被飞驰而来的轿车撞飞，当场死亡。请问，轿车司机是否对小胡的死承担责任？

【律师说法】

轿车司机可以减轻责任，但不能免除全部责任。《道路交通安全法》对机动车与行人发生交通事故的归责原则适用无过错责任，无论机动车一方有无过错，均应承担相应的责任，除非有证据证明事故是由行人故意造成的，机动车一方才不承担责任。

【法律依据】

《道路交通安全法》第七十六条第一款第二项　机动车与非机动车驾驶人、行人之间发生交通事故，非机动车驾驶人、行人没有过错的，由机动车一方承担赔偿责任；有证据证明非机动车驾驶人、行人有过错的，根据过错程度适当减轻机动车一方的赔偿责任；机动车一方没有过错的，承担不超过百分之十的赔偿责任。

交通事故的损失是由非机动车驾驶人、行人故意碰撞机动车造成的，机动车一方不承担赔偿责任。

◎ 躲避行人引发交通事故，如何划分责任？

【典型案例】

王司机驾车行驶至一工厂门口时，工人杨某突然冲出大门，欲横穿马路。王司机慌乱中一边打轮一边踩制动，结果冲入另一侧车道，与另一辆机动车相撞。请问，事故责任如何划分？

【律师说法】

王司机承担部分责任，杨某承担主要责任。根据法律规定，车辆、行人应当在确保安全的原则下通行。杨某横穿马路，造成了交通事故的发生，负有重要过错，因此承担主要责任。而王司机在行驶过程中未尽到高度注意的义务，在险情发生前，没有密切注意路面情况，其自身也有过错，所以要承担部分责任。

【法律依据】

《道路交通安全法》第三十八条　车辆、行人应当按照交通信号通行；遇有交通警察现场指挥时，应当按照交通警察的指挥通行；在没有交通信号的道路上，应当在确保安全、畅通的原则下通行。

◎ 什么情况下交通事故可以私了？

【典型案例】

在人行道上驾驶的小廖发现前面有交警值勤，慌忙向机动车道打轮，结果将机动车道内金某驾驶的机动车刮伤。小廖表示愿意承担事故的全部责任，并要求与金某私下协商赔偿事宜。小廖可以要求与金某私了吗？

【律师说法】

交通事故私了必须要满足两个条件：一是没有造成人员伤亡；

二是当事人双方对事实和成因没有争议。本案符合上述两个条件,小廖可以要求与金某私了。

【法律依据】

《道路交通安全法》第七十条　在道路上发生交通事故,车辆驾驶人应当立即停车,保护现场;造成人身伤亡的,车辆驾驶人应当立即抢救受伤人员,并速报告执勤的交通警察或者公安机关交通管理部门。因抢救受伤人员变动现场的,应当标明位置。乘车人、过往车辆驾驶人、过往行人应当予以协助。

在道路上发生交通事故,未造成人身伤亡,当事人对事实及成因无争议的,可以即行撤离现场,恢复交通,自行协商处理损害赔偿事宜;不即行撤离现场的,应当迅速报告执勤的交通警察或者公安机关交通管理部门。

在道路上发生交通事故,仅造成轻微财产损失,并且基本事实清楚的,当事人应当先撤离现场再进行协商处理。

◎ 交通事故"私了"后能否索赔?

【典型案例】

郑某不慎被同乡小谢倒车时撞伤。因为是同乡,郑某只让小谢赔偿了部分损失而"私了"。但事后,郑某由于治疗费高而要求小谢补偿,但小谢认为之前"私了"已赔了钱,故拒绝再付。请问,郑某还能让小谢赔钱吗?

【律师说法】

能够向小谢索赔。郑某可以重新向交警部门报案,并依交警部门的认定向小谢再行追偿,至于具体追偿的数额要视具体情况而定。

【法律依据】

《道路交通事故处理办法》第二十一条　当事人一方有条件报

案而未报案或者未及时报案，使交通事故责任无法认定的，应当负全部责任。当事人各方有条件报案而均未报案或者未及时报案，使交通事故责任无法认定的，应当负同等责任。但机动车与非机动车、行人发生交通事故的，机动车一方应当负主要责任，非机动车、行人一方负次要责任。

◎ 肇事车辆逃逸怎么办?

【典型案例】

老赵被车撞倒后失去知觉，而肇事车辆趁机逃逸。老赵为此花去医疗费3万余元。一年多肇事车辆也未抓获，老赵请求道路交通事故社会救助基金管理机构履行垫付义务。请问，老赵的请求能得到支持吗?

【律师说法】

得不到支持。社会救助基全保障的是交通事故的伤者在无人支付抢救费用的情况下获得医疗救治的权利，而不是受害人请求损害赔偿的权利。

【法律依据】

《道路交通安全法》第七十五条　医疗机构对交通事故中的受伤人员应当及时抢救，不得因抢救费用未及时支付而拖延救治。肇事车辆参加机动车第三者责任强制保险的，由保险公司在责任限额范围内支付抢救费用；抢救费用超过责任限额的，未参加机动车第三者责任强制保险或者肇事后逃逸的，由道路交通事故社会救助基金先行垫付部分或者全部抢救费用，道路交通事故社会救助基金管理机构有权向交通事故责任人追偿。

◎ 违规停车事故责任谁承担？

【典型案例】

一天晚上，驾校实习生陈某驾车途中出现故障，停车检查时未设置警示标志。老赵驾车以 50 公里时速驶来，由于未开启远光灯，发现陈某的车采取紧急制动措施时已晚，结果陈某车毁人亡。请问，该事故责任如何划分？

【律师说法】

陈某负主要责任，老赵负次要责任。陈某未取得驾驶资格驾车上路，未按规定开启警示闪光灯，且未将车辆移至不妨碍交通的地方停放，是此次事故发生的最重要的原因，承担主要责任。老赵在行驶过程中未开启远光灯，本身也存在一定过错，应承担次要责任。

【法律依据】

《道路交通安全法》第十九条第一款　驾驶机动车，应当依法取得机动车驾驶证。

第五十二条　机动车在道路上发生故障，需要停车排除故障时，驾驶人应当立即开启危险报警闪光灯，将机动车移至不妨碍交通的地方停放；难以移动的，应当持续开启危险报警闪光灯，并在来车方向设置警告标志等措施扩大示警距离，必要时迅速报警。

◎ 机动车与电动车发生事故，责任如何划分？

【典型案例】

陆某驾驶电动自行车行至一交叉路口时，没有减速，直穿机动车道，正好与丛某驾驶的小轿车相撞。请问，该事故责任如何划分？

【律师说法】

根据有关法律规定，从某应承担事故的主要责任，陆某承担次要责任。陆某横过公路时，应从人行横道上行驶，其未遵守交通规则。而从某在行驶过程中，应在确保安全的情况下通行，注意避让行人与非机动车，从某未尽到安全义务。

【法律依据】

《道路交通安全法》第七十六条　机动车发生交通事故造成人身伤亡、财产损失的，由保险公司在机动车第三者责任强制保险责任限额范围内予以赔偿；不足的部分，按照下列规定承担赔偿责任：

（一）机动车之间发生交通事故的，由有过错的一方承担赔偿责任；双方都有过错的，按照各自过错的比例分担责任。

（二）机动车与非机动车驾驶人、行人之间发生交通事故，非机动车驾驶人、行人没有过错的，由机动车一方承担赔偿责任；有证据证明非机动车驾驶人、行人有过错的，根据过错程度适当减轻机动车一方的赔偿责任；机动车一方没有过错的，承担不超过百分之十的赔偿责任。

交通事故的损失是由非机动车驾驶人、行人故意碰撞机动车造成的，机动车一方不承担赔偿责任。

◎ 出警不及时，受害人可以请求国家赔偿吗？

【典型案例】

赵先生在遛弯儿时不慎被车撞伤，肇事车辆逃逸。好心路人及时报警。但交警迟迟未到，导致现场证据灭失，无法追查肇事者。此后，赵先生将交警队诉之法院，要求对其行政不作为承担赔偿责任。请问，赵先生的请求能得到支持吗？

【律师说法】

能够得到支持。本案中，交警队没有正当理由而未能及时赶赴现场，没有履行其法定职责，也没有行使其处理交通事故的法定职权，导致现场证据毁灭，构成了行政不作为。

【法律依据】

《道路交通安全法》第一百一十五条　交通警察有下列行为之一的，依法给予行政处分：

……

（十五）不履行法定职责的。

公安机关交通管理部门有前款所列行为之一的，对直接负责的主管人员和其他直接责任人员给予相应的行政处分。

◎ 如何确定死亡赔偿金的年数？

【典型案例】

70 岁的冯大爷被车撞死后，其家属要求死亡赔偿金按 20 年计算，但肇事者与保险公司对此均有异议。请问，本案中死亡赔偿金应按多少年计算？

【律师说法】

根据《人身损害赔偿解释》的规定，死亡赔偿金按 20 年计算，但 60 周岁以上的，年龄每增加 1 岁减少 1 年。因此，本案中，死亡赔偿金应以 10 年计算。

【法律依据】

《人身损害赔偿解释》第二十五条第一款　残疾赔偿金根据受害人丧失劳动能力程度或者伤残等级，按照受诉法院所在地上一年度城镇居民人均可支配收入或者农村居民人均纯收入标准，自定残之日起按二十年计算。但六十周岁以上的，年龄每增加一岁减少一年；七十五周岁以上的，按五年计算。

◎ 扣留事故车辆的最长时间是多久？

【典型案例】

小赵驾驶的轿车不慎与侧面冲出的一辆轿车相撞。交警赶到现场时，发现现场已经破坏，随后将两车扣留。请问，事故车辆最长能被扣多久？

【律师说法】

最长被扣时间是30天，超过时限的，须报经省级人民政府公安机关交通管理部门批准。根据规定，公安交通管理部门对当事人车辆需要进行检验、鉴定的，应当在勘察现场之日起5日内指派或者委托专业技术人员、具备资格的鉴定机构进行检验、鉴定。检验、鉴定应当在20日内完成；需要延期的，经设区的市公安机关交通管理部门批准可以延长10日。

【法律依据】

《道路交通安全法》第七十二条第二款　交通警察应当对交通事故现场进行勘验、检查，收集证据；因收集证据的需要，可以扣留事故车辆，但是应当妥善保管，以备核查。

《交通事故处理程序规定》第三十三条　因收集证据需要扣留事故车辆及机动车行驶证的，公安机关交通管理部门应当开具行政强制措施凭证，将车辆移至指定的地点并妥善保管。

◎ 做皮试死亡，医院不赔偿吗？

【典型案例】

王先生因高烧需要注射青霉素。护士按规定给王先生做了皮试后不久，王先生出现呼吸困难等异常反应。医院立即进行急救，但抢救无效，王先生死亡。王先生家属认为是医疗事故，要求医院赔偿。而医院辩称不存在过失，属意外非医疗事故，不应承担赔偿责任。请问，医院是否承担赔偿责任？

【律师说法】

医院不承担赔偿责任。本案中，医院对王先生的诊断、治疗及用药都是正确的，护士为王先生做皮试也按正常的规程操作，因此医院不存在过失。王先生的死亡是由于其体内机能的原因产生了高度过敏的反应，而且医院也履行了及时救治的义务，因此医院不应承担赔偿责任。

【法律依据】

《医疗事故处理条例》第三十三条　有下列情形之一的，不属于医疗事故：

（一）在紧急情况下为抢救垂危患者生命而采取紧急医学措施造成不良后果的；

（二）在医疗活动中由于患者病情异常或者患者体质特殊而发生医疗意外的；

（三）在现有医学科学技术条件下，发生无法预料或者不能防范的不良后果的；

（四）无过错输血感染造成不良后果的；

（五）因患方原因延误诊疗导致不良后果的；

（六）因不可抗力造成不良后果的。

◎ 到私人诊所就医出现意外，不属于医疗事故吗？

【典型案例】

老王到刘某开的私人诊所（无执业许可证）就医。刘某用十余味中药给老王配了一个药方，让其按方吃药。老王服用后中毒。于是，老王将刘某诉之法院提起医疗事故诉讼，但法院告知老王此案不能作为医疗事故处理。

【律师说法】

按照我国《医疗事故处理条例》的规定，医疗事故的主体应是医疗机构及其医务人员。本案中刘某的诊所没有执业许可证，不属于医疗机构，刘某不具备医疗事故的主体条件，因此不能按医疗事故处理。

【法律依据】

《医疗事故处理条例》第二条　本条例所称医疗事故，是指医疗机构及其医务人员在医疗活动中，违反医疗卫生管理法律、行政法规、部门规章和诊疗护理规范、常规，过失造成患者人身损害的事故。

第六十一条　非法行医，造成患者人身损害，不属于医疗事故，触犯刑律的，依法追究刑事责任；有关赔偿，由受害人直接向人民法院提起诉讼。

◎ 手术后遗症属于医疗事故吗？

【典型案例】

胡小姐在某医院做了人体增高手术。半年后竟然无法走路。经诊断，增高手术留下了后遗症，胡小姐将终生残疾。胡小姐无奈之下要求医院承担赔偿责任。而医院却称手术前医院已告知其手术存在风险，胡小姐也同意并签字，医院无须承担赔偿责任。

【律师说法】

医院无须承担责任。手术后遗症是否属于医疗事故，关键是看后遗症是否是因为医务人员的过失行为造成，如果在现有的医学技术下不能避免或无法预料，则不构成医疗事故。本案中，胡小姐在无充分的证据证明造成其残疾的原因是医务人员的过失，且在手术之前签字愿意承担手术风险的情况下，不能要求医院承担赔偿责任。

【法律依据】

《医疗事故处理条例》第三十三条　有下列情形之一的，不属于医疗事故：

（一）在紧急情况下为抢救垂危患者生命而采取紧急医学措施造成不良后果的；

（二）在医疗活动中由于患者病情异常或者患者体质特殊而发生医疗意外的；

（三）在现有医学科学技术条件下，发生无法预料或者不能防范的不良后果的；

（四）无过错输血感染造成不良后果的；

（五）因患方原因延误诊疗导致不良后果的；

（六）因不可抗力造成不良后果的。

◎ 医院延误治疗，可以要求赔偿吗？

【典型案例】

马先生因交通事故造成左臂重伤，他担心县医院的设备及治疗水平有限，于是要求转院。县医院向马先生承诺能够将其治愈。可两周也不见一点效果，于是到市医院检查。市医院检查后告诉马先生，因治疗延误必须截肢。请问，马先生能要求县医院赔偿吗？

【律师说法】

可以要求赔偿。县医院对马先生病情判断失当，误以为能够治愈，从而使马先生因治疗延误而导致伤势恶化。县医院在对马先生的治疗中存在过失，构成医疗事故，应当承担赔偿责任。

【法律依据】

《医疗事故处理条例》第二条　本条例所称医疗事故，是指医疗机构及其医务人员在医疗活动中，违反医疗卫生管理法律、行政法规、部门规章和诊疗护理规范、常规，过失造成患者人身损害的事故。

◎ 危重病人，医院可以拒绝收治吗？

【典型案例】

王大伯因心脏病突发晕倒，路人将其送到附近医院。医院见病人身份不明，没有家属在旁，没有给予抢救。王大伯因心脏病而去世，其子女了解内情后，认为医院拒收其父而导致死亡，要求医院赔偿。医院可以拒绝收治危重病人吗？

【律师说法】

医院不可以拒绝收治危重病人，医院有收治病人的义务。本案中，医院拒绝收治心脏病突发的王大伯而导致其死亡，没有履行法定义务，应按医疗事故给予赔偿。

【法律依据】

《医疗机构管理条例》第三十一条　医疗机构对危重病人应当立即抢救，对限于设备或者技术条件不能诊治的病人，应当及时转诊。

◎ 手术中停电造成伤害，医院是否应赔偿？

【典型案例】

小岳在医院接受手术时因遭遇停电，手术未达到理想效果，留下严重的后遗症。事后查明，停电是由于医院电器管理混乱导致。请问，医院是否承担赔偿？

【律师说法】

应当承担赔偿责任。本案中，造成手术中停电的原因是由于医院本身管理混乱造成的，因此，停电不能成为医院的免责理由。

【法律依据】

《医疗事故处理条例》第二条　本条例所称医疗事故，是指医疗机构及其医务人员在医疗活动中，违反医疗卫生管理法律、行政法规、部门规章和诊疗护理规范、常规，过失造成患者人身损害的事故。

《民法通则》第一百零六条第二款　公民、法人由于过错侵害国家的、集体的财产，侵害他人财产、人身的，应当承担民事责任。

◎ 实习生造成医疗事故，责任应由谁承担？

【典型案例】

小赵准备手术，实习生胡媛媛给他注射了麻醉药，不一会儿，小赵出现了抽搐现象，最终导致下肢瘫痪。事后小赵要求医院赔偿，但医院认为事件属医疗意外。请问，该事故责任谁来承担？

【律师说法】

由该医院负责。该医院违反国家有关规定，让一个没有经验、没有资格的实习生代替麻醉师给患者推注麻醉药，造成患者瘫痪，具有明显的过错，应当认定为医疗事故而非医疗意外。

【法律依据】

《医疗事故处理条例》第二条　本条例所称医疗事故，是指医疗机构及其医务人员在医疗活动中，违反医疗卫生管理法律、行政法规、部门规章和诊疗护理规范、常规，过失造成患者人身损害的事故。

《民法通则》第一百一十九条　侵害公民身体造成伤害的，应当赔偿医疗费、因误工减少的收入、残废者生活补贴费等费用；造成死亡的，应当支付丧葬费、死者生前扶养的人必要的生活费等费用。

◎ 患者复印病历资料有哪些规定？

【典型案例】

代先生因骨科疾病在某医院进行手术后，两只脚失去了知觉，后经鉴定为下肢瘫痪。随后，代先生家人起诉该医院，并提起要求复印医生的会诊意见，遭到医院拒绝。请问，患者能要求复印哪些病历呢？

【律师说法】

可以要求医院复印一些客观性病历，如：门诊病历、住院志、体温单、医嘱单、化验单等病历资料，但不能要求复印主观性病历资料。主观性病历资料只能在进行医疗事故技术鉴定过程中，由医疗机构将其提交至鉴定专家组。所以，本案中代先生的家人要求复印医生的会诊意见，不符合法律规定。

【法律依据】

《医疗事故处理条例》第十条　患者有权复印或者复制其门诊病历、住院志、体温单、医嘱单、化验单（检验报告）、医学影像检查资料、特殊检查同意书、手术同意书、手术及麻醉记录单、病理资料、护理记录以及国务院卫生行政部门规定的其他病历资料。

患者依照前款规定要求复印或者复制病历资料的，医疗机构应当提供复印或者复制服务并在复印或者复制的病历资料上加盖证明印记。复印或者复制病历资料时，应当有患者在场。

医疗机构应患者的要求，为其复印或者复制病历资料，可以按照规定收取工本费。具体收费标准由省、自治区、直辖市人民政府价格主管部门会同同级卫生行政部门规定。

◎ 医院有理由拒绝尸检吗？

【典型案例】

闫先生在手术中不幸死亡，其家属对死亡原因有怀疑，要求医院进行尸检并进行医疗事故鉴定，但医院拒绝进行尸检并拖延时间。闫先生家人遂将医院告上法院。请问，医院能拒绝进行尸检吗？

【律师说法】

不能拒绝。法律规定，患者死亡，医患双方不能确定死因或者对死因有异议的，应当进行尸检。本案中，闫先生死于手术台，其家属要求进行尸检，医院拒绝进行并拖延时间，应当承担死因不能正确判定的责任。

【法律依据】

《医疗事故处理条例》第十八条　患者死亡，医患双方当事人不能确定死因或者对死因有异议的，应当在患者死亡后48小时内进行尸检；具备尸体冻存条件的，可以延长至7日。尸检应当经死者近亲属同意并签字。

尸检应当由按照国家有关规定取得相应资格的机构和病理解剖专业技术人员进行。承担尸检任务的机构和病理解剖专业技术人员有进行尸检的义务。

医疗事故争议双方当事人可以请法医病理学人员参加尸检，也可以委派代表观察尸检过程。拒绝或者拖延尸检，超过规定时间，影响对死因判定的，由拒绝或者拖延的一方承担责任。

◎ 患者体内遗留异物，可以要求医院赔偿吗？

【典型案例】

刘女士在一次手术后，伤口一直疼痛难忍，不能行走。随后刘女士到医院检查，结果令刘女士大吃一惊：原来内有一块胶布。刘女士遂向医院要求赔偿。请问，刘女士能否得到医院的赔偿？

【律师说法】

能够得到赔偿。医院护士将纱布遗留在刘女士体内，违反医疗卫生法规、规范，其行为有明显的过失，并且造成了刘女士人身损害的后果，应当认定为医疗事故，应当承担全部赔偿责任。

【法律依据】

《医疗事故处理条例》第二条　本条例所称医疗事故，是指医疗机构及其医务人员在医疗活动中，违反医疗卫生管理法律、行政法规、部门规章和诊疗护理规范、常规，过失造成患者人身损害的事故。

◎ 医院过失导致二次手术，患者能否要求赔偿？

【典型案例】

郝某需要进行二次手术，将第一次手术中未缝合的肌腱重新缝合才能达到康复的目的。郝某非常生气，遂以医院失职为由要求对自己的损害进行赔偿。请问，郝某能得到赔偿吗？

【律师说法】

能够得到医院的赔偿。郝某第二次手术是由于第一次手术的过失所引起，进行二次手术的费用将由医院承担。对于赔偿，有关法律规定，医务人员在医疗活动中，违反医疗卫生管理法律、行政法规、部门规章和诊疗护理规范、常规，过失造成人身损害的，医院应当承担赔偿责任。

【法律依据】

《医疗事故处理条例》第二条　本条例所称医疗事故，是指医疗机构及其医务人员在医疗活动中，违反医疗卫生管理法律、行政法规、部门规章和诊疗护理规范、常规，过失造成患者人身损害的事故。

第四十九条　医疗事故赔偿，应当考虑下列因素，确定具体赔偿数额：

（一）医疗事故等级；

（二）医疗过失行为在医疗事故损害后果中的责任程度；

（三）医疗事故损害后果与患者原有疾病状况之间的关系。

不属于医疗事故的，医疗机构不承担赔偿责任。

◎ 未按时接诊，患者能否要求医院赔偿？

【典型案例】

李大妈预约了某医院夏大夫的专家号。当李大妈到医院就诊时，夏大夫有事没来，接诊的是他的助手。李大妈很是不理解，遂以医生没有按时接诊为由要求医院赔偿损失。请问，李大妈能否得到医院的赔偿？

【律师说法】

能够得到赔偿。患者通过“预约”的方式作出要约，医疗机构作为承诺人，应当按照合同的要求为李大妈提供医疗服务，履行约定义务。由于医疗机构和夏大夫的过错，导致李大妈未能按时就诊，医院应当承担违约责任。

【法律依据】

《民法通则》第一百一十一条　当事人一方不履行合同义务或者履行合同义务不符合约定条件的，另一方有权要求履行或者采取补救措施，并有权要求赔偿损失。

◎ 医院公开病人隐疾，病人可以要求赔偿吗？

【典型案例】

丽丽在阮某的个体诊所治好了多年的隐疾，丽丽写了一封感谢信。但阮某为了进一步招揽顾客，竟把丽丽的感谢信用作广告。使丽丽经常受到朋友和同事的嘲笑，为此男友也与她分手，给丽丽精神上带来了巨大打击。请问，丽丽可以要求阮某赔偿精神损失吗？

【律师说法】

可以。阮某对丽丽名誉的侵害行为不仅具有主观上的过错，并造成了对丽丽名誉的毁损和身心的伤害。丽丽可要求阮某停止侵害、恢复名誉、消除影响、赔礼道歉并赔偿精神损害抚慰金。

【法律依据】

《精神损害赔偿解释》第八条第二款　因侵权致人精神损害，造成严重后果的，人民法院除判令侵权人承担停止侵害、恢复名誉、消除影响、赔礼道歉等民事责任外，可以根据受害人一方的请求判令其赔偿相应的精神损害抚慰金。

◎ 没签劳动合同，就不能认定工伤吗？

【典型案例】

孔某应聘到一家文化公司，在一次装运图书中不慎摔伤。孔某请求公司享受工伤待遇，但公司以未与孔某签订正式的劳动合同为由，认为孔某不享受工伤待遇。请问，没有书面劳动合同，就不能被认定为工伤吗？

【律师说法】

同样可以认定为工伤。本案中，只要孔某能够证明与该工厂存在事实上的劳动关系，即使没有书面劳动合同，也能被认定为工伤。所谓事实劳动关系，是指用人单位招用劳动者后不按规定订立劳动合同，或者用人单位与劳动者以前签订过劳动合同，但是劳动合同到期后用人单位同意劳动者继续在本单位工作却没有与其及时续订劳动合同的情况。

【法律依据】

《工伤保险条例》第十八条　提出工伤认定申请应当提交下列材料：

（一）工伤认定申请表；

（二）与用人单位存在劳动关系（包括事实劳动关系）的证明材料；

（三）医疗诊断证明或者职业病诊断证明书（或者职业病诊断鉴定书）。

工伤认定申请表应当包括事故发生的时间、地点、原因以及职工伤害程度等基本情况。

工伤认定申请人提供材料不完整的，社会保险行政部门应当一次性书面告知工伤认定申请人需要补正的全部材料。申请人按照书面告知要求补正材料后，社会保险行政部门应当受理。

◎ 探亲期间受伤，是否可以认定为工伤？

【典型案例】

不久前，周先生按照公司规定申请回家探亲，途中发生泥石流不幸遇难。其家属要求其公司作为工伤，享受部分保险赔偿，公司拒绝了周先生家属的要求。请问，周先生能被认定为工伤吗？

【律师说法】

不能。不符合工伤保险所界定的工伤范围，也不属于《工伤保险条例》视为工伤的情况。

本案中，周先生已经离开了单位，并且是为了探亲而不是工作，发生事故的地点不是工作地点。因此，不能被认定为工伤。

【法律依据】

《国家劳动总局保险福利司关于职工在探亲期间因自然灾害造成伤亡如何处理问题给四川省劳动局的复函》　你局川劳险

(81)29号《关于因组织统一安排回家探亲的职工,在途中发生非本人所能抗拒的伤、亡事故,是否按因工处理的请示报告》收悉。经研究,我们认为,职工在探亲期间因自然灾害造成伤亡的,应按非因工伤亡处理。如个别伤亡职工家庭有困难的,可由企业单位在福利基金、企业基金或利润留成中酌情给予补助。

◎上班途中不慎摔倒,可以认定为工伤吗?

【典型案例】

一天,顾某骑摩托上班,行驶到一个拐弯路口时不慎摔倒,导致左手骨折,住院治疗。请问,顾某的受伤可否申请认定为工伤?

【律师说法】

可以。根据我国法律规定,职工在上下班途中,受到机动车事故伤害的,应当认定为工伤。因此,顾某的伤能被认定为工伤。

【法律依据】

《工伤保险条例》第十四条　职工有下列情形之一的,应当认定为工伤:

(一)在工作时间和工作场所内,因工作原因受到事故伤害的;

(二)工作时间前后在工作场所内,从事与工作有关的预备性或者收尾性工作受到事故伤害的;

(三)在工作时间和工作场所内,因履行工作职责受到暴力等意外伤害的;

(四)患职业病的;

(五)因工外出期间,由于工作原因受到伤害或者发生事故下落不明的;

(六)在上下班途中,受到非本人主要责任的交通事故或者城市轨道交通、客运轮渡、火车事故伤害的;

(七)法律、行政法规规定应当认定为工伤的其他情形。

◎ 工伤治疗期间，单位能扣发工资吗？

【典型案例】

顾某因工伤住院1个月后出院，期间单位只给了他70%的工资，没有给生活费等其他费用。请问，单位能扣发工资吗？

【律师说法】

不能。我国法律规定，停工留薪期一般不超过12个月，工伤职工在停工留薪期满后仍需治疗的，继续享受工伤医疗待遇。本案中的顾某符合法律规定的情节，单位不能只发70%的工资。

【法律依据】

《工伤保险条例》第三十三条　职工因工作遭受事故伤害或者患职业病需要暂停工作接受工伤医疗的，在停工留薪期内，原工资福利待遇不变，由所在单位按月支付。

停工留薪期一般不超过12个月。伤情严重或者情况特殊，经设区的市级劳动能力鉴定委员会确认，可以适当延长，但延长不得超过12个月。工伤职工评定伤残等级后，停发原待遇，按照本章的有关规定享受伤残待遇。工伤职工在停工留薪期满后仍需治疗的，继续享受工伤医疗待遇。

生活不能自理的工伤职工在停工留薪期需要护理的，由所在单位负责。

◎ 上班时发病，能算工伤吗？

【典型案例】

潘某患有高血压，上班时高血压病突然发作，住院治疗1个多月。事后潘某要求享受工伤保险。公司认为潘某虽然是在工作中发病，但其发病与工作无关，只能给予他医疗保险待遇而不能给予工伤待遇。

【律师说法】

在工作中突然发病是否构成工伤而享受工伤保险待遇，要具体情况具体分析。像潘某所患的高血压这类常见病，发病原因和发病时间都很难确定，现行政策也没有按工伤处理的规定，因此，对于潘某应按因病或非因工负伤处理。不能算工伤。

【法律依据】

《劳动部办公厅关于在工作时间发病不作工伤处理的复函》目前，我国仅将月经期女职工的高处作业列为禁忌工种。高血压病为一种常见病，发病原因及发病时间很难确定，现行政策也没有按工伤处理的规定。我们认为，即使在工作现场、工作时间内发病，也不应作工伤处理，而应按因病或非因工负伤处理。

◎ 临时工能享受工伤保险待遇吗？

【典型案例】

小徐经朋友介绍到一家公司做临时工。一次在安装广告牌中不慎摔伤，花去治疗费 2 万余元。小徐要求公司给予工伤保险待遇，公司以小徐是临时工为由拒绝。请问，临时工不能享有工伤保险待遇吗？

【律师说法】

临时工同样享有工伤保险待遇。我国法律规定，企业应当为其职工参加工伤保险。其“职工”范围包括临时工、劳务工或者短期派遣工。本案中小徐是公司的临时工，他们之间形成了劳动合同关系，因此应享有工伤保险待遇。

【法律依据】

《工伤保险条例》第二条　中华人民共和国境内的企业、事业单位、社会团体、民办非企业单位、基金会、律师事务所、会计师事务所等组织和有雇工的个体工商户(以下称用人单位)应当依照本条例规定参加工伤保险,为本单位全部职工或者雇工(以下称职工)缴纳工伤保险费。

中华人民共和国境内的企业、事业单位、社会团体、民办非企业单位、基金会、律师事务所、会计师事务所等组织的职工和个体工商户的雇工,均有依照本条例的规定享受工伤保险待遇的权利。

◎ 保姆能否享受工伤保险待遇?

【典型案例】

王阿姨是宋某家的保姆。一天在擦玻璃时不慎摔下来将胳膊摔断,共花去医疗费1万余元。王阿姨认为应该算是工伤,要求宋某按工伤给予赔偿,但宋某予以拒绝。请问,保姆能得到赔偿吗?

【律师说法】

不能享受工伤保险待遇。工伤保险只适用于《劳动法》范围内的劳动关系,王阿姨作为家庭保姆,不是我国《劳动法》规定的劳动者,不属于该法适用的对象。只能依据《民法通则》有关人身损害赔偿的相关规定主张赔偿。

【法律依据】

《人身损害赔偿解释》第十一条　雇员在从事雇佣活动中遭受人身损害,雇主应当承担赔偿责任。雇佣关系以外的第三人造成雇员人身损害的,赔偿权利人可以请求第三人承担赔偿责任,也可以请求雇主承担赔偿责任。雇主承担赔偿责任后,可以向第三人追偿。

雇员在从事雇佣活动中因安全生产事故遭受人身损害,发包人、分包人知道或者应当知道接受发包或者分包业务的雇主没有相应资质或者安全生产条件的,应当与雇主承担连带赔偿责任。

◎ 获得民事赔偿，就不能享受工伤待遇吗？

【典型案例】

小乔与老王因工作上的分歧产生争执，小乔一气之下把老王刺伤。经法院判决，小乔负民事赔偿责任赔偿了老王的损失。随后，老王向单位提出工伤待遇申请，但遭到了单位的拒绝。理由是他已经得到了赔偿，就不能再享受工伤待遇了。请问，获得民事赔偿，就不能享受工伤待遇吗？

【律师说法】

仍然能享受工伤待遇。虽然老王得到了民事赔偿，那是他与小乔的民事纠纷得到了解决。而工伤的认定和工伤待遇的享受，是劳动者与劳动单位之间的关系，不能因其他民事关系而抵消。

【法律依据】

《人身损害赔偿解释》第十二条　依法应当参加工伤保险统筹的用人单位的劳动者，因工伤事故遭受人身损害，劳动者或者其近亲属向人民法院起诉请求用人单位承担民事赔偿责任的，告知其按《工伤保险条例》的规定处理。

因用人单位以外的第三人侵权造成劳动者人身损害，赔偿权利人请求第三人承担民事赔偿责任的，人民法院应予支持。

◎ 如何计算伤残赔偿金？

【典型案例】

老孔在一次工伤事故中受重伤，后被鉴定为二级伤残。在工伤事故发生前，他的工资为每月 3000 元。当地的最低工资标准为每月 800 元。请问，老孔可以拿到多少伤残赔偿金？

【律师说法】

根据相关法规，老孔可以得到的一次性伤残补助金为3000元×25(个月)，计7.5万元，每月的伤残津贴为3000元乘以85%，计2550元。

【法律依据】

《工伤保险条例》第三十五条　职工因工致残被鉴定为一级至四级伤残的，保留劳动关系，退出工作岗位，享受以下待遇：

(一)从工伤保险基金按伤残等级支付一次性伤残补助金，标准为：一级伤残为27个月的本人工资，二级伤残为25个月的本人工资，三级伤残为23个月的本人工资，四级伤残为21个月的本人工资；

(二)从工伤保险基金按月支付伤残津贴，标准为：一级伤残为本人工资的90%，二级伤残为本人工资的85%，三级伤残为本人工资的80%，四级伤残为本人工资的75%。伤残津贴实际金额低于当地最低工资标准的，由工伤保险基金补足差额；

(三)工伤职工达到退休年龄并办理退休手续后，停发伤残津贴，按照国家有关规定享受基本养老保险待遇。基本养老保险待遇低于伤残津贴的，由工伤保险基金补足差额。

职工因工致残被鉴定为一级至四级伤残的，由用人单位和职工个人以伤残津贴为基数，缴纳基本医疗保险费。

◎ 因工死亡的职工家属能得到哪些赔偿？

【典型案例】

邢某在上班途中遭遇车祸不幸身亡，经劳动部门认定，邢某属于工伤。请问，因工死亡的职工家属可以得到哪些赔偿？

【律师说法】

因工伤死亡的职工其家属可以得到的赔偿包括丧葬补助金、

供养亲属抚恤金以及一次性工亡补助金。

【法律依据】

《工伤保险条例》第三十七条　职工因工死亡，其直系亲属按照下列规定从工伤保险基金领取丧葬补助金、供养亲属抚恤金和一次性工亡补助金：

（一）丧葬补助金为6个月的统筹地区上年度职工月平均工资；

（二）供养亲属抚恤金按照职工本人工资的一定比例发给由因工死亡职工生前提供主要生活来源、无劳动能力的亲属。标准为：配偶每月40%，其他亲属每人每月30%，孤寡老人或者孤儿每人每月在上述标准的基础上增加10%。核定的各供养亲属的抚恤金之和不应高于因工死亡职工生前的工资。供养亲属的具体范围由国务院劳动保障行政部门规定；

（三）一次性工亡补助金标准为48个月至60个月的统筹地区上年度职工月平均工资。具体标准由统筹地区的人民政府根据当地经济、社会发展状况规定，报省、自治区、直辖市人民政府备案。

◎ 工伤治疗期间享受哪些待遇？

【典型案例】

老许因工受伤致残，生活不能自理。妻子为了照顾他而辞去工作，一家人没有了经济来源。请问，老许应该享受哪些工伤待遇？

【律师说法】

按照《工伤保险条例》的规定，老许在治疗期间，享受工伤医疗待遇，住院费、伙食补助费由单位支付。在接受治疗时停工留薪期一般不超过12个月，享受原工资福利，在指定医疗机构所需费用由工伤保险基金按规定支付；在治疗期间需要护理的，由单位负责。

【法律依据】

《工伤保险条例》第三十一条　职工因工作遭受事故伤害或者患职业病需要暂停工作接受工伤医疗的，在停工留薪期内，原工资福利待遇不变，由所在单位按月支付。

停工留薪期一般不超过12个月。伤情严重或者情况特殊，经设区的市级劳动能力鉴定委员会确认，可以适当延长，但延长不得超过12个月。工伤职工评定伤残等级后，停发原待遇，按照本章的有关规定享受伤残待遇。工伤职工在停工留薪期满后仍需治疗的，继续享受工伤医疗待遇。

生活不能自理的工伤职工在停工留薪期需要护理的，由所在单位负责。

◎ 没上工伤保险，发生事故怎么办？

【典型案例】

小万在公司加班时受伤，医院诊断为多发性骨折，鉴定为九级伤残。公司既没有与他签订劳动合同，也没有为他买工伤保险。请问小万该怎么办？

【律师说法】

小万所在公司应当按法律规定，支付相关费用。法律规定，未参加工伤保险期间用人单位职工发生工伤的，由该用人单位按照本条例规定的工伤保险待遇项目和标准支付费用。

【法律依据】

《工伤保险条例》第六十条　用人单位依照本条例规定应当参加工伤保险而未参加的，由劳动保障行政部门责令改正；未参加工伤保险期间用人单位职工发生工伤的，由该用人单位按照本条例规定的工伤保险待遇项目和标准支付费用。

◎ 体罚学生致伤，学校是否赔偿？

【典型案例】

青青在上课时与同桌打闹。老师程某在青青脸上打了几耳光，导致青青耳膜穿孔，听力下降。请问，学校承担赔偿吗？

【律师说法】

学校应当承担赔偿责任。老师体罚学生造成人身伤害，违反了有关规定，也体现了校方对监督管理的疏忽和懈怠。学校对青青受到的伤害负有责任，应承担赔偿责任。

【法律依据】

《未成年人保护法》第二十一条　学校、幼儿园、托管所的教职员工应当尊重未成年人的人格尊严，不得对未成年人实施体罚、变相体罚或者其他侮辱人格尊严的行为。

◎ 校外孩子在校内受伤，能要求赔偿吗？

【典型案例】

小天天每天放学都要到某幼儿园吃饭。一日，小天天在幼儿园与小朋友玩耍时头碰到桌子角，造成了轻微脑震荡。小天天父母要求幼儿园赔偿损失。请问，幼儿园承担赔偿责任吗？

【律师说法】

幼儿园应承担赔偿责任。我国法律规定，幼儿园或者其他教育机构，未尽职责范围内的相关义务致使未成年人遭受人身损害，应当承担与其过错相应的赔偿责任。小天天作为无行为能力人，虽然不是幼儿园学生，但他在幼儿园生活期间受到伤害，系幼儿园没有尽到其职责范围内的监管责任才导致的。

【法律依据】

《人身损害赔偿解释》第七条　对未成年人依法负有教育、管理、保护义务的学校、幼儿园或者其他教育机构，未尽职责范围内的相关义务致使未成年人遭受人身损害，或者未成年人致他人人身损害的，应当承担与其过错相应的赔偿责任。

第三人侵权致未成年人遭受人身损害的，应当承担赔偿责任。学校、幼儿园等教育机构有过错的，应当承担相应的补充赔偿责任。

◎ 儿童放学途中遭遇车祸，学校家长有责吗？

【典型案例】

二年级学生薛林，在放学回家的路上不幸遭遇车祸，经抢救无效死亡。请问，学校和家长应承担责任吗？

【律师说法】

学校对未成年学生负有教育、保护和管理的义务，薛林是一名二年级的学生，其认知和自我保护意识较弱，学校放任孩子步行回家，从而使他处于危险境地，学校不履行义务的行为与孩子因发生事故而死亡的结果间存在一定的因果关系，因此学校需要承担一定的责任。但另一方面，薛林的家长没有对儿子尽到充分的教育和监护义务，也负有相应的责任。因此在此案中，学校和家长都应各承担部分责任。

【法律依据】

《民法通则意见》第一百六十条　在幼儿园、学校生活、学习的无民事行为能力的人或者在精神病院治疗的精神病人，受到伤害或者给他人造成损害，单位有过错的，可以责令这些单位适当给予赔偿。

◎ 事故导致胎死腹中，可否请求精神损害赔偿？

【典型案例】

晚饭后，丽萍和丈夫正在人行道上遛弯儿，突然被一辆摩托车撞倒，6个多月的胎儿死于腹中。交警部门认定，肇事车主小赵承担全责。但在赔偿时，小赵只同意赔偿医药费、误工费等直接经济损失，对胎儿一事只字未提。请问，丽萍夫妇能提出精神损害赔偿吗？

【律师说法】

可以提出精神损害赔偿。肇事车主小赵违章驾车，给丽萍的身体健康造成损害，并侵害了丽萍夫妇所享有的生育权，使丽萍夫妇在精神上遭受了极大的痛苦。因此，小赵应当对自己的侵权行为承担全部责任，包括精神损害赔偿责任。

【法律依据】

《精神损害赔偿解释》第一条　自然人因下列人格权利遭受非法侵害，向人民法院起诉请求赔偿精神损害的，人民法院应当依法予以受理：

（一）生命权、健康权、身体权；

（二）姓名权、肖像权、名誉权、荣誉权；

（三）人格尊严权、人身自由权。

违反社会公共利益、社会公德侵害他人隐私或者其他人格利益，受害人以侵权为由向人民法院起诉请求赔偿精神损害的，人民法院应当依法予以受理。

◎ 飞来的横祸，责任该找谁？

【典型案例】

一天，电闪雷鸣狂风大作，一场大雨即将来临，老赵急匆匆地住家里赶。不幸一棵大树被风吹倒正好砸在老赵的身上。路人急忙拨打120,将老赵送往医院。伤愈后,他了解到那棵树是刚种植的没有任何加固支撑。遂找到市政管理部门,要求赔偿。但市政管理部门却认为树是被风吹倒的,属于天灾,拒绝赔偿。请问,市政管理部门承担赔偿责任吗?

【法律解析】

应承担赔偿责任。树倒的原因是由于该树刚种植。防止被风吹倒、排除险情、避免事故,是市政管理部门职责范围之内的事。因市政管理部门未尽责任,而致使路人老赵受伤害,应承担责任。

【法律依据】

《民法通则》第一百二十六条　建筑物或者其他设施以及建筑物上的搁置物、悬挂物发生倒塌脱落、坠落造成他人损害的,它的所有人或者管理人应当承担民事责任,但能够证明自己没有过错的除外。

◎ 擅自离校发生事故,责任谁承担?

【典型案例】

因为最后一节课是自习,康乐和同学提前离开学校,一起去河边游泳,在玩耍过程中不慎淹死。康乐家人认为学校没有尽到管理义务。可学校说,当时康乐骗管理人员说他生病了,才让他离校的。请问,学校对此是否应承担责任?

【律师说法】

不承担。在学生自行外出或者擅自离校期间发生的事故,学校不承担事故责任。本案中,该损害后果是康乐在上自习课时自行离校期间发生的,而且学校行为并无过错,所以学校不应当承担事故责任。

【法律依据】

《学生伤害事故处理办法》第十三条　下列情形下发生的造成学生人身损害后果的事故，学校行为并无不当的，不承担事故责任；事故责任应当按有关法律法规或者其他有关规定认定：

（一）在学生自行上学、放学、返校、离校途中发生的；

（二）在学生自行外出或者擅自离校期间发生的；

（三）在放学后、节假日或者假期等学校工作时间以外，学生自行滞留学校或者自行到校发生的；

（四）其他在学校管理职责范围外发生的。

◎ 假期补课学生死亡，责任由谁担？

【典型案例】

李老师利用暑假非法招生，进行有偿补课。由于天气炎热，简陋的“教室”酷似蒸笼，课间休息时，补课生王佳与几个同学到附近的河里冲洗降温，溺水身亡。请问，李老师应当承担什么责任？

【律师说法】

李老师利用暑假非法招生，进行有偿补课，是个人行为，与学校无关。由于天气炎热，办学点无降温措施，致使参加补习的学生课间休息时跑到河里冲洗降温，最终王佳不幸溺水死亡。作为办学者李老师对参加补课的未成年人有管理和保护的义务，但其没有尽到职责范围内的义务，根据过错责任原则，应当承担与其过错相应的赔偿责任。

【法律依据】

《人身损害赔偿解释》第七条　对未成年人依法负有教育、管理、保护义务的学校、幼儿园或者其他教育机构，未尽职责范围内的相关义务致使未成年人遭受人身损害，或者未成年人致他人人身损害的，应当承担与其过错相应的赔偿责任。

第三人侵权致未成年人遭受人身损害的，应当承担赔偿责任。学校、幼儿园等教育机构有过错的，应当承担相应的补充赔偿责任。

◎ 在学校受伤，赔偿由谁承担？

【典型案例】

大林和小力在学校打羽毛球时，小力不慎打伤了大林的眼睛，大林做了三次手术仍看不清书本上的字，治疗一直没有中断过，花了许多医药费。请问，大林如何索赔？

【律师说法】

大林可以向法院起诉，要求小力和学校承担赔偿责任。我国法律规定，对未成年人依法负有教育、管理、保护义务的学校，未尽职责范围内的相关义务致使未成年人遭受人身损害，或者他人侵权致未成年人遭受人身损害的，应当承担赔偿责任。学校和第三人应当承担相应的补充赔偿责任。

【法律依据】

《人身损害赔偿解释》第七条　对未成年人依法负有教育、管理、保护义务的学校、幼儿园或者其他教育机构，未尽职责范围内的相关义务致使未成年人遭受人身损害，或者未成年人致他人人身损害的，应当承担与其过错相应的赔偿责任。

第三人侵权致未成年人遭受人身损害的，应当承担赔偿责任。学校、幼儿园等教育机构有过错的，应当承担相应的补充赔偿责任。

◎ 路人被小狗咬伤，应找谁负责？

【典型案例】

一天傍晚，李女士带着自己饲养的小狗上街遛弯儿。行走到繁华闹市区后，小狗因闪烁的霓虹灯而受到惊吓，惊吓的小狗四处乱窜，将正在和妈妈一起逛街的姣姣的手部咬伤。姣姣妈妈赶紧带着姣姣去医院检查、打疫苗，花去了医药费1000余元。后来，姣姣妈妈找到李女士要求其承担医疗费用，可是李女士以小狗受到惊吓为由拒绝承担。请问，李女士的做法正确吗？

【律师说法】

李女士的做法不正确，她应承担姣姣的医疗费用。我国法律规定了饲养的动物致害的侵权行为，应由饲养人或管理人承担赔偿责任。法律同样也规定了饲养人的免责事由：受害人自身的过错与第三人的过错导致损害发生的。本案中，没有第三人或者是受害人的过错而引起损害的情形。因此，小狗的主人李女士应为此承担责任。

【法律依据】

《民法通则》第一百二十七条　饲养的动物造成他人损害的，动物饲养人或者管理人应当承担民事责任；由于受害人的过错造成损害的，动物饲养人或者管理人不承担民事责任；由于第三人的过错造成损害的，第三人应当承担民事责任。

◎ 高空坠物砸坏轿车，该找谁索赔？

【典型案例】

宋某开车去银行办事，因银行的停车位已满，宋某便将车停在附近一处未加防护的工地内，然后离开。宋某办完事回来时却发现车的挡风玻璃被砸了一个大洞。原来是工地在吊运材料的过程中材料脱落，将宋某的车砸坏。宋某要求工地负责人赔偿自己的损失，该负责人却认为宋某不该将车停在工地内，是宋某自己的过错造成了损失，与工地没有关系而拒绝赔偿。工地负责人的理由成立吗？

【律师说法】

工地负责人的理由不能成立。本案属于高度危险作业致害侵权，适用无过错责任原则。根据法律规定，只要实施了对周围环境有高度危险的作业行为，并造成了他人损害，就应该承担赔偿责任，而不论作业人的活动是否具有违法性，是否尽到了应有的注意义务。具体到本案中，虽然宋某不该将车停在工地内，但其行为并不是故意要使自己遭受损害，所以工地应承担赔偿责任。

【法律依据】

《民法通则》第一百二十三条　从事高空、高压、易燃、易爆、剧毒、放射性、高速运输工具等对周围环境有高度危险的作业造成他人损害的，应当承担民事责任；如果能够证明损害是由受害人故意造成的，不承担民事责任。

◎ 行人被广告牌砸伤，找谁索赔？

【典型案例】

一天，媛媛和朋友一起逛街，在行至某商场门前时，突然该商场悬挂在门前的广告牌跌落，将媛媛砸成重伤。朋友立即将媛媛送往医院，在医院治疗期间，一共花去医药费6万余元。请问，媛媛的医药费能找商场索赔吗？

【律师说法】

媛媛可以找商场索取民事赔偿。我国相关法律规定建筑物或者其他设施以及建筑物上的搁置物坠落造成他人损害的，它的所有人或者管理人应当承担民事责任，但能够证明自己没有过错的除外。广告牌是建筑物上的悬挂物，因它致人损害的，只要受害人无过错，都应由广告牌的所有人或者管理人承担民事赔偿责任。本案中，行人媛媛无任何过错，被广告牌砸伤，作为广告牌的所有人，商场没有尽到维护广告牌安全的义务，导致媛媛受到伤害，所以商场应当承担赔偿责任。

【法律依据】

《民法通则》第一百二十六条　建筑物或者其他设施以及建筑物上的搁置物、悬挂物发生倒塌、脱落、坠落造成他人损害的，它的所有人或者管理人应当承担民事责任，但能够证明自己没有过错的除外。

◎ 见义勇为受到伤害，找谁赔偿？

【典型案例】

小王夜晚在公园游玩时，遇见一歹徒持刀抢劫一中年妇女。小王奋起与歹徒搏斗，搏斗中不幸被歹徒刺中腹部几刀，歹徒乘机逃脱。小王住院治疗两个月，医疗费用共 10 万元。歹徒始终无法抓获，小王后来找到被救妇女，希望其能为自己支付部分医疗费用，遭到该中年妇女的拒绝。请问，小王难道要独自为自己的见义勇为行为买单吗？

【律师说法】

小王可以要求获救妇女给予其补偿。我国法律规定，因防止、制止国家的、集体的财产或者他人的财产、人身遭受侵害而使自己受到损害的，由侵害人承担赔偿责任，受益人也可以给予适当的补偿。本案中，小王是被歹徒刺伤的，本应由歹徒承担赔偿责任，但歹徒逃脱，没有抓获，因此，小王无法向其追究责任。获救妇女是小王见义勇为行为的获益人，根据“受益人可以给予适当的补偿”

的原则，获救妇女理应给予小王适当的经济补偿。

【法律依据】

《民法通则》第一百零九条　因防止、制止国家的、集体的财产或者他人的财产、人身遭受侵害而使自己受到损害的，由侵害人承担赔偿责任，受益人也可以给予适当的补偿。

《民法通则意见》第一百五十七条　当事人对造成损害均无过错，但一方是在为对方的利益或者共同的利益进行活动的过程中受到损害的，可以责令对方或者受益人给予一定的经济补偿。

◎ 助人为乐受伤应找谁索赔？

【典型案例】

小军在回家的路上，发现一位老人晕倒在路边，他二话没说背起老人就往医院跑。到了医院门口，由于体力不支，在上台阶的时候摔倒了，造成膝盖骨破裂，而老人经医生诊断并无大碍。小军在医院治疗一个多月，花去医疗费用数万元。请问，小军是否可以要求老人承担自己的部分医疗费用呢？

【律师说法】

小军可以要求老人承担自己的部分医疗费用。我国法律规定，民事活动应当遵循自愿、公平、等价有偿、诚实信用原划。虽然小军与老人并无法定或约定义务，但造成的损伤是因老人引起的。小军完全是出于好意而自愿帮助老人才受伤的。根据相关法律规定，为维护国家、集体或者他人的合法权益而使自己受到人身损害，因没有侵权人、不能确定侵权人或者侵权人没有赔偿能力，赔偿权利人请求受益人在受益范围内予以适当补偿的，人民法院应当支持。也就是说，在本案中因没有第三人对小军造成损害，所以应由受益人在受益范围内给予适当补偿。

【法律依据】

《民法通则》第四条　民事活动应当遵循自愿、公平、等价有偿、诚实信用的原则。

《最高人民法院关于审理人身损害赔偿案件适用法律若干问题的解释》第十五条　为维护国家、集体或者他人的合法权益而使自己受到人身损害，因没有侵权人、不能确定侵权人或者侵权人没有赔偿能力，赔偿权利人请求受益人在受益范围内予以适当补偿的，人民法院应予支持。

◎ 乘坐公交车时受伤，找谁索赔？

【典型案例】

一天，刘大妈在乘坐公交车回家的途中，公交车司机为了躲避从侧面驶来的大卡车紧急刹车，致使刘大妈头部受伤。后来刘大妈要求公交公司赔偿自己的医疗费，公交公司拒绝负责。请问，刘大妈的索赔要求合理吗？

【律师说法】

公交公司为乘客提供的是有偿承运服务，负有保障乘客安全的义务，刘大妈在乘车过程中，公交司机为了躲避大卡车而紧急刹车，致使刘大妈头部受伤，系非因自身原因造成的，公交公司应承担赔偿责任。

【法律依据】

《合同法》第二百九十条　承运人应当在约定期间或者合理期间内将旅客、货物安全运输到约定地点。

第三百零二条　承运人应当对运输过程中旅客的伤亡承担损害赔偿责任，但伤亡是旅客自身健康原因造成的或者承运人证明伤亡是旅客故意、重大过失造成的除外。前款规定适用于按照规定免票、持优待票或者经承运人许可搭乘的无票旅客。

参考文献

[1] 李少林.《百姓维权法律知识实用手册》[M]. 北京:金盾出版社,2009.

[2] 杨晓光、赵春媛.《百姓实用法律问答》[M]. 北京:中国社会出版社,2009.

[3] 法制出版社.《百姓权益十万个怎么办系列》[M]. 北京:中国法制出版社,2008.

[4] 顾肖荣、尤俊意.《中国实用法律大全》[M]. 上海:上海文化出版社,1998.

[5] 王建新.《实用法律指南》[M]. 杭州: 浙江人民出版社, 2004.

[6] 李　玲、蒙瑞华.《实用法律基础》[M]. 北京:北京理工大学出版社, 2011.

[7] 法制出版社.《常见纠纷实用法律手册系列》[M]. 北京:中国法制出版社, 2007.

[8] 余秀华.《农村实用法律常识》[M]. 河南:中原农民出版社, 2012.

[9] 《法律案例大全》. 中法网校 www.edu1488.com.

[10] 《法律快车·法律案例》. 网 http://www.lawtime.cn.